经管文库·经济类

前沿·学术·经典

U0694785

本书获咸阳师范学院学术著作出版基金资助

咸阳师范学院青蓝人才（编号：XSYQLRC202008）

咸阳师范学院学术骨干资助项目（编号：XSYXSGG202106）

"SPORTS + TOURISM" INDUSTRY INTEGRATION INNOVATION AND DEVELOPMENT

"体育+旅游"产业融合创新与发展

周雨龙 陈鹏生 张琳 著

ECONOMICS

经济管理出版社

ECONOMY & MANAGEMENT PUBLISHING HOUSE

图书在版编目（CIP）数据

"体育＋旅游"产业融合创新与发展 / 周雨龙，陈鹏生，张琳著 . — 北京：经济管理出版社，2024.4

ISBN 978-7-5096-9697-2

Ⅰ.①体… Ⅱ.①周… ②陈… ③张… Ⅲ.①体育产业—产业融合—旅游业—产业发展—研究—中国 Ⅳ.①G812 ② F592.3

中国国家版本馆 CIP 数据核字（2024）第 091651 号

组稿编辑：杨国强
责任编辑：赵天宇
责任印制：黄章平
责任校对：陈　颖

出版发行：经济管理出版社
　　　　　（北京市海淀区北蜂窝 8 号中雅大厦 A 座 11 层 100038）
网　　　址：www.E-mp.com.cn
电　　　话：（010）51915602
印　　　刷：北京厚诚则铭印刷科技有限公司
经　　　销：新华书店
开　　　本：710 mm×1000 mm/16
印　　　张：15
字　　　数：230 千字
版　　　次：2024 年 4 月第 1 版　2024 年 4 月第 1 次印刷
书　　　号：ISBN 978-7-5096-9697-2
定　　　价：98.00 元

前　言

随着现代社会经济的飞速发展和人们生活水平的日益提高，休闲旅游已经成为人们追求高质量生活的一种方式。旅游业因其带动经济增长、促进文化交流的重要作用，逐渐成为我国国民经济的重要组成部分。在此背景下，体育旅游产业应运而生，并成为旅游业的一个重要组成部分。体育旅游是一种将体育运动与旅游活动相结合的新型产业，是满足人们多元化旅游需求、丰富旅游产品内容的必然产物。体育旅游不仅能为游客提供丰富的旅游体验，还能拉动体育需求，促进体育产业的发展，进而对提高国民经济增长产生积极的影响，具有非常重要的推动作用。然而，尽管体育旅游产业的发展前景广阔，但在国内，"体育＋旅游"产业融合发展的研究仍然处于起步阶段。现有研究多为概念推介和推广，缺乏明确的概念和完备的理论体系支撑。因此，建立符合我国国情的体育旅游产业集群竞争力提升策略，对于推动体育旅游产业的健康发展具有重要的意义。

在当今快速发展的社会环境中，体育和旅游作为两大重要产业，已经成为人们生活中不可或缺的一部分。体育旅游，作为一种将体育活动与旅游相结合的新兴产业形式，越来越受到人们的喜爱和重视。体育旅游不仅能够满足人们追求健康、快乐生活方式的需求，同时为旅游产业的发展带来了新的机遇。体育与旅游产业的融合并不是简单的相加，而需要通过创新和整合，实现资源的最优配置和价值的最大化，人们应深入研究和探讨

1

体育与旅游产业融合的内在规律和发展路径，探索体育旅游发展模式。

本书正是在这一背景下应运而生，笔者力求通过对体育与旅游产业融合创新及发展的深入剖析，为体育旅游产业的发展提供理论支持和实践指导。在本书中，不仅探讨了体育与旅游产业的融合背景和发展基础，还重点分析了体育旅游产业的经营与管理、资源整合与发展、产业集群竞争力的提升等重要问题。通过案例分析和数据支持，希望为体育旅游产业的从业者、相关政府部门以及对体育旅游领域感兴趣的读者提供有价值的参考和指导。

本书是咸阳师范学院周雨龙、陈鹏生、张琳在长期参与研究及工作的经验基础上撰写而成，有一定的实用性与指导性，希望能对有关人员提供实质性的帮助。其中，周雨龙撰写 18 万字，陈鹏生、张琳各撰写 2.5 万字。本书的撰写难免存在不足之处，敬请广大读者批评指正！

目　　录

第一章 "体育＋旅游"概论

第一节 "体育＋旅游"的理论基础

一、体育旅游的概念

有关体育旅游概念的确切定义一直以来都是一个备受争议的话题，各位学者对此看法不一，主要源于研究者从不同角度审视体育旅游，其研究重点和方法不同，因而产生了多样化的观点。体育领域的学者通常将体育旅游的概念分为广义和狭义两个层面进行界定，在广义层面，体育旅游被看作体育和旅游的结合，包括各类与体育相关的旅行体验，而在狭义层面，体育旅游被定义为更具体的活动，如观赏体育比赛、参与运动赛事或体育训练等。相反，旅游领域的学者关注体育旅游的定义主要集中在游客参与体育旅游活动的动机和活动本质上，他们强调旅游者对于体育活动的兴趣和动机，以及有关活动如何成为旅游经历的一部分，从而丰富了旅行体验。

体育旅游是一项多元化且富有活力的旅游形式，其概念在广义和狭义两个层面都有着不同的解释。从广义的角度看，体育旅游包括了旅游者在旅行中参与的各种与体育相关的活动，涵盖了体育娱乐、身体锻炼、体育竞赛、康复和文化交流等各方面，且体育旅游还涉及旅游地、体育旅游企业以及社会间的复杂关系网络。广义的定义强调了体育旅游的多样性和综合性，将其视为一种综合性的旅游体验，旨在满足旅游者的多种体育兴趣和需求。从狭义的角度看，体育旅游强调借助各种各样的体育活动来满足旅游者的体育需求，并充分发挥有关活动的多功能性。狭义的体育旅游活动旨在协调和促进旅游者身体和心理的全面发展，从而促进社会的物质文明和精神文明建设，丰富社会文化生活。[①]该定义强调了体育旅游的教育、康复和文化交流功能，将其视为一种更加具体和有目的的旅游活动。

二、体育旅游的类型

体育旅游是一个多维度的概念，从不同学科角度出发，可以将其归类为不同的范畴。从体育学的角度看，体育旅游主要涵盖各种体育竞技活动，旅游者参与体育比赛和运动项目，体验运动的激情和竞技的挑战。从旅游学的角度看，体育旅游属于自助旅游的范畴，强调旅游者的主动参与和探索性，游客自主选择参与各种体育活动，如徒步、滑雪等，以充实旅行体验，增强旅游的个性化。从休闲学的角度看，体育旅游可以视为休闲体育的一种体现。[②]在体育旅游中，旅游者既可以锻炼身体，也可以享受休闲和放松，注重身心健康和乐趣的结合。

关于体育旅游的类型划分，有观点将其分为两大类别，即自助体育旅游和参团体育旅游（见图1-1）。这是基于体育旅游的概念、属性、实践和

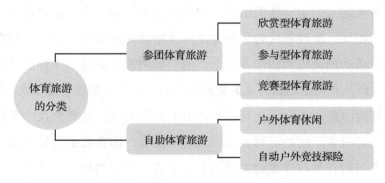

图1-1 体育旅游的分类

① 段红艳.体育旅游项目策划与管理[M].武汉：华中师范大学出版社，2017.
② 庞明，王天越.体育旅游[M].长春：吉林出版集团有限责任公司，2008.

特征等要素进行的划分。自助体育旅游侧重于个体的选择和安排，而参团体育旅游强调组织和集体体验。这两大类型的体育旅游各有特点，可满足不同旅游者的需求和偏好，为体育旅游提供了更多的选择和可能性。

（一）自助体育旅游

自助体育旅游作为体育旅游的一大基本类型，在当今社会中具有比较广泛的流行性。通常来说，人们在参与此种类型的体育旅游活动时，大多数情况下都是独立进行的，很少与体育旅游业发生比较直接的关系。而自助旅游又分为两种类型，具体如下：

1. 户外体育休闲

顾名思义，户外体育休闲即在户外进行的体育活动，此种旅游活动有较为明显的自由性。如将参与体育活动的不同目的作为主要依据，又可以将该类型的自助体育旅游分成三种具体的类型。

（1）保健旅游。保健旅游是一种旅游活动，旅游者参与此类活动旨在实现身体健康的目标，包括治疗疾病、恢复体力和增强身体机能。保健类型的体育旅游具有明确的目的性，注重促进健康和康复。一般而言，保健旅游可以分为两种主要类型：自然保健旅游和疗养旅游。自然保健旅游是在自然环境下进行的保健旅游活动，其中包括各种户外运动，如滑雪、登山、冰上活动、划船、游泳、打高尔夫球等。此类活动通常依赖于自然条件，提供了锻炼身体和恢复健康的机会。疗养旅游则融合了医疗技术和自然条件，结合了医疗手段，如按摩、气功、药疗、电疗、针灸等，以及具有疗养价值的自然条件，如矿泉水、森林、气候等。疗养旅游通常在专门的健康度假胜地进行，可提供综合性的康复和健康管理服务。

（2）健身娱乐型体育旅游。健身娱乐型体育旅游是一种充满乐趣和活力的旅游活动，旅游者在体育娱乐的过程中不仅享受乐趣，还达到了健身的目的。与传统的健身活动相比，健身娱乐型体育旅游强调娱乐性健身理念，注重让人们在锻炼身体的同时感到愉悦和享受。健身娱乐型体育旅游包括各种体育娱乐活动，如水上运动、沙滩排球、健身舞蹈、户外团队游戏等活动，不仅有益于健康，还增加了旅行的乐趣和趣味性。旅游者可以在自然环境中锻炼身体，同时享受美丽的风景，并进行社交互动。

（3）度假型体育旅游。度假型体育旅游强调了旅行与体育的结合，具有明显的体育意义，人们参与度假型体育旅游活动主要是为了放松身心、减轻压力和消除疲劳。其最显著的特点是在度假期间进行体育旅游，通常发生在节假日，如五一、国庆和春节等。度假型体育旅游的目标是让旅游者在度假期间享受体育活动的乐趣，同时充分利用休息时间，调整身体和情绪。度假型体育旅游满足了人们在休假期间寻找身体和精神平衡的需求，使他们能够在度假中放松、恢复活力，并享受自然环境的美丽。

2. 自助户外竞技探险

自助户外竞技探险体育旅游是一种充满挑战和冒险精神的旅行方式，与自助体育旅游密切相关，但更强调对自我挑战和大自然的征服。该类型的体育旅游活动具有明显的特征，吸引着个性鲜明、勇敢无畏的旅游者。自助户外竞技探险活动强调挑战自我和大自然，参与者通常具有强烈的个性，喜欢自由自在、敢于展示自我和挑战自身极限。有关的活动充满危险，旅游者需要面对大自然的挑战，克服困难，展示自己的技能和能力，才能实现旅游的预期目标。登山探险、地下洞穴探险和高空跳伞探险等是这类体育旅游的典型活动项目，这些活动要求旅游者具备坚强的意志力和身体素质，因为他们需要应对极端环境和未知的挑战，从而获得独特的冒险体验。

（二）参团体育旅游

参团体育旅游包括观赏型体育旅游、参与型体育旅游以及竞赛型体育旅游，各具特色，具体如下：

1. 观赏型体育旅游

（1）概述。观赏型体育旅游是一种以欣赏和体验为主要目的的旅游方式，旅游者在参团体育旅游中通过视觉、听觉和感觉器官感受体育建筑场地、体育活动、体育艺术景点以及特色文化等，从中获取愉悦感。观赏型体育旅游方式通常涵盖各种与体育相关的景点和活动，旨在让旅游者充分享受体育的精彩和魅力。观赏型体育旅游通常以参团的方式进行，旅游者在参与之前一次性缴纳所有费用。然后，由专业的体育旅游组织统一安排旅游者的食宿、交通、游览行程、参观活动和门票等事务，使得同一团内的旅游者拥有相对固定和统一的旅游行程和内容，减轻了旅游者的策划和安排负担，让他们可以更专注于欣赏和体验。

（2）特点。观赏型体育旅游以方便和省心为特征，旅游者只需一次性缴纳费用，不必担心行程安排和细节，一切被专业组织安排得井然有序。观赏型体育旅游方式的行程通常紧张但有序，确保旅游者能够充分体验各种体育活动和景点。观赏型体育旅游注重个人自由度，允许旅游者在旅行中有足够的自主选择和休闲时间。并且，此种旅游方式对体能的消耗相对较小，适合各年龄段的旅游者参与。观赏型体育旅游为旅游者提供了方便、多样化的体育旅游体验，让他们在旅行中轻松享受体育乐趣。

2. 参与型体育旅游

（1）概述。参与型体育旅游是一种需要旅游者积极参与体育活动的旅行方式，旅游者通常在旅行前向体育旅游组织缴纳费用，然后由旅游组织负责安排行程和提供食宿等服务，这一点与观赏型体育旅游相似。然而，两者的主要区别在于旅游内容。在参与型体育旅游中，旅游者不仅需要通过感官欣赏体育活动，还必须亲身参与其中。这意味着他们需要积极参加体育运动项目，完成具有一定难度和体力消耗的体育活动。与此同时，旅游者在体育活动过程中通常会得到体育旅游工作人员的帮助和指导，以确保体验的顺利进行。

（2）特点。参与型体育旅游突出了体验、感受和娱乐作为旅游者的主要目的，旅游者在此类体育旅游中积极参与体育活动，通过亲身体验获取乐趣和充实生活，这是其独特之处。虽然旅游安排通常是有序的，但此类体育旅游也可能因体育活动的挑战性而使旅游者不太舒适。行程紧凑，确保旅游者充分参与各种体育活动，但同时可能使旅游者感到紧张。相较于观赏型体育旅游，参与型体育旅游的个人自由度较小，因为旅游者需要按照预定的体育活动日程参与。然而，参与型体育旅游方式带来了更大的体能消耗，旅游者需要投入更多的体力和精力来完成体育挑战。尽管如此，他们通常会在体验中获得满足感和成就感，因为他们克服了挑战，感受到了体育活动的乐趣和兴奋。

3. 竞赛型体育旅游

（1）概述。竞赛型体育旅游是一种以参加特定体育竞赛为目的的团体旅游活动，通常以集体形式进行，参与者必须严格遵守相关的纪律和规则。竞赛型体育旅游并不适合所有年龄段的人，它对参与者的性别、年龄等方面都有特定的要求，并且参与人数通常需要在规定的范围内。在竞赛型体育旅游中，所有的参与者都必须遵守公平公正的原则。裁判在赛场上扮演着重要的角色，他们必须严格按照竞赛规程履行自己的职责，确保竞赛的公正性和公平性。竞赛型体育旅游活动旨在提供一个比赛和竞争的平台，让参与者能够在竞技中展现自己的体育才能，并与其他团队竞争。

（2）特点。竞赛型体育旅游强调团队合作和纪律，通常是以团队为单位参加的，要求参与者密切协作，严格遵守竞赛规则和纪律，确保比赛的公平性。个人自由度在竞赛型体育旅游中相对较低，因为旅游者必须服从集体安排和组织者的指导，确保团队的协调和合作。竞赛型体育旅游的行程安排通常有序但紧张，比赛和竞争的要素使得行程必须按照严格地时间表进行，以确保比赛的顺利进行，可能导致紧张的行程，但也为旅游者提供了挑战和充实的机会。竞赛型体育旅游的一个显著特点是其具有挑战性，此种旅游方式旨在提供一个竞技和挑战的平台，要求旅游者发挥自己的体育才能，全力以赴参与比赛。挑战性突出，需要旅游者投入大量的体力和精力，以应对竞技过程中的各种考验和困难。

三、体育旅游的特点

作为一种较为新颖的旅游形式，体育旅游与其他旅游有着共同的特征，

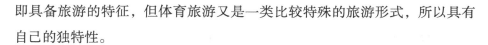

即具备旅游的特征，但体育旅游又是一类比较特殊的旅游形式，所以具有自己的独特性。

（一）地域性

体育旅游活动的地域性是其开展的重要特征，它依赖于各地区丰富多样的体育旅游资源。地域性特征在不同地区呈现出明显的差异，使体育旅游活动具有独特的地域魅力和特色。观看体育比赛和赛事是一种典型的地域性体育旅游，因为各地有不同类型的体育比赛举行。人们愿意跨地区前往观看自己喜欢的比赛，这促进了体育旅游的发展。沿海地区具有丰富的海上体育旅游资源，如冲浪、帆船、潜水等活动，吸引了水上运动爱好者前往海岸线地区体验。北方地区的严寒气候为冰雪运动提供了理想的条件，如滑雪、冰壶等，冰雪爱好者通常会前往寒冷地区寻找滑雪胜地。沙漠地区的独特地貌和沙漠运动资源吸引了冒险者前来体验沙漠探险活动，如沙漠沙丘冲浪和沙漠越野。山区地域提供了登山和徒步旅行的绝佳场所，吸引着登山爱好者和户外探险者。

地域性的体育旅游资源丰富多样，满足了不同旅游者的兴趣和需求。喜欢体育旅游的人通常对不同地区的体育旅游项目有高度的兴趣，他们愿意穿越地域界限，跨足不同地区，以体验各种具有地域特色的体育活动，这促进了地域性体育旅游活动的跨地区开展和发展。

（二）消费性

体育旅游活动在参与过程中通常需要较高的成本费用，这与传统旅游相比显然更为昂贵，其高成本可以追溯到多个原因。在参与体育旅游活动之前，旅游者通常需要对相关知识有一定程度的了解和掌握，还需要学习相关技术和技能，参加专业培训班，从而增加旅游的费用，包括培训费用、教材费用等。例如，在进行潜水或攀岩等体育旅游活动之前，旅游者通常需要接受专业的培训和认证。一些体育旅游项目对特定的服装、工具和设备有特殊要求，旅游者需要花费额外的费用来购买或租赁这些装备，以满足活动的要求。例如，滑雪需要雪具和装备，潜水需要潜水装备，这些装

7

备成本相对较高。在体育旅游活动中，通常需要专业导游或教练的指导和协助，而专业人员的服务通常需要额外费用，因为他们具有相关的经验和技能，可以确保旅游者的安全和顺利参与。特别是在涉及高风险的活动，如登山或悬崖跳水时，导游和教练的作用至关重要。对于竞赛型体育旅游活动，有时需要雇用专业顾问和医疗人员，以提供战略建议和紧急医疗支持，这些额外的专业支持服务也会增加费用。由于体育旅游活动具有一定的风险性，旅游者通常需要购买额外的意外保险，以确保在活动期间的安全，从而增加总体费用。

（三）风险性

体育旅游活动在其本质上具有一定的风险性，主要是因为有关的活动通常涉及挑战自身极限和自然环境，这两个因素都会导致潜在的危险。体育旅游活动中的风险是客观存在的，是不可避免的一部分。例如，在登山旅游中，天气条件可能会突然恶化，导致登山者遇到危险，且此类风险是无法预测和控制的，但可以通过准备和谨慎来降低。体育旅游的风险通常具有不确定性，即无法预测具体会发生什么。在野外徒步旅行中，可能会面临天气突变、野生动物接触或道路障碍等不确定性因素，使得旅游者需要具备应对突发状况的能力。体育旅游风险的产生具有偶然性，即它们可能发生，也可能不会发生。不可预测性增加了旅游活动的挑战性和刺激性，但也增加了潜在的风险。一些体育旅游项目，如攀岩、潜水、漂流、速降等，本身就属于高危险性的活动。此类活动要求旅游者具备特定的技能和经验，否则可能会导致严重的安全问题。

（四）体验性

体验性已成为现代旅游业的主要趋势，而休闲体育旅游活动是体验性旅游的一个重要组成部分。在当今社会，人们对于旅游的期望已经不再局限于简单的观光，而更注重亲身参与和体验。休闲体育旅游活动为旅游者提供了深度的体验机会，与仅仅观光不同，参与休闲体育旅游活动的旅游者必须积极参与各种体育活动，如徒步、滑雪、潜水、攀岩等，以充分体验旅游的乐趣，并且允许旅游者亲身感受自然环境的美丽和挑战，提供了锻炼身体、放松心灵的机会。休闲体育旅游活动的吸引力在于它们能够满足现代旅游者对体验的需求，现代旅游者追求独特的、个性化的旅游体验，他们不仅想要看到美丽的风景，还希望通过参与活动而与目的地互动，感受当地文化和生活方式。休闲体育旅游提供了这样的机会，让旅游者能够深入了解目的地，与当地人交流，并在体育活动中找到乐趣。休闲体育旅游活动的发展需要依托丰富的体育和旅游资源，包括自然风光、体育设施、专业教练等，它们共同构成了休闲体育旅游的基础。活动组织者可以利用这些资源，为旅游者提供各种服务，包括健身、娱乐、休闲和社交等，从而有效丰富了旅游者的体验。

（五）"回头客"较多

在传统旅游中，一旦游客参观了某个景点，通常在相当长的时间内不会再次前往，甚至可能终生只去一次。然而，体育旅游的特点使其在回头客方面具有独特的吸引力。体育旅游活动往往涉及各种体育项目，如滑雪、打高尔夫球、登山等活动具有一种独特的吸引力，让人们乐此不疲，渴望重复参与。因此，体育旅游项目的回头客率相对较高。举个例子，喜欢滑雪的人可能每年都选择前往滑雪胜地，而高尔夫球爱好者可能会频繁参加高尔夫球比赛。这种情况不仅增加了体育旅游的持续吸引力，也为旅游业提供了稳定的客源。一个地区的体育旅游项目可以吸引大量的回头客，旅游者喜欢回到他们熟悉且热爱的地方，继续参与他们喜欢的体育活动，为体育旅游目的地和相关产业带来持续的经济利益。地区内的体育旅游设施和服务商可以借此机会建立长期客户关系，提供定期的体育活动和服务，从而稳定业务，并吸引更多的游客。

（六）技能要求高

体育旅游与传统旅游在技能要求方面存在显著差异，在传统旅游中，游客通常不需要掌握特定的技术技能或具备特殊的体能素质。相反，旅行社通常会提供一切必要的安排和服务。然而，在体育旅游中，参与者通常需要具备一定的技术技能和体能素质，这是其安全参与和享受活动的必要条件。例如，冲浪、攀岩、高山探险和滑冰等体育旅游项目对参与者的身体素质和技术技能有一定要求。如果参与者没有足够的技能和体能，可能会面临危险。因此，体育旅游活动通常会提前要求参与者具备相关的技术技能或进行培训和指导，以确保他们可以安全地参与活动。经营体育旅游活动的组织者也需要具备一定的专业知识和资源，他们需要了解体育项目的规则、安全措施以及应急处理方法，以确保活动的顺利进行和参与者的安全。他们还需要购置专业设备、聘用专业人员，从而有高质量的体育旅游体验。

第二节 "体育＋旅游"的产生与发展

体育旅游是一种基于体育资源和旅游资源的旅游活动，以体育为主要活动内容进行开展，体育旅游的发展与体育和旅游两大领域密不可分。体育事业的繁荣和旅游业的兴盛为体育旅游提供了更多的机会和资源，反之亦然。相互影响的关系不仅对体育和旅游领域有影响，还涉及经济、自然环境和文化传播等多个方面。

一、国外体育旅游的产生及其发展

国外体育旅游的兴起与现代旅游业息息相关，它们几乎是同时涌现的。早在1857年，英国为了服务登山爱好者成立了登山俱乐部，以提供各种登山旅游服务。随后，挪威、瑞士等国在1883年也建立了滑雪俱乐部，以为热衷滑雪的游客提供相关服务。1885年，英国又成立了野营（帐篷）俱乐部，旨在向喜欢户外活动的旅游者提供野外食宿设施及相关服务。后来，法国、德国等国相继建立了休闲观光俱乐部，为游客提供相关服务。这些俱乐部的建立标志着体育旅游的雏形开始出现，它们为不同体育爱好者提供了专门的服务，满足了他们的需求。随着时间的推移，有关的旅游俱乐部逐渐演变成了专门的体育旅游组织，为体育旅游者提供更多多样化的体验和活动。

19世纪后半期，欧美一些国家经济蓬勃发展，人们的生活水平明显提高，同时拥有更多的闲暇时间。该时期，社会开始涌现新的观念和文化，特别是高收入者对休闲、娱乐、健身和度假的需求逐渐增加，积极参与各种休闲活动。为了满足这些高层次需求，相关机构和组织着手兴建休闲疗养胜地、度假中心和娱乐场所，综合了食宿、娱乐、游玩等功能，注重提供休闲体验。有关场所内部常设有骨牌、台球、投镖、保龄球、桥牌等室内娱乐项目，为人们提供了丰富多样的室内活动选择。除室内娱乐外，一些场所还充分利用周围的自然环境，开发登山、滑雪、漂流、打高尔夫球等户外体育项目。这些户外休闲项目逐渐兴盛，为体育旅游的发展提供了重要的资源条件。该时期的社会变革和娱乐需求为体育旅游奠定了基础，人们开始意识到休闲与体育的结合能够带来更丰富的生活体验，同时为旅游业和体育业的发展创造了机会。

20世纪初，休闲娱乐业在欧美一些国家迅速崛起，成为新兴产业，以体育健身和休闲娱乐为主要内容。随着体育和娱乐项目的不断扩展和深化，休闲娱乐业的规模逐渐扩大，其收入呈上升趋势。例如，在1929年的美国服务业国民收入中，休闲娱乐业占比达到8%，而在全国国民总收入中，其占比为0.93%。英国的高尔夫球运动在90年代迅速兴起，到1995年，英国已经拥有超过2000个高尔夫球场，每个球场都拥有大量会员。法国被誉为世界上最著名的滑雪旅游胜地之一，在1994年冬季，共有540万人参与滑雪运动，其中国内滑雪者约有360万，其余来自国外。21世纪初，全球拥有约6000个滑雪场，估计有4亿人热衷于滑雪运动。2001年，全球滑雪业收入高达500亿美元。欧美国家每年有大量的人参与滑雪活动，一些国家如瑞士等，因其丰富的雪资源，特别侧重于发展滑雪旅游项目，取得了显著的发展成就，该时期休闲娱乐业的迅速兴起直接推动了体育旅游的发展。

20 世纪中后期，欧美一些国家的体育旅游迅猛发展，此现象主要源于欧美国家旅游业的迅速壮大和各类体育运动项目的广泛普及。在该时期，体育旅游项目得到广泛开发，不断涌现出各种各样的体育旅游活动，同时，参与这些项目的人数也在迅速增加。新兴的体育旅游项目包括徒步登山、高山滑雪、帆船、海滩度假、冲浪、漂流、攀岩、探险等，它们吸引了大量旅游爱好者的参与。[1] 以瑞士为例，这个国家拥有丰富的自然资源，特别是阿尔卑斯山脉提供了得天独厚的自然条件。瑞士政府和有关部门充分利用这些资源，开发了四季皆宜的特色体育项目，使得瑞士的小镇达沃斯成为全球著名的体育旅游胜地。

20 世纪后期，日本和韩国积极开发体育健身和娱乐项目，旨在为旅游者提供更丰富的旅游体验。它们在众多旅游景点设立了各种体育娱乐设施和项目，为游客提供了更多选择和机会参与体育活动。该举措旨在满足人们对休闲、健身和娱乐的不断增长的需求，也为当地旅游业的发展注入了新的动力。在这一时期，经济发达国家普遍充分利用本国丰富的自然资源，推动各种形式的自然旅游活动，包括徒步旅行、山地登山、水上运动等，都依托于国家的自然环境和景观。不仅为游客提供了独特的旅游体验，也促进了当地旅游业的发展。

参与型体育旅游的崛起不仅推动了观赏型体育旅游的发展，而且随着人们对国际大型体育比赛如奥运会和世界杯足球赛等的兴趣不断增加，观赏型体育旅游产业受到了更多关注和投资。很多国家都积极争取承办这些重大体育赛事的机会，希望通过这一举措促进国内体育旅游业的发展，同时优化国内产业结构，增加经济收入。事实已经证明，承办国际大型体育赛事的国家和城市都能够受益匪浅。国际大型体育赛事吸引了来自世界各地的观众和游客，推动了旅游业的增长。举办国际大型体育赛事需要新建或改建体育场馆和基础设施，不仅创造了就业机会，还促进了建筑和基础

---

① 徐勇. 中国体育旅游发展研究 [M]. 武汉：华中科技大学出版社，2016.

设施领域的发展。最重要的是，体育赛事的举办提高了国家和城市的国际知名度，增加了投资者和游客的信心，进一步吸引了更多的游客前来观赏比赛和探索当地旅游景点。

二、我国体育旅游的产生及其发展

我国地域辽阔，自然资源丰富，为体育旅游的蓬勃发展提供了广阔的空间和丰富的资源基础，且得益于多重因素的共同推动。中国拥有广袤的土地，各地区的自然风光和体育资源各具特色，为体育旅游提供了多样性和丰富性。东北地区的雪资源丰富，天然滑雪场吸引着众多滑雪爱好者前往。东部沿海地区水资源丰富，适宜发展游泳、潜水、日光浴等项目，如大连、青岛、秦皇岛、厦门、三亚等城市都因此而备受游客欢迎。我国内陆地区拥有众多江河湖泊，为漂流、划船等水上体育娱乐项目提供了绝佳的场所。此外，我国山川秀美，适宜攀岩、登山等户外活动。

新中国成立后，面临百废待兴的局面，人民的生活条件相对较差。在该时期，高水平和高层次的体育健身和娱乐活动的参与机会有限。人们主要参与一些简单的体育活动，如跑步、打球、登山和骑自行车等。然而，改革开放以后，我国旅游业开始蓬勃发展，各大城市兴建了大量星级宾馆和饭店，旅游基础设施不断完善。同时，一些健身和娱乐场所积极引进国际上先进的健身设备和娱乐配套设施。随着交通和通信基础设施的不断提升，体育旅游得以更好地发展。该时期的改革和发展为体育旅游提供了更广阔的发展空间，人们有机会参与多样化的体育活动，旅游者也能享受到丰富多彩的体育旅游体验。此种发展背景下，有效促进了体育旅游业的增长，还提高了人们的生活质量，推动了国民体质的提升。

随着人们生活条件的逐步改善，对体育活动的期望和需求变得越来越多元化，传统的简单体育健身活动往往无法满足个体多样化的需求。此种背景下，体育旅游逐渐崭露头角，成为一种更高层次、更具刺激性和娱乐性的健身娱乐方式，因而备受体育爱好者的欢迎。体育旅游的独特魅力在于它将体育与旅游有机地结合，为参与者提供了丰富多彩的体验。在追求健康的同时，旅游者可以享受到刺激和娱乐，这种全新的体验方式吸引了众多体育爱好者和冒险者。[①] 为了满足人民大众不断增长的体育和旅游需求，我国积极开发和引进各类新型体育旅游项目，漂流、攀岩、沙漠探险、武术健身游、高尔夫旅游、海滨健身游等体育旅游项目逐渐在国内兴起。

尽管我国体育旅游领域正在迅速发展，取得了一定的成就，但相较于发达国家，我国的体育旅游仍处于初步发展阶段，主要是因为我国体育旅游的起步相对较晚。为了缩小与发达国家的差距，并更好地发展我国的体育旅游业，需要采取一系列措施和策略，需要进行科学合理的体育旅游资源开发规划，包括对各地区的体育旅游资源进行充分的评估和调查，找出潜在的旅游热点和特色项目。并且要确保在资源开发过程中遵循环保原则，保护自然环境，维护生态平衡。重点发展民族传统体育旅游业，充分挖掘具有中华民族特色的传统体育项目，将其融入旅游活动中，此举可以弘扬中国传统文化，为游客提供独特的体验，吸引更多国内外游客前来参与。建立健全的体育旅游发展体系，包括培训专业人才、提高服务质量、加强市场推广等方面的工作。应通过不断完善体育旅游的发展体系，提高整体水平和竞争力。

第三节 "体育＋旅游"的影响力

一、体育旅游对经济产生的影响

（一）积极影响

旅游业的发展对于有效促进国民经济水平的提升产生了积极影响，体育旅游作为旅游业中的重要组成部分，同样能够推动国民经济的发展。具

---

① 徐勇. 中国体育旅游发展研究 [M]. 武汉：华中科技大学出版社，2016.

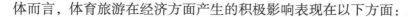

体而言，体育旅游在经济方面产生的积极影响表现在以下方面：

1. 推动外汇收入增加与国际收支平衡

当今世界，全球商品经济已达到高度发展，国与国之间的经济联系通常建立在商品交换的基础上，而货币是商品交换的媒介。为了加强与其他国家的经济合作，国家需要确保在国际经济市场上具有强大的购买力，并且必须持有足够的外汇储备。国际社会常常通过考察一个国家的外汇储备量来评估其经济实力和国际支付能力，这成为一个国家经济强大与否的重要指标。

一个国家增加外汇储备的途径主要分为两类：一是通过外贸途径获取外汇，即贸易外汇；二是通过非贸易途径获取外汇，即非贸易外汇。旅游业的发展被归类为非贸易外汇，旅游业是国家经济中的一个重要组成部分，能够吸引外国游客前来消费，从而创造外汇收入。当国家的旅游业蓬勃发展时，外国游客的旅游消费、住宿、餐饮、交通等方面的支出都会为国家带来外汇收入。

旅游业的发展对国家外汇收入的增加具有显著影响，并在创汇方面发挥着重要作用，这是出口贸易所无法比拟的优势。与一般贸易相比，旅游业的交易过程更为简单，涉及的货币兑换成本较低，这有助于更多的外汇流入国家。旅游业通常涉及人员的跨境流动，而不涉及大量货物的运输，大大降低了运输成本，并且减少了贸易中可能出现的物流问题。在贸易领域，国际贸易可能受到各种贸易壁垒和关税的限制，而旅游业不受这些限制，游客可以更自由地选择旅行目的地，这有助于增加外汇收入。

2. 增加就业机会

就业问题不仅直接关系到个体劳动者的生存和发展，还与社会稳定和经济繁荣密切相关。就业问题关系到社会稳定，高失业率会导致社会不稳定，可能引发社会动荡和不满情绪。通过增加就业机会，可以缓解社会紧张局势，维护社会和谐。就业与经济增长密切相关，提供更多的工作岗位有助于激发国内需求，促进消费和投资增长，从而推动经济增长。就业机会的增加也可以增加税收收入，支持政府提供更多的公共服务和社会福利。通过增加就业机会，还可以提高人民生活水平，减少贫困率。就业不仅提供了收入来源，还有助于提高个体的社会地位和自尊心。

相较于其他行业，特别是重工业，体育旅游业的劳动密集型特点以及综合性服务特质使其成为创造就业机会的有力推动者。体育旅游业是一个劳动密集型行业，在体育旅游活动中，需要大量的员工从事导游、安全管理、餐饮、住宿、交通等多个环节的工作，因此提供了丰富的就业机会。从旅游景区的管理人员到临时工作人员，都可以在体育旅游业找到工作。体育旅游业的综合性特质促进了其他行业的发展，为了满足旅游者的多元需求，体育旅游业需要建设和维护各种基础设施，如酒店、餐厅、运输工具等。这些基础设施的建设和运营创造了更多与之相关的就业机会，涉及建筑业、餐饮业、交通运输业等多个领域。

体育旅游业的发展有利于扩大就业机会，主要有两种情况。

（1）扩大直接就业机会。在体育旅游的生态系统中，有多个领域可以创造直接就业机会。随着游客数量的增加，需要更多的酒店、度假村和旅馆来满足住宿需求，从而需要大量的前台接待员、客房服务员、厨师、清洁工等员工，提供服务。体育旅游者在旅途中需要用餐，促进了餐厅、咖啡馆、酒吧和夜总会等场所的兴起。厨师、服务员、调酒师和音乐家等在旅游场所就业，为游客提供各种餐饮和娱乐服务。旅游景点和体育设施的维护及管理也创造了大量直接就业机会，包括景区的导游、安保人员、维护人员，以及体育设施的维修工程师、教练员和工作人员等。

（2）扩大间接就业机会。体育旅游业的发展带动了相关产业的兴起，进而扩大了间接就业机会。与其他行业相比，体育旅游业在解决就业问题方面更具优势，涵盖了广泛的服务领域，包括餐饮、住宿、运输、零售等，有关的服务都需要大量的员工。例如，酒店和餐厅的运营需要厨师、服务员、接待员等，运输服务需要司机和物流人员，零售业需要销售人员。因此，体育旅游业的兴起为这些服务领域提供了大量的就业机会，创造了许多岗位,直接带动了人力资源的需求。体育旅游业的就业特点值得关注,该行业具有明显的季节性变化,因为不同体育旅游项目在不同季节更受欢迎。在无形中为只需季节性就业的人提供了机会,如学生和家庭主妇,他们可以在旅游旺季找到临时性或兼职的工作。此外,体育旅游业为女性提供的就业机会较多,研究表明,从事与体育旅游相关工作的女性数量是男性的3倍。这反映了体育旅游业的多元性和包容性,为社会中不同性别和年龄段的人提供了就业机会。

3. 优化产业结构

三大产业包括第一产业(农业)、第二产业(工业)和第三产业(服务业),它们之间的比例关系是一个国家或地区经济状况的重要指标。随着社会的不断发展和经济技术的进步,产业结构也在不断演变。一般来说,第一产业和第二产业通常在国家的早期发展阶段起到主导作用。农业和工业的发展是经济增长的基础,它们提供了就业机会和生产物质产品所需的资源。然而,随着社会经济的不断发展,第三产业崭露头角。服务业在第一、二产业的基础上发展起来,包括教育、医疗、金融、零售、旅游、娱乐等各种服务领域。当前,人们对服务产品的需求日益增加,因为这些产品通常具有更高的弹性,能够满足人们不断提高的生活质量和多样化的需求。随着社会生产力水平的不断提高和国民经济的持续发展,第三产业在整个产业结构中的比重逐渐增加。这是一个正向的趋势,因为服务业的增长反映了一个国家经济的现代化和多元化。同时,服务业的发展也创造了更多的就业机会,提高了国民收入水平,促进了经济的可持续增长。

现代体育旅游业是随着生产力的高度发展而兴起的新兴经济领域,其满足了人们在追求刺激和发展过程中的需求。在当今全球范围内,旅游业已经成为最大的产业之一,而体育旅游作为旅游业的重要组成部分,在第三产业中占据着非常重要的地位,其经济价值愈加显著。随着现代社会的发展,人们对于生活质量的要求逐渐提高,对于休闲、娱乐、体育等方面的需求不断增加。体育旅游业迎合了这一需求,提供了丰富多样的体育和娱乐活动,为人们创造了全新的旅游体验。此种形式的旅游满足了游客的娱乐和锻炼需求,并促进了相关产业的发展,如运动器材、健康餐饮、酒店住宿等领域都从中受益匪浅。

体育旅游业作为一项综合性产业,其发展除依赖于自身的内在因素,还与各相关行业的综合发展密切相关。其他行业的发展程度会从不同角度影响体育旅游业的繁荣,而体育旅游业的兴盛也会产生积极的回馈效应,影响多个行业的发展。体育旅游的发展对旅游目的地原有产业结构进行了优化,其为目的地地区提供了多元化的旅游产品和服务,吸引了更多游客前来,从而刺激了本地区的餐饮、住宿、零售等相关产业的发展,促进了目的地的经济繁荣和产业升级。体育旅游的兴起为旅游目的地经济的增长提供了动力,游客在参与体育活动期间会在目的地花费,支持当地商业,创造就业机会,为地方政府带来税收。由此进一步加速了目的地的经济增长,提高了人民的生活水平。体育旅游业的发展还为其他部门和行业开辟了新的生产门路,从体育器材制造到体育旅游设施建设,从体育媒体报道到赛事管理,各种与体育旅游相关的服务和产品都催生了新的商机。

体育旅游业在第三产业中被归类为一种高消费行业,其特点之一是更新换代速度快,远远超越了一般的耐用消费品。为满足不断变化的消费者需求,相关行业必须不断引入新技术、新材料和新设备。体育旅游牵涉到多个方面的消费,包括食、住、行、游、购、娱等,因此其发展会催生与这些消费相关的各种产业。随着游客数量的增加,对交通基础设施的需求相应上升。航空、铁路、公路等交通运输部门需要扩大容量、提高效率,以适应不断增长的旅游需求,从而推动交通业的发展。为了满足游客的住宿需求,旅游目的地需要兴建更多的酒店、度假村和旅游胜地,这刺激了建筑业的发展,还提供了就业机会。轻工业和商业领域也得以发展,因为游客在旅行期间会购买纪念品、礼品和其他商品,促使商家扩大生产,增加库存,以满足市场需求,提高了轻工业和商业领域的销售额。

4. 推动区域经济水平提升，缩小地区差异

与国际旅游相比，国内体育旅游的发展更加强调货币在国内地区的流动，从一个地区转移到另一个地区，从而有助于更好地分配国内的财富和促进经济协调发展。一个地区的经济水平越高，吸引游客的可能性越大。旅游者通常更愿意前往经济相对发达的地区，因为这些地方能提供更多的娱乐、住宿和餐饮选择。然而，当经济相对滞后的地区拥有丰富而独特的体育旅游资源时，也能够吸引游客。游客的消费将直接促进该地区的经济发展，提高当地人民的生活水平。体育旅游业的发展有助于缩小地区间的经济差距，一些地区可能因历史或其他因素而相对经济滞后，但拥有丰富的自然和文化资源。通过发展体育旅游业，此类地区能够充分利用自身的优势，吸引游客和投资，推动当地经济的增长。如此，不同地区间的经济差距将逐渐缩小，实现更加均衡的发展。

我国的西部山区、乡村和偏僻边远地区拥有丰富的特色体育旅游资源。然而，这些地区的经济发展相对滞后，居民生活条件较差，与东部经济较发达地区存在着显著的差距。幸运的是，通过发展体育旅游业，这些地区已经开始改善其经济状况、环境质量和居民生活水平，同时吸引了外部投资。由此可见，旅游扶贫作为一种有效途径在促进经济发展和改善地区状况方面具有潜力。体育旅游推动经济发展，扩大就业、增加税收、促进相关行业。全球各国通常采用"旅游搭台，经贸唱戏"的策略，在吸引投资、促进贸易方面发挥关键作用。

（二）消极影响

体育旅游在推动经济发展，增加就业机会，并且优化产业结构的同时，也在一定程度上造成了不利影响。

1. 推动土地价格上涨

体育旅游者在购买旅游商品时通常需要支出较高的费用，因为体育旅游活动往往包括高品质的住宿、餐饮、交通和娱乐等服务，为零售商带来了巨大的边际利润。旅游目的地的零售商分为两种，一种是为本地居民提

供服务的，另一种是为游客服务的。然而，游客市场往往更具竞争力，因为游客通常对价格不太敏感，愿意为了更好的体验支付更高的费用。如此一来，使旅游目的地的零售商更有动力通过提高价格来获取高额利润，从而导致了物价上涨的压力。体育旅游业的迅速崛起导致了对土地资源的巨大需求，如建设宾馆、度假胜地、旅游设施等需要大量土地资源，而土地资源是有限的。供不应求的市场现状必然会导致土地价格的不断上涨，从而使建筑公司和土地拥有者获得了可观的回报。然而，这在无形中带来了住房问题。因为土地价格上涨，需要购房或租房的本地居民面临着更高的住房成本，可能导致通货膨胀的现象发生。高房价也可能使住房变得不可负担，尤其对年轻人和低收入家庭来说，购房可能成为一项巨大的负担。

2. 体育旅游过度超前发展致使产业结构失调

体育旅游业是一项具有突出依托性和综合性特征的产业，其发展受到多个相关行业的影响和支持。依托性方面，交通、电力、通信等旅游相关行业的发展与体育旅游密切相关。例如，交通基础设施的完善将有助于体育旅游者更便捷地到达目的地，电力和通信设施的优化也为旅游体验提供了便利，有关行业的协同发展对体育旅游的顺利进行至关重要。而体育旅游的需求也能够推动这些相关行业的发展，形成了相互促进的关系。另外，体育旅游业具有高度的综合性，涵盖多个领域，包括餐饮、住宿、交通、娱乐等多个方面，因此体育旅游的发展必须与国民经济的整体发展相协调。只有在有关产业可承受的范围内，体育旅游才能得到健康的发展。

许多开发商普遍认为体育旅游行业是一项少投资、见效快、效益高的产业，但此种看法往往忽略了对体育旅游经济特点的全面理解。从而导致一些地区和企业过度热衷于开发旅游资源，扩大体育旅游市场，最终可能产生一些不利后果。过度超前的体育旅游发展可能导致资源的过度开发和消耗，包括土地资源、自然环境和文化遗产等，如果不合理管理和保护，可能对生态环境造成损害，影响长期的可持续性发展。快速扩张的体育旅游市场可能引发激烈的竞争和价格战，如果市场供大于求，企业可能被迫降低价格，从而降低了盈利能力，对行业内的参与者和服务质量产生负面影响。产业结构的失衡也是一个潜在问题，过度依赖体育旅游业可能导致对其他行业的忽视，从而使经济体系缺乏多样性和韧性，这对于应对不同经济挑战和风险是不利的。

体育旅游业的脆弱性是一个需要引起重视的问题，该行业受到多种因素的影响，如季节性、自然灾害、健康危机等，诸多因素都可能对体育旅游造成不利影响。因此，各地在发展经济时不应过度依赖体育旅游。体育旅游业的不稳定性也需要认真考虑，该产业受到市场波动和竞争的影响，可能会出现需求下降、价格竞争激烈等问题。如果国家或地区高度依赖体育旅游业来发展经济，一旦出现不利情况，可能会导致经济困境，影响整体经济稳定性。因此，发展体育旅游业需要适度和谨慎。这意味着国家和地区应该在经济发展战略中将体育旅游作为一个重要但不是唯一的组成部分。其他产业和领域也应得到充分关注和发展，以确保经济具有多元性和韧性，能够应对各种挑战和不稳定因素。

二、体育旅游对社会文化的影响

（一）积极影响

1. 拓宽视野，提高人民生活质量与身心素质

体育旅游是一种特殊的生活方式，其为参与者提供了一种独特的生活体验。在体育旅游中，人们有机会暂时离开日常生活的环境，走向未知的地方，追求更高层次和更有魅力的乐趣。此种生活方式不仅充满欢乐，还涵盖了生活各方面的内容，使人们能够全面享受生活。体育旅游为参与者提供了探索和发现的机会，让人们在不同的目的地中感受到文化、风景和自然的奇妙之处。体育旅游是一种与自然亲近的方式，人们可以在户外活动中感受大自然的壮丽和美丽，对于心灵和身体都有益处。体育旅游也是一个锻炼身体、挑战自我的过程，参与者在攀登山峰、漂流河流或进行其他冒险活动时，需要克服各种困难，通过挑战获得成就感进而给人带来了

快乐和满足。

体育旅游的意义和价值远不止于此，它还具有陶冶性情、开阔胸襟、愉悦精神等多个方面的积极影响。体育旅游为旅游者提供了独特的机会，使他们能够在旅途中体验到一种解压和愉悦的状态。在旅途中，人们可以远离繁忙的工作和日常生活，享受大自然的宁静和美丽，环境的改变有助于舒缓紧张的情绪，平复焦虑和压力，使人们更加平和及开朗。参与各种体育活动和冒险经历，使人们不断挑战自我，克服困难，培养了勇气和决心，且积极的精神态度可以延续到日常生活中，帮助人们更好地面对各种挑战和机遇。在体育旅游中，人们可以感受到身体和心灵的愉悦，享受运动和自然的融合，进而提高生活质量和幸福感。经常参与体育旅游活动的人通常有更低的发病率，主要是因为体育旅游活动有助于保持身体健康，增强免疫系统，减少患病的风险。同时，变换的环境和积极的生活体验也能够对心理健康产生积极影响。

在体育旅游的过程中，旅游者有机会深入了解不同地区的地理、历史、文学、艺术等方面的知识，从而丰富了他们的文化内涵。体育旅游能够让旅游者更好地了解目的地的社会文化，旅游者不仅能够欣赏风景和体验体育活动，还能够与当地居民互动，了解他们的生活习惯、民俗风情、传统文化等。文化交流有助于旅游者拓宽视野，增强对多元文化的理解和尊重。体育旅游有助于提高旅游者的艺术修养和鉴赏水平，不同地区的体育赛事和文化活动常常伴随艺术表演和民间文化展示。旅游者可以欣赏到各种形式的艺术，如音乐、舞蹈、手工艺等，从中汲取艺术灵感，培养审美情感。体育旅游也有助于促进历史和地理知识的学习，旅游者在参与体育活动或游览景点时，常常会了解到当地的历史事件、重要地理特点等信息。知识的积累不仅满足了旅游者的好奇心，还丰富了他们的文化背景。

体育旅游对于旅游者的个性培养具有深远的教育意义，有助于培养旅游者的意志品质和团队合作精神，特别是对年青一代的影响更为显著。体育旅游有助于塑造旅游者的意志品质，在体育旅游活动中，旅游者常常面临挑战和困难，需要克服身体和心理上的障碍，由此可以培养他们的毅力，使其坚韧和自律，使他们更有信心面对生活中的各种挑战。体育旅游强调团队合作和互助精神，参与体育活动通常需要与他人协作，共同完成任务，促使旅游者培养合作意识、沟通技巧和团队协作能力。特别是对年轻人而言，体育旅游提供了一个深刻的社会体验，帮助他们更好地认识社会的多样性和复杂性。他们能够更理性地看待现实，不再沉溺于不切实际的幻想，而是积极面对自己的人生和未来。体育旅游也有助于激发旅游者的内在情感和智力，在美丽的自然环境中，人们更容易产生愉悦、放松和创造的心态，进一步提升他们的智力水平，增强其艺术创造力，从而更全面地发展自己。

体育旅游为人们的求知需求提供了独特的机会，旅游者在参与体育旅游的过程中，能够满足对知识的渴望。这样一来，能使人们探索大自然的奥秘，深刻洞察社会现象，从而丰富了他们的知识储备。"读万卷书，行万里路"，这句名言强调了旅游对于知识的重要性。体育旅游为人们提供了行走在大千世界中的机会，使他们能够亲身接触各种事物和各种人，从而拓宽了他们的视野。体育旅游作为一个综合性的学习平台，涉及多个学科领域，包括历史、地理、气象、天文、生物、考古、建筑、艺术、园林等，主要分为两大类，社会科学和自然科学，与自然和社会都有密切联系。在体育旅游中，人们可以学习如何解读自然景观，了解地域文化和历史传承，可以研究不同地点的气象和地理特征，深入了解当地的社会风俗和文化遗产，参与考古和建筑方面的活动。

随着现代社会的发展，人们的生活方式逐渐趋向机械化、电气化和电脑化，导致体力消耗减少，与大自然的接触机会减少。同时，环境污染问题日益严重，包括空气污染和噪声污染，对人们的身心健康造成了负面影响，增加了精神压力。体育旅游为人们提供了一个摆脱有关问题的机会，在旅游过程中，人们有机会与大自然亲密接触，呼吸新鲜空气，感受阳光的沐浴，这些因素使人感到愉悦和轻松。在户外活动中，参与者常常需要进行体育运动，如徒步、骑行、滑雪等，有助于锻炼身体，提高体能水平。体育旅游的活动还有助于身体的休息和恢复，帮助人们恢复精力和活力。体育旅游促进了身心的协调发展，参与体育活动需要身体的协调性，如平衡感、柔韧性和协调性等技能在体育旅游中得到锻炼和发展，这有益于身体健康，还有助于提高工作效率和生活质量。

2. 推动人们间的相互了解

体育旅游作为一种社会交往活动，对于国内和国际社会关系的促进具有显著的作用。在国内，发展体育旅游有助于加强各地区之间的人们友好往来。不同地区拥有独特的文化和风景，体育旅游使人们有机会互相了解、交流和分享各地的特色，从而缩小城乡差距，减少地区之间的隔阂，促进国内的社会团结和发展。在国际层面，发展国际体育旅游有助于增进各国人们之间的友谊，建立友好关系。体育旅游吸引着来自不同国家的游客，他们在旅游目的地相遇，分享体育和文化经验，建立跨国界的友谊，缓解国际间的紧张局势，促进国际合作和和平。体育旅游也提供了一个了解不同国家和文化的窗口，有助于促进国际间的文化交流和理解。体育旅游还有助于减少社会内部的误解、矛盾和分歧，不同政治观点、种族和社会阶层之间存在着不同程度的分歧，但通过参与体育旅游，人们能够更深入地了解彼此，减少误解和偏见，有助于促进社会的和谐与稳定，建立更加开放和包容的社会。

3. 提高民族文化的发展与保护

体育旅游与社会文化紧密关联，随着体育旅游业的迅速发展，其在文化方面的作用逐渐凸显。体育旅游为游客提供了参观文化遗迹和自然景观的机会，有利于文物的保护、环境的美化以及民族文化的繁荣和传承。在旅游过程中，人们能够更深入地了解历史、艺术、风俗等方面的文化内涵，从而促进文化的传播和交流。不仅如此，体育旅游也可以成为保护自然环境和生态系统的手段，推动生态文化的可持续发展。因此，体育旅游不单单是一种休闲娱乐方式，还在积极地促进着社会文化的繁荣和保护，使人们更好地欣赏和理解不同文化的精髓。

　　社会文化在现代体育旅游的发展中起到了举足轻重的推动作用，体育旅游不再仅仅是一种体育活动，而是与文化深度融合，为旅游者提供全面的文化体验。体育旅游内涵丰富，融入了民族文化元素。旅游者在参与体育旅游活动时是在感受运动的乐趣，还是在享受文化的魅力，主要体现在各种体育旅游资源、设施和服务上，它们都蕴含着深厚的民族文化。自然景观之所以吸引人，往往与当地的民族精神、神话传说或名人逸事有关。而人文景点如陵墓、古都、风土人情和古建筑反映了悠久的文化历史与传统，有关元素都为旅游者提供了深刻的文化印记。体育旅游的设施和服务也承载了民族文化的特色，体育旅游设施往往展现了当地的民族风格和地方特色，例如传统建筑、民间工艺、风味美食等。旅游者在享受这些设施和服务的同时，也沉浸在当地的文化氛围中，增进了对文化的理解和欣赏，通过亲身的文化体验丰富了旅游者的旅行经历，使他们更加深入地融入了当地文化。

　　体育旅游者之所以参与体育旅游活动，其中最主要的动机之一是对不同文化的向往和追求。人们自古以来对不同文化充满好奇，渴望能够通过体育旅游的机会去探索不同文化的奥秘。旅游者通常不满足于本国或本地文化带来的体验，他们渴望能够了解其他国家和地区的文化，从中获得新鲜的、不同寻常的体验。随着社会的不断进步和人类文化的发展，人们对不同文化的探索欲望变得越来越强烈。科技的进步、现代交通工具的发展以及通信设施的应用为人们对不同文化进行探索提供了极大的便利条件，现代旅游者可以轻松地穿越国界，前往世界各地，参与各种体育旅游活动，以此亲身感受和体验不同文化的独特之处。当旅游者在异国欣赏当地的体育旅游资源、体验当地的生活习惯时，也会对该国的文化产生浓厚兴趣，逐渐对其有了一定程度的了解，进而有效丰富旅游者的知识和视野，提高他们的文化素质。

　　当体育旅游者前往旅游目的地时，他们将自己民族的文化和科技信息带到该地区，从而对目的地的文化和社会发展产生一定影响。这种影响可以看作是双面的，既有积极的一面，也有消极的一面。旅游者除了能够感受和学习到目的地的文化，还能将自己的文化传播到其他地区，旅游者参与不同地区的体育旅游活动，能够更深入地了解当地的历史、习俗、传统艺术等方面的文化，有助于不同文化之间的互相学习和借鉴。同时，旅游者通过互动和交流，将自己的文化带给其他人，促进文化的传承和发展。体育旅游也对目的地的文化和社会发展产生了影响，随着旅游者的涌入，目的地的旅游业在通常会迅速发展，可能会影响当地的文化和社会。一方面，旅游业的兴起可能导致传统文化的商业化和失真，如为了满足游客需求，一些地方可能会改变原有的文化传统；另一方面，旅游也为文化保护和传承提供了机会，因为旅游者对历史文物和传统文化的兴趣会促使政府和当地社区更加重视文化的保护及传承。

（二）消极影响

体育旅游在有效促进社会文化发展的同时，无形中为社会文化带来了消极影响。

1. 一味迎合体育旅游者的需求

在体育旅游过程中，旅游者对于较为原始和古朴的文化氛围往往有浓厚的兴趣和喜好。许多地区之所以能够吸引体育旅游者，主要是因为不同地区拥有独特的文化特色。然而，也存在一部分体育旅游者并不真正关心当地文化的真实面貌，也不愿意通过亲身体验与当地人交流。这些旅游者往往只是追求表面的景点，希望找到已被严重歪曲的"东西"。反映出一部分体育旅游者的浅尝辄止和狭隘的旅游态度，他们可能只关注于拍照留念，而忽略了深入了解和尊重当地文化的机会，一定程度上对文化的传承和保护产生负面影响，因为它强调了商业化和表面化的文化呈现，忽视了文化背后的深层内涵。

为了吸引更多旅游者，一些生产旅游产品的商家常常打着保护和恢复传统文化的幌子，他们有时不顾当地的客观实际情况，甚至制造虚假的原始部族。这些商家制造虚假的原始部族景点，还会贴上正宗传统文化的标签，以吸引游客前来参观和欣赏。然而，有经验的游客往往能够察觉出虚假的噱头。事实上，虚假的原始部族景点往往会被旅游者诟病。商业化的文化仿制现象在很多地区都存在，尤其在旅游业发展较快的地区更加普遍。虽然这种做法能够吸引短期内的游客，但它对于真正的文化传承和保护来说，可能会产生负面影响。虚假的文化景点不仅失去了真实性，还有可能误导游客，使得他们无法真正理解和尊重当地文化的多样性。

体育旅游者将本民族的先进文明带到旅游目的地，一定程度上冲击了旅游地的文化。有时，旅游者可能会在不经意间表现出对旅游地文化的蔑视态度，从而使部分当地居民否定本地的文化传统，甚至将其抛弃。另外，有些人可能因为对外来的文明进行模仿，伤害了旅游地居民的自尊心，使民族情感受到了严重创伤。尊重是对待民族文化的最基本态度，应该在体育旅游中得到充分体现。否则，这些问题可能导致体育旅游地居民产生强烈的排外心理，加剧了文化冲突和矛盾，不利于文化的传承和交流。

2. 干扰旅游地居民的日常生活，激化主客矛盾

大量的体育旅游者涌入旅游目的地，必然会对当地居民的生活产生影响，如果不能科学合理地进行旅游活动，体育旅游目的地的居民和旅游者间的矛盾可能进一步加深。体育旅游目的地的接待容量是有限的，大量的体育旅游者涌入可能导致交通堵塞、景区拥挤以及公用设施紧张等问题发生，直接影响到当地居民的日常生活。体育旅游者经常会听到旅游地居民的抱怨，因为他们感受到了生活质量下降和居住环境恶化的压力。如果旅游目的地的物资供应能力有限，政府可能会减少当地居民的供应量，将一部分物资供应给外来的体育旅游者，导致当地居民的生活水平下降，生活质量受到损害。在旅游旺季，这种现象可能会更加严重。因此，旅游地居民往往对体育旅游者持不满的态度，认为他们是生活困难和资源匮乏的原因。

三、体育旅游对环境的影响

体育旅游对环境方面产生了一定的影响，既包括对自然环境的影响，

也包括对社会生活环境的影响，以下主要针对体育旅游对环境的积极影响与消极影响展开探究。

（一）积极影响

发展体育旅游的主要条件之一是较高的环境质量，发展体育旅游有利于推动对环境的保护，体育旅游在环境方面所产生的积极作用与影响主要有以下几点：

1. 有利于保护自然资源

发展体育旅游业可以促进旅游业的繁荣，还有助于自然资源的保护。在体育旅游项目的开展中，需要充分利用自然资源，如高原、雪山、草地、河流和森林等，此类资源为各种体育旅游活动提供了理想的场所和条件，如登山、自驾车越野、漂流和滑雪等。然而，为了保持体育旅游的可持续性，人们必须认识到自然资源的有限性和脆弱性。因此，在开发和推广体育旅游项目时，必须采取措施保护有关的自然资源，以确保它们不被过度消耗和破坏。

2. 有利于改善基础设施

发展体育旅游业有助于改善基础设施，提高了旅游线路的便捷性和舒适性。为了满足体育旅游者的需求，旅游路线需要经过精心设计和规划，涉及不断扩建和改善主要道路及辅助道路，以确保游客能够顺畅地前往目的地。并且沿途的道路条件需要持续改进，以提供更好的行车体验。为了方便体育旅游者，应该在旅游线路上设置加油站、汽车维修点、邮局等基础设施，以满足旅游者在旅途中的基本需求，确保他们的旅行顺利进行。还需要增加设备的数量和提高设备的质量，以满足体育旅游者在不同环境下的需求，提高他们的旅游体验。

3. 促进相关设施建设

随着体育旅游的兴起，旅游目的地和沿途地区需要建设各种各样的设施来满足游客的需求，包括休闲娱乐设施，如主题公园、水上乐园和游乐场，以及康复设施，如温泉和水疗中心，还有健身设施，如健身房和户外锻炼场所。体育旅游的增加会促进体育用品商店的发展，以满足游客在旅途中购买运动装备和器材的需求。商店提供了各种各样的体育用品和装备，使游客可以更好地参与体育旅游活动。

4. 有利于历史建筑与古迹遗址的保护

体育旅游的兴起为历史建筑和古迹遗址的保护提供了重要的资金支持，随着体育旅游的发展，游客数量逐渐增加，导致旅游目的地的收入大幅增加。额外的资金可以用于历史建筑、古迹遗址的维护、恢复和修整工作，从而保护了这些宝贵的文化遗产。历史建筑和古迹遗址通常需要定期地维护和修复，以保持其原貌和历史价值。体育旅游的收入可以弥补这一差距，确保这些文化遗产得到妥善维护。

5. 有利于提高旅游目的地环境卫生质量

体育旅游要求旅游目的地的环境质量达到较高标准，以确保游客的健康和安全，这对于提高环境卫生质量具有积极影响。为满足体育旅游者的多元需求，旅游目的地通常需要加强环境管理和维护，包括保持清洁、提供安全的食品和饮水、改善交通和基础设施等举措，环境质量提高了，游客才能够更好地享受旅行。旅游业的繁荣也促使当地政府和社区更关注环境保护。为了吸引更多的体育旅游者，他们通常会采取措施改善和保护自然环境，以保持旅游目的地的吸引力。

（二）消极影响

1. 体育旅游供给的消极影响

体育旅游在一定程度上造成了环境的污染与破坏，在开发与经营体育旅游的过程中，体育旅游服务设施难免会排放污染物，比如废水与废气，从而容易造成环境污染。

随着旅游交通工具的增加，如汽车、飞机等，废气排放量相应增加，导致空气受到污染。旅游目的地周边地区的交通会增加空气中有害物质的浓度，影响了当地的空气质量。旅游设施通常需要大量电力供应，特别是在高峰时段，容易导致用电量的增加，进而增加电燃油的排放量，进一步加剧了空气污染问题。大量的旅游者涌入旅游目的地会增加用水量，而污水的排放可能引发水污染问题，不适当的污水处理和处理设施不足可能导致当地水源的污染。夜间娱乐场所如舞厅和夜总会通常在晚上开放，高分贝的音乐和娱乐活动会引发噪声污染，干扰了当地居民的休息和生活。

2. 体育旅游需要的消极影响

体育旅游的需求方面也可能引发一些环境问题，特别是在旅游者的流动和停留过程中。大量的旅游人口涌入旅游目的地，导致当地人口密度急剧增加，这可能引发交通阻塞和拥挤。旅游高峰期的交通问题不仅会给游客带来不便，还会对当地居民的正常生活造成干扰。交通阻塞可能导致居民难以前往工作单位、学校或其他日常活动场所，因此需要采取措施来缓解拥堵问题。一些旅游者的破坏性行为也可能对环境造成损害和污染，例如，体育旅游者可能进行攀爬、践踏等活动，从而对植被造成破坏，威胁到旅游地的原始自然风貌。此外，一些体育旅游者在野外露营时需要生火取暖和烹饪食物，这容易导致火灾的发生，进一步破坏环境。随意扔垃圾也是一个常见问题，不仅影响环境的美观，还对当地的动植物生态系统造成威胁。

体育旅游对环境的消极影响常常不容易被立即察觉，而当人们意识到问题时，破坏已经相当严重，有时甚至难以挽救。主要是因为旅游活动通常在相对较短的时间内集中发生，且游客分散在广泛的区域内，隐蔽性较高。因此，环境的损害可能会在不被察觉的情况下迅速积累，使问题变得严重。为了解决这一问题，旅游目的地需要投入大量资源和资金来治理环境污染。然而，环境治理的效果常常不够明显，有时甚至无法达到预期的效果。从而容易导致治理过程中的成本高昂，难以收回投资，因此需要更加科学和有效的管理方法处理环境问题。发达国家在体育旅游的发展过程中，通常会高度重视旅游环境的治理和美化。他们倾向于采取公害治理的方法，努力将由旅游活动引起的污染和破坏控制在最小范围内。这些国家在环境污染和破坏的控制及治理方面取得了良好的效果，积累了丰富的经验。其他国家可以借鉴他们的科学治理措施，以确保体育旅游的可持续发展，最大限度地减少对环境的负面影响。

第四节　"体育＋旅游"与生态环境关系分析

一、体育旅游生态环境的保护

（一）保护体育旅游生态环境的意义及原则

1. 保护生态环境的意义

保护生态环境是为了维护我们自己的生存条件，人类的健康和福祉直接依赖于清洁的空气、可用的水源和健康的食物。环境恶化和污染会对人类健康造成危害，因此需要采取行动来确保自身的生存条件不受威胁。维护生态平衡有助于保持整个生态系统的稳定性。生态系统是一个复杂的网络，各个组成部分相互依赖，维持着生态平衡。破坏生态平衡可能引发连锁反应，对生态系统产生严重的负面影响，甚至威胁到人类的生存。环境保护是支持可持续发展的基础，经济和社会的发展必须建立在可持续的环境基础上。清洁的环境有助于维持农业、工业和旅游等产业的可持续性，同时促进了新兴的环保产业的发展。[①] 环境保护是全球性的责任，环境问题跨越国界，需要国际社会的共同合作来解决。每个国家都应该承担起减少环境影响的责任，并积极参与全球环境治理。

2. 保护生态环境的原则

在保护生态环境时，应遵循一定的原则，从而确保环境保护的实效性，具体如下：

（1）生态环境保护与建设并举原则。加大对生态环境建设的力度，通过采取措施来改善和恢复已经受损的生态系统，确保它们的可持续性和稳

---

① 陈熙熙.体育健康旅游发展研究 [M].北京：北京日报出版社，2015.

31

定性。保护生态环境必须是首要任务，应采取预防为主、防治结合的策略，以避免环境的进一步恶化。该原则的核心在于，在推动社会和经济发展的同时，不能忽视对生态环境的保护。人们需要意识到，生态环境的破坏可能导致长期的环境问题，进而对社会和经济产生负面影响。因此，必须采取积极的措施减轻环境压力，预防生态系统的崩溃，确保生态环境的可持续性。

（2）污染防治与生态环境保护并重原则。该原则要求人们综合考虑区域和流域环境污染对生态环境的影响，实现二者的统一规划和同步实施。在实践中，必须认识到环境污染和生态环境破坏之间存在相互关联。一方面，污染物的排放可能对生态系统造成直接损害；另一方面，生态环境的破坏可能导致污染物的积累或扩散。因此，需要在预防和治理污染的同时，积极采取措施保护和恢复受损的生态系统，以实现环境的整体改善。该原则要求将城乡环境保护与污染防治结合起来，通过统一规划和协同实施，促进城乡环境的协同发展。只有通过不懈努力，使城乡环境保护得以一体化实现，才能更好地维护生态平衡，保护环境，确保人类和自然的可持续发展。

（3）统筹兼顾、综合决策以及合理开发原则。"统筹兼顾，综合决策，合理开发"的原则强调了资源开发与环境保护间的协调关系，要求人们在资源开发和经济发展的过程中，综合考虑自然规律、生态环境承载能力以及经济利益，以实现生态环境与经济的协调发展。该原则强调了保护与开发的统一，人们必须在资源开发中保护生态环境，采取措施减少对环境的破坏，以确保资源的可持续利用。这意味着人们需要对资源的开发方式和程度进行科学评估，避免牺牲生态环境而仅仅追求眼前的经济利益。还要统筹考虑近期与长远、局部与全局的利益，在决策和规划过程中，需要考虑到长远的可持续性，不仅能满足眼前的需求，还要确保资源和环境对未来世代也是可持续的。同时，要考虑局部地区与整个生态系统的相互关系，以兼顾全球生态平衡。并且，应综合考虑生态、经济、社会等多方面的利益，以确保开发活动不会对环境造成不可逆转的损害。

（二）生态环境保护与体育旅游发展

体育旅游活动的繁荣需要良好的生态环境作为支撑，而生态环境的保护也需要来自体育旅游发展所带来的经济收入来支持。良好的环境是体育旅游发展的基础，游客通常希望前往环境质量良好、自然风光秀丽的地方进行体育旅游活动，如登山、徒步、滑雪等。如果环境受到严重污染或破坏，将会影响游客的体验，降低体育旅游的吸引力。因此，保护自然环境对于吸引体育旅游者至关重要。体育旅游的发展也为环境保护提供了支持，体育旅游活动带来的游客经济支出可以用于环境改善和保护。例如，旅游目的地可以利用来自游客的资金来改善环境基础设施、开展生态修复工作以及加强环境监测和保护措施，既提升了环境质量，又创造了经济效益，形成了一种良性循环。体育旅游的活动本身也有助于人们更好地理解和尊重自然环境，通过亲身体验自然景观和参与户外活动，游客可能会更加珍惜和保护环境资源，提高公众对生态环境保护的意识，促进可持续发展理念的传播。体育旅游作为一种积极的健康活动，有助于改善人们的生活方式。参与体育旅游活动的人们通常更注重健康和生活品质，从而有利于减少一些对环境的负面影响，如过度消费和浪费资源。

二、体育旅游与自然和谐

（一）体育环境

体育环境主要包括自然环境以及社会环境，可以说是与体育相互联系、相互制约、相互作用的各种因素的总和。

1. 体育自然环境

自然环境是包括各种自然条件在内的大类生存和发展所必需的要素的综合体。在体育领域，自然环境指相对于体育而存在的、对体育具有较大影响力的、与体育发展相互作用的各种物质实体的总和，包括适宜的地理地形、气候条件、自然景观等，它们直接影响着体育活动的进行和体验。因此，了解和保护这些自然环境对于促进体育的发展至关重要。同时，体育活动本身可以通过与自然环境的互动，推动人们更好地理解、尊重和保护自然资源，实现可持续发展的目标。

体育活动的实施与自然环境密切相关，因为自然环境为体育活动提供了资源和场所，主要体现在两个主要方面：自然环境的物质条件和人工环境的改造。自然环境的物质条件包括地理位置、地形、地貌、气候、水文、土壤、岩石、植被和动物等因素，它们直接影响着体育活动的可行性和质量。例如，雪山适宜进行滑雪活动，而平原地区更适合进行田径比赛。气候和水文条件也会影响水上体育和冬季体育的举办。因此，自然环境的多样性为各种体育项目提供了适宜的场所，直接影响了体育运动的发展。人类在天然环境基础上，通过劳动和技术改造，创造出了体育人工环境，如体育场馆、运动设施、人工滑雪坡道等。[①] 人工环境为体育比赛和培训提供了必要的设施和条件，进一步促进了体育的发展和推广。

2. 体育社会环境

体育的繁荣和发展不仅受自然环境的影响，还受体育社会环境的制约与推动。体育社会环境是社会条件的总和，包括政治、经济和人文环境三个方面。政治环境包括国家的执政党状况、民主政治制度以及政策法规等社会制度，政治稳定和政府的支持可以为体育的发展提供有力的保障，政府的体育政策、体育场馆的建设和赛事的举办都受到政治环境的影响。一个政治稳定、政策支持的国家通常更有利于体育事业的繁荣。经济环境包括国家的经济状况、财政投入以及市场发展情况等经济因素，经济繁荣可以为体育提供足够的资金支持，促进体育场馆、设施和项目的建设。同时，市场化的体育产业需要有利的经济环境来推动其发展。人文环境指其他社会条件对体育的影响，包括文化、教育、社会价值观等因素，人文环境决定了体育的受欢迎程度、体育人才的培养以及体育精神的传承。社会对体育的认可和支持，体育文化的传承与创新都受到人文环境的影响。

① 陈熙熙. 体育健康旅游发展研究 [M]. 北京：北京日报出版社，2015.

（二）体育旅游与资源

开展体育旅游需要一定的旅游资源作为基础，一般情况下，将体育旅游资源分成以下几个方面：

1. 体育旅游自然资源

体育旅游的繁荣和多样性受到自然资源的直接影响，自然资源是体育旅游的基础，而自然资源主要源自地球的不同层次，如岩石圈、水圈和生物圈。岩石圈是提供体育旅游资源的重要来源，地质和地貌类的自然资源如山脉、峡谷、洞穴、山川等为登山、徒步、探险等体育旅游活动提供了丰富的场所。地质奇观和地貌景观吸引着体育爱好者，为他们提供了挑战和探索的机会。水圈内的自然资源对体育旅游贡献巨大，江河、湖泊、海滨、瀑布等水域景观为漂流、游泳、冲浪、潜水等水上体育旅游提供了理想的环境，清澈的湖泊、湍急的河流和广阔的海洋都是体育爱好者寻求冒险和乐趣的场所。生物圈的自然资源对体育旅游起到重要作用，森林、动植物保护区、特殊动物群落旅游区等生物资源吸引了喜欢探险和观赏自然的体育旅游者。登山者可以在山林中进行徒步，而野生动物观察者可以欣赏到独特的生态景观。

2. 体育旅游人文资源

人文旅游资源通常是由历史、文化、社会等多重因素相互作用而形成的，能够有效丰富体育旅游经验。体育旅游人文资源包括历史遗址、建筑、雕塑、壁画、文学艺术、伟大工程和陵寝等文化和历史遗存，代表了人类社会在不同历史时期的成就，反映了文明的演进和发展。游客通过参观这些遗址和景点，了解历史、文化和传统，从而更深入地体验体育旅游。人文资源也包括当地的社会生活、民俗风情和艺术表演等，体育旅游者有机会参加当地的文化活动，与当地居民互动，体验本土美食和传统庆典，丰富了他们的旅行体验，使其更加多元化和充实。体育旅游人文资源不仅是物质财富，还包括精神财富。文学、艺术和哲学作品，以及名人传记等都可以启发游客思考和反思，增强他们的文化素养和见识。

（三）体育旅游的和谐价值

体育旅游的和谐价值是社会发展中不可或缺的因素，它体现在促进社会的和谐与稳定方面。个体价值方面，体育旅游有助于改善个体的生理和心理健康，提高生活质量，减轻压力和焦虑，使个体更好地适应社会生活，减少疾病和心理问题。群体价值方面，体育旅游可以促进社区的联结和凝聚力。当地社区通过体育旅游活动可以增进互动和合作，营造友好的社会氛围。体育旅游能推动当地的文化的保护和传承，增加社区的文化认同感，从而促进了社会的文化和社会价值。社会价值方面，体育旅游可以创造就业机会，促进地区经济增长，增加税收收入。同时能推动当地基础设施的发展和改善，提升了社会的基础设施价值。此外，体育旅游活动还有助于促进国际交流与合作，增进不同文化间的理解，促进国际和谐与合作。

第二章 "体育＋旅游"产业融合的基础理论

第一节 "体育＋旅游"的基本准备工作

一、计划准备

（一）明确体育旅游需要及行为动机

在计划和准备体育旅游时，应明确个体的行为动机和需求，这可以帮助旅游者更好地规划他们的旅程，确保其满足自己更高层次的需求，如挑战和自我实现。体育旅游者通常是追求自我超越和成就感的高级需求，他们寻求通过体验冒险和挑战来实现个人成长和自我认知。因此，在计划阶段，了解这些内在动机有助于旅游者选择适合他们需求的体育旅游活动和目的地。具体来说，旅游者可以明确他们想要实现的目标，无论是攀登高峰、徒步穿越大自然、参加极限运动，还是探索未知的地方。明确的目标将有助于塑造他们的旅程，使之更具意义和满足感。了解自己的行为动机还可以帮助旅游者更好地应对旅途中的困难和挑战，因为他们明白这正是他们寻求的体验。因此，体育旅游者在计划和准备阶段应始终保持明确的动机和目标，从而在旅途中获得更丰富、更有意义的体验。

（二）选择目的地及旅游内容

1. 确定目的地

在体育旅游计划中，确定目的地至关重要。旅游者需要对他们计划前往的地方进行详细了解和准备，以确保旅行顺利和充实。旅游者需要获取有关旅游地的全面信息，了解旅游地的历史、文化、民俗、交通、住宿、食物和当地的风俗禁忌等，这可以通过各种方式获取，如旅游书籍、互联网、导游和当地居民的建议。旅游者应准备一份详细的地图，地图可以帮助他们更好地理解旅游地的地理位置、地形地貌、水系和其他重要地理特征，便于规划旅行路线和活动。了解旅游地的自然环境也是至关重要的，包括了解当地的植被、气候、气温差异、风向和其他自然因素，可以帮助旅游者更好地应对在户外活动中可能遇到的挑战，如野外露营、徒步旅行和水上活动。

2. 旅行方式

旅游者在规划体育旅游前需要仔细考虑旅行方式，旅游者需要确定从他们的居住地到旅游目的地的距离有多远，以及选择何种交通工具前往最为合适。如果目的地距离较近，可能选择自驾车或者骑行等方式。如果距离较远，可能需要考虑乘坐飞机、火车、汽车或其他交通工具。旅行方式选择不仅会影响旅行的时间和成本，还会影响旅行的便捷性和舒适度。旅游者需要决定是独自旅行还是与其他人一起前往旅游目的地，通常取决于个人的偏好和旅游的性质。有些人喜欢独自旅行，享受独自探索和冒险的经验，而其他人可能更喜欢与家人、朋友或团体一起旅行，分享和共同体验。

3. 活动内容

旅游者应明确在旅游目的地希望参与哪些体育旅游活动项目，以及如何通过这些项目实现自己的旅游目标，包括挑选适合个人兴趣和体能水平的活动，确保旅程充实且有意义。例如，选择徒步探险、滑雪冒险、潜水探险等不同体育项目，以满足不同层面的旅游期望，从而使旅游者在旅程中充分体验乐趣、挑战自我，实现自身的旅游目标。

（三）合理制订旅游计划

体育旅游者在实现成功的旅行过程中必须制订合理的旅游计划，以确保旅游的顺利进行，有助于实现旅游的各种目标。整个旅游计划可划分为三个关键阶段，分别是行动前准备、行动开始和行动结束后恢复。

在行动前准备阶段，旅游者需要明确他们的旅游需求和行为动机。这是制订计划的基础，因为它们将指导旅游者选择目的地和旅游活动。旅游者应该详细了解他们所选择的目的地，包括其历史、文化、气候、地理特点等各方面信息，有利于他们在旅行中更好地适应环境，处理可能出现的问题。

在行动开始阶段，涉及旅程的实际执行，在此阶段，旅游者需要按照他们在计划中设定的行程，安排好交通、住宿和活动。细致的进程表对于确保一切顺利进行非常重要，并使旅游者充分利用时间，实现他们的旅游目标。

在行动结束后恢复阶段，旅游者需要回顾整个旅程，总结经验。他们可以评估旅游计划的执行情况，了解哪些方面表现良好，哪些需要改进。该阶段也是旅游者重新适应日常生活的时候，可以通过反思旅程获得更多的收获和成长。

二、体能准备

体育旅游对于旅游者的身体素质与体力方面具有一定的要求，旅游者应做好有关的体能准备工作，这样才能够顺利完成旅游行程。

（一）跑步

无论是在山林中徒步旅行、穿越户外冒险，还是在沙滩上度过轻松的假期，跑步都是一种锻炼身体的有效方法。在体育旅游中，跑步是一种出色的锻炼方式，有助于提高旅游者的体能素质。在户外体育旅游中，旅游者通常需要经历长时间的步行、徒步或远足，因此，具备良好的体能对于完成旅程至关重要。通过逐渐增加跑步的运动量和时间，旅游者可以有效地提高体力和耐力，更好地应对旅行中的挑战。跑步可以增强旅游者的身体健康，有利于改善心血管健康、增强肌肉力量、促进新陈代谢，并有助于控制体重。在体育旅游中，旅游者通常需要适应不同的地形和环境，跑步可以帮助他们适应这些变化，保持身体的稳定状态。

在体育旅游中，跑步的方式可以多样化，以更好地提高身体运动能力。一种有效的方法是在长跑过程中进行快跑和慢跑的交替，这种变化的跑步速度有助于调动不同肌肉群，提高人体的加速和爆发力，多样性的训练方式可以增强速度、耐力和协调能力。快跑一段距离与慢跑两倍距离相比，更有利于改善身体健康状况，因为它提供了更高强度的锻炼。快跑可以加速心跳，提高心血管健康，增强肌肉力量，促进代谢，提高身体的爆发力和协调能力。

（二）山地训练

山地环境是体育旅游中常见的复杂环境之一，需要旅游者具备一定的身体素质和肌肉力量才能顺利应对。山地训练对于体育旅游者来说可以提高肌肉承受负荷的能力，使他们能够应对长距离和大负荷的运动。特别是对于喜欢登山旅游的人来说，山地训练是至关重要的。许多人在平地上跑步速度很快，但在登山过程中速度明显减慢。山地训练可以帮助他们适应山地环境，提高爬山的能力，确保他们能够成功登顶。站在山顶，俯瞰脚下的壮丽景色，是一种独特的心旷神怡的体验，只有达到山顶的人才能真正领略到这种美妙的感觉。

（三）法特莱克训练

法特莱克训练方法，起源于瑞典，意为"速度游戏"，是一种受跑步爱好者喜爱且非常有效的速度训练方式。法特莱克训练方法在自然环境中进行，通常在田野、树林、沙地等地进行，以保持参与者的放松状态。法特莱克训练的核心思想是交替进行加速跑和慢跑，以达到良好的训练效果。在进行法特莱克训练时，旅游者可以根据自己的情况自行安排加速和放松的时间以及距离。一般来说，可以选择在达到特定标志物（如树木、交叉路口或田地）时加速，然后在感到身体和心理状态放松时减速。交替加速和减速的训练方法有助于提高体能和耐力，特别适合耐力性的体育旅游项目。法特莱克训练能够在无形中培养竞争意识，使旅游者能够更好地追赶其他旅游者，率先完成任务或目标。

（四）负重训练

负重训练能够提高肌肉强度和力量素质，并培养坚强的意志力。在体育旅游中，上肢的力量和强度对于完成旅游目标具有重要影响，而负重训练是提高上肢力量的主要方式。负重训练通过增加重量负担，让肌肉在训练中得到更好的锻炼，从而变得更强壮。强壮的上肢肌肉不仅有助于维持良好的跑步状态，还能显著提高奔跑速度。即使不同的人在奔跑方式上存在差异，但也能受益于上肢力量的提升。在冲刺时，上半身强壮、手臂有力的人通常跑得更快。在崎岖不平的路面上，上半身强壮的人更容易保持身体平衡，减少摔倒的风险。强壮有力的上臂在下坡时能够更好地控制奔跑速度，从而降低受伤的可能性。

常见的负重练习方式如下：

1. 垂直下拉训练

双手握住握柄，用臂部肌肉力量平缓下拉，然后慢慢放松，再次重复练习，强化肩部、背部和上臂的肌肉，提高上半身的力量和稳定性。垂直下拉训练方法对于体育旅游者特别有益，因为他们需要在户外环境中面对各种地形和挑战，强壮的上半身肌肉可以帮助他们更好地适应复杂的情况，保持平衡和稳定。

2. 仰卧推举训练

仰卧在垫子上，将杠铃放在肩膀上方，然后用力将杠铃向上推举，直到手臂完全伸直。仰卧推举训练可以有效地锻炼胸部、肩部和手臂的肌肉，提高上半身的力量和稳定性。对于体育旅游者来说，强壮的上半身肌肉是完成各种户外运动和冒险活动的关键，因为它们可以提供更好的支持和控制，帮助应对不同的挑战和地形。

3. 杠铃抓举训练

练习者双手握紧杠铃，站立挺直，然后缓慢将杠铃放回原位。杠铃抓举训练有助于增强背部肌肉和股四头肌的力量，提高身体的整体稳定性和力量。在户外旅游中，参与者经常需要应对不同的地形和环境，强壮的肌肉可以帮助旅游者更好地应对这些挑战。杠铃抓举训练还有助于练习者发展核心肌群的力量，提高身体的平衡和协调性。对于参与体育旅游项目的人来说非常重要，因为它们通常需要在不同的运动和活动中灵活应对。因此，杠铃抓举训练可以帮助体育旅游者保持身体的健康和强壮，以便更好地享受户外探险和活动。

4. 股四头肌训练

练习者坐在凳子上，保持腰背挺直，手臂放在身体两侧并与身体贴紧。通过屈膝和伸展膝盖，将重物提起，直到膝盖完全伸直，然后慢慢放松膝盖，重复进行练习。股四头肌训练方法有助于增强大腿前部肌肉的力量，体育旅游者可能需要爬升陡峭的山坡、徒步穿越崎岖地形或者进行其他需要大腿力量的活动。股四头肌训练可以提高膝关节的稳定性，减少运动中的受伤风险。

（五）阻力训练

阻力训练和山地训练都能有效提高肌肉的负重能力，体育旅游者通过阻力训练，其肌肉可以更好地适应负重情况，为参与各种体育旅游活动做好准备。如果在平时进行过度的阻力训练，可能导致在跑步等有氧运动时显得笨重和缓慢，不太有利于取得良好的成绩。因此，在训练计划中，旅游者应该合理穿插阻力训练和其他不同形式的锻炼方式，以综合提高身体的适应性。这样一来，他们可以更好地应对各种复杂的户外体育旅游环境和活动，既能享受旅游的乐趣，又能保持身体的健康和耐力。

（六）循环训练法

循环训练法对于体育旅游者的身体素质提升具有显著效果，通过循环训练方法，旅游者可以增强肌肉力量，提高身体的适应性，并在不增加总体体重的情况下改善身体构成。这意味着身体所承受的重量主要是有益的肌肉负荷，而不是多余的脂肪。循环训练利于新陈代谢的促进，有助于加速脂肪的消耗。体育旅游者需要在户外环境中进行长时间的体力活动，从而拥有更多的肌肉力量和耐力可以提供更好的体验。除此之外，循环训练还有助于减少受伤的风险，提高身体的协调能力，增强自信心。

体育旅游者在采用循环训练法时，可以将各种力量训练方法结合在一起，并设计特定的运动项目，以实现全面的肌肉训练和全面的体能提升。多样性的训练可以确保不同肌肉群得到充分的锻炼，从而提高整体身体素质。通常情况下，每个循环训练包括多组训练，而组数可以在6~10变化。在每组训练后，旅游者应该进行适当的伸展和放松，以帮助肌肉组织迅速恢复。休息和恢复的周期可以确保在训练中保持最佳状态，并减少受伤的风险。

三、物资准备

体育旅游者在外出旅游时，应准备户外宿营装备、个人装备、户外生存必备工具等物资，从而顺利进行旅游活动。

（一）帐篷

合适的帐篷可以为旅行提供安全、舒适的住所，同时能在不同的气候和环境下保护旅游者。在选择帐篷时，有许多因素需要考虑，以确保旅行的顺利进行。如果前往多雨地区，需要选择防水性好的帐篷，带有防水涂层和处理过的缝合线，可以保持内部干燥，并提供防风和防雨的保护。夏季旅行适合选择单层帐篷，因为它们更轻便且透气性好。而其他季节则更适合选择双层帐篷，因为它们具有较好的防水性和透气性，内外两层之间的空间可以提供额外的保暖。在旅行类型方面，如果计划进行登山和探险活动，帐篷必须足够结实，能够应对恶劣的气候和环境。旅游者应该仔细检查帐篷的结构和支撑系统，确保其能够抵御恶劣天气的考验。重量、空间大小、底面积、强度等因素也应被纳入考虑，不同的旅行类型和需求可能需要不同类型的帐篷。轻便性通常很重要，但也不能忽视帐篷的强度和可靠性。选择双人帐篷通常更为实际，因为它们在架设和使用上更加便捷，还能提供额外的空间，适合容纳1~3个人。颜色选择也有其重要性，暖色调的帐篷如黄色、橙色、红色更容易在户外环境中被察觉，提高了安全性。保持帐篷干燥，定期清洁和检查，确保没有损坏或磨损。并且帐篷的存放也需要小心，避免潮湿环境和阳光直射，以防霉变和退化。绝对不能在帐篷内使用明火或燃烧油料的炉具，以防火灾发生。帐篷内的安全和预防措施同样重要，以保护生命和财产安全。

（二）睡袋

帐篷提供了遮风避雨的安全庇护所，而睡袋则是旅行者的保暖工具，两者之间相辅相成，有效确保了户外旅行的舒适和安全。帐篷的主要作用是提供安全、舒适的住所，保护旅行者免受恶劣天气和环境的侵害。它是户外旅行的家，提供了一个稳定的庇护所，使旅行者免受风雨和其他自然因素的侵扰。而睡袋则是在帐篷内的温暖"窝"，其结合了被和褥的功能，为旅行者提供了很好的保暖效果。睡袋的设计使人可以舒适地蜷缩在其中，将身体完全包裹，防止热量散失。睡袋的拉链设计方便旅行者进出，同时可以通过头部通道进行通风，确保室内的空气流通。虽然睡袋的结构材料较少，但它提供了一个温暖、舒适的睡眠环境，尤其是在户外环境中，能够有效地抵抗低温和寒冷。

睡袋在户外体育旅游中具有多种类型和用途，主要分为信封式和木乃伊式两种形状，各自有其特点和用途。木乃伊式睡袋是一种带有头套的便捷型睡袋，整体形状类似于人体轮廓，上大下小，非常贴合身体。它的侧面通常配有拉链，旅行者可以从侧面进出睡袋，最大限度地减少热量散失，提供出色的保暖性能，适用于寒冷天气和极端环境下的户外活动。信封式睡袋是另一种常见类型，其形状类似于一个信封，上部较窄，下部较宽。信封式睡袋也具备良好的保暖性能，与木乃伊式睡袋相比，它的特点是更容易进出，因为其顶部通常配有拉链。将拉链完全打开后，信封式睡袋也可以作为被子使用，因此在露营和旅行中非常方便。根据用途，睡袋可以分为普通睡袋和专业睡袋两类。普通睡袋适用于一般的旅行和露营活动，通常轻便且价格较低。而专业睡袋更适合极端条件下的户外运动，如高海拔登山或严寒地区的探险。专业睡袋通常具有更高的保暖性能，同时更加轻便，以满足极端环境下的需求。

　　体育旅游者在选择睡袋时需要综合考虑多个因素以确保旅途的舒适和安全。轻便性对于携带和移动睡袋是选择的关键，特别是在户外活动中需要自行携带装备的情况下。温暖性是选择睡袋的关键因素之一，要根据旅行目的地的气候条件选择适当的保暖等级。舒适性方面，考虑睡袋的形状、尺寸和内衬材料，确保旅行者能够在其中获得良好的睡眠体验。易挤压性指睡袋在被压缩后能够恢复原状的能力，这对于长时间使用和保持睡袋的绝缘性能至关重要。温标通常显示了睡袋在不同温度范围内的适用性，帮助旅行者选择合适的睡袋以应对特定气候条件，所以应了解不同睡袋的温标。对于潜在的潮湿天气，选择具有防水功能的睡袋是一个不错的主意，因为防水功能可以提高睡袋的保暖性，同时保持内部干燥。

（三）防潮垫

　　防潮垫在户外体育旅游中能够提供更舒适和安全的睡眠环境，虽然防潮垫没有固定的行业标准，但选择合适的防潮垫仍然不容忽视。防潮垫的材料多种多样，可以是天然材料也可以是人造材料，只要具备防潮隔凉的功能即可。不管材料如何，防潮垫的两个主要特征是轻便和便于携带。目前市场上主要有两种类型的防潮垫，一种是化工材料制成的，另一种是充气式的。它们都具有轻便的特点，适合携带到各种户外环境中使用。防潮垫的作用远不止提供舒适的睡眠，在潮湿的环境中，它们可以防止地面潮气传导到睡袋中，使睡袋保持干燥，能够有效保持体温和防止体寒，尤其是在寒冷的夜晚。防潮垫还提供了隔热功能，使睡袋在凉爽的地面上能够保持温暖。

虽然防潮垫在户外体育旅游中可能会增加一些携带负担，但它们能够在无形中影响旅游者的健康和舒适性。许多人可能因防潮垫的体积较大或充气排气麻烦而不愿携带，但这种决定可能导致严重的健康问题。防潮垫的主要作用是隔绝潮气和冷气，为旅行者提供一个干燥、温暖的睡眠环境。如果没有防潮垫，直接睡在冰冷的地面上可能导致肌肉和关节损伤，甚至严重的体温下降问题。

（四）炉具

炉具在户外体育旅游中是一个不可或缺的工具，但选择适合的炉具是关键的一步。安全性是选择炉具的首要考虑因素，旅游者应选择经过认证且质量可靠的炉具，以降低事故风险。在恶劣的户外环境中，可靠的炉具可以确保烹饪和取暖的安全。高效的炉具可以更有效地利用燃料，对于长时间的户外旅行十分有利，所以应考虑炉具的热效率和燃料经济性。选择能够提供高热效率的炉具可以减少燃料的使用量，节省负重和燃料成本。在远离城市的野外环境中，供应燃料可能会成为挑战，应考虑炉具所需的燃料类型和供应是否容易。选择能够使用容易获得的燃料的炉具是明智之举，此举可以确保在旅行过程中不会缺少燃料。根据季节和旅行环境的不同，旅游者应选择合适的餐具。在冬季旅行中，不锈钢餐具可能会过于寒冷，因此考虑使用绝缘性能更好的餐具是重要的，以防止被冻伤。

第二节 "体育＋旅游"的食宿准备工作

一、体育旅游野外宿营

户外体育旅游中，一些旅游者会选择野营的住宿方式，野营即在自然环境之下进行野外宿营。野营是比较有趣的，但应注意选择好的营地，营地的选择直接关系到旅游者的进行行程与意志力，所以，体育旅游者应熟练掌握露营的技术与方式。

（一）野营的纪律问题与注意事项

1. 野营的纪律问题

（1）依次搭建帐篷。在搭建帐篷时，体育旅游者需要按照一定的顺序进行，以确保顺利建立营地并方便后续的活动。旅游者应该先搭建公用帐篷，包括炊事帐篷和仓库帐篷。炊事帐篷通常放置在营地的下风处，在烹饪和用餐时可以避免风吹熄火源。搭建好炊事帐篷后就可以支起炉灶，开始准备热水和食物。仓库帐篷用于存放公用装备，如食材、工具和其他必需品，确保仓库帐篷搭建在适当的位置，以便随时访问和使用这些物品。宿营帐篷应该依次搭建在上风处，这个位置通常较为安全，可以避免风吹雨淋，提供较好的休息环境。所有帐篷都搭建好后旅游者就可以享受热水和烹饪出的美食了，为户外体育旅游的活动做好准备。

（2）带走垃圾。在户外野营期间，体育旅游者必须始终遵循不在营地留下任何垃圾的原则，为了维护自然环境的清洁和美丽，以及避免对野生动植物造成伤害，野外垃圾处理至关重要。对于可焚烧的垃圾，如纸类，旅游者可以选择将其进行焚烧处理，但必须确保焚烧完全，然后将残余的灰烬掩埋。对于塑料瓶、易拉罐等非可焚烧垃圾，旅游者应将它们装入专门的垃圾袋中，并将这些垃圾带回到离开野营地点，不要随意将垃圾丢弃在野外，而应找到垃圾站或合适的垃圾处理设施时再进行妥善的处理。

2. 注意事项

在野营时应注意有关的事项，如图 2-1 所示。

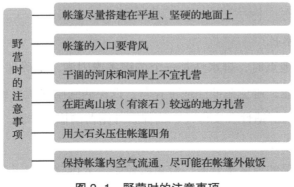

图 2-1 野营时的注意事项

（二）营地选址

1. 选择平坦的地面

在搭建营地时，最好选择平整、稳固的地方，从而确保安全、舒适的夜晚和早晨。针叶林铺满地面，细软的松针可以提供柔软的床铺，有助于增加舒适度。落叶森林的层层落叶上，积压的落叶可以起到隔热和减震的作用，也能够提供一定的舒适度。富含矿物质的土壤通常比较坚实，适合搭建帐篷。如果在水流边露营，沙滩通常是平坦的选择，但要注意潮汐和潮水的影响。

2. 选择地势高低适宜的地方

在野外露营时，选择能够提供良好遮蔽的地方，以防止风雨的侵袭，确保帐篷和露营区干燥。避免选择可能受到山洪、落石和雪崩威胁的地方。高处通常更安全，但要根据地区的具体情况谨慎选择。海拔高度会直接影响温度，如果感到闷热，选择海拔较高的地方，可以享受凉爽的气候。如果感到寒冷，选择海拔较低的地方，可以提高气温。考虑地势高低和气候因素，可以让野外露营更加舒适和安全。

3. 躲避来自上方的危险

在野外露营时，务必要躲避来自上方的危险。避免在容易发生落石、塌方、雪崩、泥石流等自然灾害的地方建立营地，选择稳定的地点可以减少潜在的危险。不要扎营在枯树附近，因为树枝可能突然掉落，可能会对帐篷和旅游者造成伤害。避免在蜂巢附近露营，以免因蜜蜂或其他昆虫的攻击而导致受伤。

4. 注意排水性

选择扎营地点时，排水性是一个关键考虑因素。要确保选择的地方有良好的排水性能，避免在低洼地带扎营，以免遇到雨水积聚或洪水的问题，从而提高营地的舒适性和安全性，确保野外露营的愉快体验。

5. 防止蚊虫叮咬

在炎热潮湿的地区露营时，蚊虫叮咬是一大困扰。为了避免此种情况，旅游者在选择营地时要特别小心。避开茂密的草地、死水塘和可能有积水的地方是明智之举,选择通风良好的地点扎营则有助于减少蚊虫的骚扰。尤其是在没有风的夜晚,蚊虫可能会更为烦扰,因此选址要格外谨慎。

二、体育旅游野外炊事

(一)觅食和取水

了解可食野生植物是野外觅食的关键,野外的食物资源主要包括野果、藻类、野菜、地衣和蘑菇等,旅游者必须具备辨别植物是否可食的能力,判断植物是否有毒是识别的重要标准,一些常见的野果如山桃、沙棘、小果蔷薇等可以作为食物。在野外旅游中,保持水分供给不容忽视,体育旅游者可以通过听、嗅、观察等方式找到水源。流水声、潮湿气味、动植物活动等都是寻找水源的线索,还可以从植物中获取水分,如野芭蕉、葡萄藤、野葛藤等都含有水分。地形和地势会影响地下水位,一般来说,山脚或低洼地区的地下水位较高。观察冰雪融化、土壤潮湿度、气象等因素也有助于寻找水源。一些特定植物的生长可能与水源相关,如香蒲、马莲、沙柳等的生长地通常有水源。不同季节和气候条件下,地面的湿润程度会有所不同,观察冰雪融化、地面潮湿度等气象现象也有助于找到水源。

(二)搭建野炊灶和取火方法

野外炊事需要一个适当的炉灶,通常,体育旅游者可以选择携带现代化的炊事设备如汽油炉或煤气炉。但如果没有有关设备,可以采用简单实用的方法,如搭建三石炉灶、吊灶或木架灶。搭建三石炉灶时,利用三块石头构成炉底,然后在上面放置锅或壶。吊灶是将锅或壶吊挂在树枝或支架上,火源在下方。木架灶是用树枝构建支架,将锅或壶放在上面。取火是野外生存的技能之一,野外旅行中,常见的火源包括火柴、打火机、炉头等。然而,如果没有这些工具,也可以使用凸镜、石头、电池短路、树枝等自然材料来取火。例如,可以使用凸镜聚光来点燃可燃物质,或者用石头击打产生火花,再点燃干燥的材料。取火的方法因情况不同而异,需要根据现场资源和环境来选择。

第三节 "体育＋旅游"的技能准备工作

一、体育旅游的环境生存技能

（一）明确方向

体育旅游者应在户外旅游的过程中学会对位置与方向进行判断，掌握有关的技能，可有效避免迷路以便顺利到达旅游目的地，主要可以通过以下方式准确判断方向与位置：

1. 徒手辨别方向

（1）借助金属丝判定方向。体育旅游者可以通过使用金属丝判定方向，将一根细的金属丝放在头发或化学纤维上朝同一方向不断摩擦，以使金属丝带有极性，然后悬挂金属丝或让它漂浮，金属丝所指向的方向即南北方向，此种简单而有效的方法可以帮助旅游者在野外准确判定方向，有助于导航和避免迷路。

（2）植物定向。体育旅游者能够通过观察野外的一些植物与植物成长特征而定向，具体如图 2-2 所示。

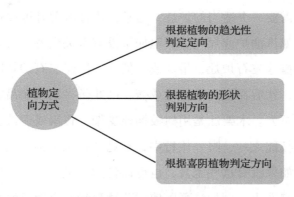

图 2-2 植物定向方式

（3）观星定向。观星定向是一种在野外导航中有用的技巧，中国位于北半球，夜晚通常可以看到北极星，它位于北半球的正北方向。首先需要找到北斗七星，它由七颗星星组成，呈现出一个勺子的形状，常被用来找到北极星。一旦找到了北斗七星，用目光连接勺顶的两颗最亮的星，这两颗星通常是勺状的一端，将它们想象成一条虚拟线。接下来，延长这条虚拟线的长度，可以用手指或一个工具来帮助你延伸这条线。延长线大约延长到原来的4倍长度时，会在夜空中看到一颗明亮的星，即北极星。北极星通常比周围的其他星星更亮，容易识别。一旦找到了北极星，那么就找到北方了。

（4）测风定向。不同季节，风向有规律的变化，常见的季节风包括南风、西南风、东北风和北风，它们出现的季节各不相同。在大部分地区，春季多见南风，这是从南方吹来的暖风。夏季通常伴随着西南风，它是从西南方向吹来的湿润风。秋季时，东北风较为常见，是从东北方向吹来的相对干燥的风。冬季是北风盛行的季节，是从北方吹来的冷风。通过观察周围的季节风，体育旅游者可以粗略地确定方向。

2. 应用仪器辨别方向

在野外定向时，体育旅游者可以依赖不同的仪器辨别方向。常见的定向工具包括罗盘、指南针和卫星定位系统。有关的仪器能够为旅游者提供准确的导向信息，帮助他们确定自己的方向和位置。

（二）识别气象

天气的变化是不可控制的，在体育旅游中，这是一个让旅游者进行野外活动时较为担心的问题之一，如果旅游者能够事先了解目的地的天气情况，并且提前做好相关准备工作，则能免去诸多不必要的麻烦，顺利完成旅游计划。不仅如此，旅游者还应掌握预测天气的技能，结合对自然界中各种变化的观察，进一步判定未来的天气。

1. 看云识天气

观察云层是一种古老而可靠的方法，用于识别天气变化，民间经验在科学上也有一定的依据，对于野外体育旅游者来说，了解云的特征是预测天气的重要技能。早上东方天空出现乌云通常意味着可能有大风或雨天，因为乌云通常是暴风雨的前兆，特别是在夏季，早上的乌云可能预示着不稳定的天气。朝霞和晚霞也提供了有关天气的线索，早上的彩霞可能意味着不好的天气，而傍晚的彩霞可能预示着良好的天气，主要是因为彩霞通常与大气中的湿度和颗粒物有关，对于旅游者来说是一个重要的天气指标。日落后出现红云通常预示着第二天天气晴朗，因为在日落时，太阳的光线被大气中的颗粒物散射，产生了红色的云彩，通常伴随干燥和晴朗的天气。红云变成黑云可能意味着即将有大雨，红云通常出现在日出时，而黑云可能是暴雨云的标志。旅游者应警惕这种天气迹象，特别是在户外活动中。

2. 观雾识天气

观察雾可以帮助野外体育旅游者预测天气变化，民间的谚语和经验提供了一些关于雾的天气指标，对于旅游者来说，此类信息可以帮助他们做出更明智的决策。早上出现雾通常预示着当天是晴天，而晚上的雾则可能暗示第二天是不好的天气。早上的雾通常是由地面的水汽蒸发形成的，而在晚上，地面冷却会导致水汽凝结成雾。因此，早上的雾通常在太阳升起后迅速消散，而晚上的雾可能会在夜间持续。如果雾出现在阴天，而且不容易散去，可能预示着当天会有雨。因为阴天通常伴随较高的湿度和较低的气压，此种条件有利于云层和雾的形成。如果雾气持续不散，云层加厚，那么大雨的可能性会增加。长期的晴天后突然出现大雾可能意味着天气的变化，晴天通常伴随干燥的空气和较高的气压，不容易形成雾气。但如果突然出现大雾，气压可能下降，则可能是阴天或雨天的前兆。

3. 观察动物预测天气

观察动物的行为能够有效地预测天气变化，因为动物对天气的变化通常表现出敏感的行为反应。蝉的鸣叫是一个常见的天气预测指标，如果树上的蝉在下雨天不断鸣叫，通常暗示着天气会放晴，蝉的鸣叫在晴天时更为活跃。蜻蜓的飞行高度也可以提供一些信息，如果蜻蜓飞行在相对较低的高度，通常意味着天气可能会变坏，可能会下雨，蜻蜓低飞可能是为了避免恶劣的天气条件。如果看到蜜蜂采蜜，通常暗示着天气将会变得晴朗和宜人，蜜蜂会在晴朗的天气下更积极地采集花粉和花蜜。大声、密集的青蛙叫声通常意味着气压在下降，天气可能会变得潮湿闷热，有可能下雷阵雨。而在下雨后，如果只听到少量的蛙叫声，那么天气可能即将放晴，白天听到蛙叫声也可能暗示着会下大雨。如果蚯蚓和蛇爬出它们的洞穴，那么则暗示着将要下雨，这些动物可能试图逃离洞穴中的湿润条件，以避免被淹没。

二、危难生存技能

体育旅游者在参与户外旅游项目的时候，容易遇到诸多无法预估的危险，当危险来临时，旅游者可以通过自我生存与向他人求救的方式生存。

（一）自我生存

体育旅游在当今日益受到欢迎，许多旅游者将户外探险和拓展训练视为首选项目。虽然人类起源于自然环境，但现代人的生存方式与野外生存截然不同，更多地依赖于人工环境。由于长时间脱离自然环境，当旅游者进入野外参与探险活动时，必须优先考虑安全生存问题。旅游者需要了解如何采集食物、寻找水源、搭建临时庇护所以及应对紧急情况。相关技能和知识可以帮助他们在野外环境中生存下来，应对各种挑战。

体育旅游者在进行户外探险时充当着探险者的角色，在整个探险过程中，他们必须时刻铭记生命的重要性，不可因追求刺激而忽视自身的安全。探险者有责任尽量降低危险发生的可能性，甚至采取措施完全避免危险情况的发生。在踏上野外探险之前，体育旅游者不仅需要准备好必要的装备，还应该深入学习野外生存的方法。了解自救和互救技巧、掌握急救知识以及具备必要的技术能力等，将在野外旅行中发挥关键作用，帮助旅游者更好地享受探险的乐趣，同时确保他们能够安全返回。

体育旅游者在参加户外旅游项目时，必须随身携带确保生存和安全的必备物品。还应该考虑携带一些其他物资，如报纸、高锰酸钾和保温毯等物品，这些在野外活动中非常重要，对参与野外运动项目的旅游者而言尤为关键。报纸在户外活动中可以用来点火生火，保持温暖，并发出信号以寻求帮助。高锰酸钾是一种常见的水净化剂，可以用来处理野外水源，确保饮用水的安全。而保温毯可以提供紧急保温，帮助旅游者在寒冷环境中保持体温，并减少体力的消耗。这些物资用品在野外环境中可能成为生死攸关的关键物品，它们可以提供紧急自救的手段，帮助旅游者度过困难时刻。

（二）求救营救

当在户外遇到危险情况无法自救时，体育旅游者可以通过有关的措施向他人求救。

1.烟火信号求救

体育旅游者在紧急情况下可以利用烟火信号向外界求救，不同类型的烟火信号可以用于不同情况，包括火光、汽油、燃放三堆火焰、亮色浓烟和黑色烟雾等。火光信号在白天和夜晚都非常有效，白天求救时，可以在火堆上放置苔藓、青嫩树枝或橡皮等，以产生浓烟。而夜晚求救时，应将干柴添加到火堆上，使火焰更加明亮，烟雾上升更高。这种方式能够引起他人的注意。一种常见的信号是燃放三堆火焰，按照三角形的形状摆放火堆，是国际通行的一类求救信号，有助于识别信号并传达紧急情况。无论使用哪种求救信号，都应使用干燥的燃料，因为干燥的燃料更容易点燃，能够产生更强的信号，从而提高被困者获得外界救援的机会。烟火信号是野外探险中非常重要的技能，体育旅游者应该在准备野外活动时学会并携带必要的工具进行烟火信号求救。

2.地对空信号求救

当体育旅游者在野外遭遇危险时，地对空信号求救是一种关键的生存技巧。他们可以选择在附近的草地、海滩、雪地等开阔的地面上制作显眼的标志，易于被空中搜救人员发现。制作地对空信号的方法包括使用大型物体摆成特定的形状或文字，以吸引注意力。体育旅游者还应该掌握国际民航统一规定的地空联络符号和一些基本的求救英文单词，如"HELP"（帮　助）、"SOS"（求　救）、"DOCTOR"（医　生）、"TRAPPED"（被　困）、"INJURY"（受伤）、"WATER"（水）、"LOST"（迷失）等。这些标志和单词是通用的，可以帮助搜救人员更容易地理解和响应紧急情况。

3. 体示信号求救

当体育旅游者在野外远离其他救援资源时，如果发现了搜救飞机并且飞机距离自己较近，可以使用身体信号表达自己需要求救的情况，通常包括制定一些简单的手势或动作，如挥手、摇动明亮的物体、跳跃或用反光物品反射阳光，以吸引飞机驾驶员的注意力。体示信号可以帮助体育旅游者与外界建立紧急联系，获得救援支援。

4. 旗语信号求救

当体育旅游者需要紧急求救时，他们可以使用旗语信号来吸引救援者的注意，可以将一面旗子或明亮的色彩布料系在木棒上，然后用木棒挥动。挥动的方式可以按照"8"字形的轨迹，先左侧长挥，再右侧短挥，逐渐增大挥动的幅度。如果救援者距离较近，也可以使用简单的挥动方式，只需左侧长挥一次，右侧短挥一次，确保长挥的时间稍长于短挥。旗语信号是一种有效的方式，可以在野外环境中吸引救援者的关注，尤其在没有其他通信工具的情况下。

5. 声音信号求救

在野外急需救援时，体育旅游者可以使用声音信号吸引施救者的注意。声音求救方法非常简单，只需要大声呼喊，呼叫方式是先发出三声短促的呼喊，然后三声长音，最后三声短促的呼喊。之后，等待1分钟的间隔后，可以重复相同的呼喊模式。

6. 反光信号求救

在野外求救时，体育旅游者可以考虑使用反光信号来吸引搜救人员的注意，利用太阳光或其他光源，以及反射性物品如玻璃、罐头盖、镜子、金属铝箔等来发出明亮的光线信号。旅游者需要注意环顾周围，如果有飞机或其他搜救人员在附近，就可以迅速使用反射物品发出信号光。然而，使用反光信号时要格外小心，因为强烈的光线可能会刺眼，甚至影响到搜救人员的视线和判断。一旦确认搜救人员已经注意到，应立即停止发出信号光，以避免对他们造成不适。

第四节 "体育＋旅游"的安全保障工作

安全问题是体育旅游者在尽心户外旅游过程中应重点考虑的一个关键问题，只有事先掌握有关于户外旅游的应急技能，旅游者才能够在遇到危险时从容应对，确保自身的安全。

一、野生生物危害与应急处置

在户外探险中，野生动物的多样性赋予了大自然独特的美丽，但也伴随着一定的健康风险。因此，参与户外活动和拓展训练的人们需要重视并了解各种动物的咬伤和蜇伤的防治方法，了解如何预防和应对这些潜在的威胁，可以在紧急情况下保护身体健康，确保户外冒险的顺利进行。

（一）毒蛇咬伤

毒蛇咬伤是在户外探险中可能发生的紧急情况之一，处理这种情况需要迅速而冷静的行动。应了解毒蛇的种类和症状，因为不同种类的蛇咬伤会引起不同的症状和危险。毒蛇咬伤引起的症状因蛇种和毒液种类而异，主要分为神经毒症状、血液毒症状和混合毒症状。神经毒症状包括恶心、呕吐、头晕、肌肉无力、喉咙肿胀和瘙痒感。血液毒症状包括出血、凝血异常和组织损伤。混合毒症状是这两种症状的结合体现。在毒蛇咬伤发生后，采取相应的急救步骤。先冷静下来，不要慌张或剧烈运动，以减缓毒液的扩散。包扎伤口，将伤肢放低并用绷带（衣物、绳索等）紧紧扎住伤口上方，距离伤口约 5 厘米，但不要扎得太紧。用清水反复冲洗伤口，以清除毒液。可以用吸筒或吸管轻轻吸出伤口上的毒液，但不要使用嘴巴吸。服用合适的抗蛇毒药物，按照医生的建议服用，并且将药片调成糊状涂抹在伤口周围。前往医院接受专业治疗，即使采取了急救措施，仍然需要尽早就医，因为毒蛇咬伤可能引发严重的并发症。

预防毒蛇咬伤的关键在于谨慎和知识，应了解当地毒蛇的种类和分布区域，避免前往高风险区域。行走时小心，尤其是在植被茂密的地方。用木棒或工具轻轻扫打草丛，以提醒潜伏在附近的蛇。穿戴合适的服装，包括长袖长裤、高筒靴等，以减少被蛇咬的风险。避免在蛇的活动时间和活动地点行走，蛇通常在清晨和黄昏比较活跃。避免抚摸或捕捉任何野生动物，尤其是不认识的蛇。如果遇到毒蛇，不要惊慌，慢慢后退，等待蛇离开。始终携带急救工具和药物，以备不时之需。毒蛇咬伤是户外探险中的一种潜在危险，但通过了解和采取适当的预防和应对措施，旅游者可以最大限度地降低咬伤的风险，同时在发生紧急情况时能采取有效的急救措施。

（二）蝎子蜇伤

蝎子蜇伤是在户外探险中可能会遇到的意外情况之一，了解蝎子的习性和采取适当的急救措施能够减轻伤害。蝎子通常具有四对足，但其巨大的钳子部分，位于前面的一对，是最容易伤人的部位。当被蝎子蜇伤时，症状通常会迅速显现。一般的症状包括剧烈的疼痛，伤口周围的红肿，有时也可能伴随局部瘙痒。在一些严重的情况下，伤者可能会出现全身症状，如发冷、恶心、发热、舌头和口腔肌肉僵硬、呼吸困难、胃肠道、肺部出血等。在极端情况下，伤者可能会陷入昏迷状态。面对蝎子蜇伤，应及时采取正确的急救措施，可以在伤口周围涂抹药物，以减轻疼痛和红肿。如果伤者感到疼痛难忍，可以考虑口服一些止痛和镇静类药物，但在使用任何药物之前，最好咨询一下专业医生。

（三）蜂蜇伤

在野外探险中，遇到黄蜂、马蜂和其他野蜂是常见的情况。蜂类通常不会主动攻击人，但如果它们的巢穴受到威胁或攻击，它们可能会立即进行反击。因此，在野外活动中，体育旅游者应尽量避免主动接近野蜂的巢穴，特别是那些悬挂在树丛中的巨大蜂巢。如果旅游者需要采集蜂蛹等食物，必须采取充分的防护措施，特别是保护好头部和面部，以减少受伤的风险。蜂蜇伤的症状通常取决于蜇伤的数量和蜂的种类，轻微的蜇伤可能只表现为局部红肿和疼痛，而严重的蜇伤可能伴随头昏、恶心、呕吐、脉搏微弱等全身症状，被蜂蜇伤还可能对肾脏功能造成破坏性影响。在处理蜂蜇伤时，首要任务是将蜇刺拔出。接下来，可以用氨水、肥皂水等物质涂抹伤口，也可以使用当地一些有效的中草药研磨成糊状，外敷在伤口上。如果疼痛剧烈，可以根据医生或药品说明书的建议，口服一些止痛药。

二、热昏厥、脱水与应急处置

（一）热昏厥

在夏季进行剧烈的体育旅游活动时，一些体质较差的人可能会面临热昏厥的风险。因为在高温环境下，参与剧烈运动会导致体力的大量消耗，同时身体内的水分和盐分会快速流失，如果不及时补充这些失去的要素，热昏厥很容易发生。热昏厥的症状包括浑身感到乏力，情绪烦躁，头痛和恶心，甚至还会出现脸色苍白、呼吸急促、脉搏快而弱等典型的热昏厥症状。在严重情况下，患者可能还会经历下肢和腹部肌肉抽搐。当旅游者出现热昏厥的症状时，急救是至关重要的。同伴应该迅速将患者移至阴凉处，并让其躺平在地上。如果患者还有一定的意识，可以让他小口喝凉开水，但要慢慢地咽下去。如果患者大量出汗，或者出现抽筋、腹泻、呕吐等症状，可以在凉开水中加入适量的盐（每升水加一茶匙盐）。如果患者完全失去了意识，应确保他保持平躺姿势，全身放松，直到症状有所减轻。如果症状持续严重，应迅速将患者送往医院进行进一步的治疗。为了预防热昏厥的发生，体育旅游者在高温环境中参与剧烈活动时，应该特别关注自己的身体状况。

（二）脱水

脱水的症状包括口渴感，这是最明显的信号，表明身体需要水分。尿量减少、尿的颜色变深、皮肤出现起皱、身体感到疲劳、食欲不振等也都是脱水的早期症状。如果不及时补充液体，脱水症状会进一步恶化，表现为迟钝、烦躁不安、体温升高、心率加快、注意力分散、运动能力减弱等，导致其他更严重的健康问题，如中暑和休克。旅游者在户外活动前可以逐渐提高自己对运动性脱水的耐受性，通过在不同环境下参与不同强度的运动来锻炼身体。旅游者应根据自己的运动量和身体状况合理补充水分，采用少量多次的原则。除饮用水外，还可以考虑适量补充无机盐，以帮助维持体内的电解质平衡。脱水是户外旅游中常见的健康问题，但通过充分了解症状和采取适当的预防与急救措施，旅游者可以减少脱水风险，确保在户外活动中保持健康和安全。

三、溺水、腹泻的应急处置

（一）溺水

溺水是一种常见的紧急情况，了解急救方法和注意事项对于挽救溺水者的生命至关重要。施救者可以使用一根长竹竿或长绳的一端依附在救生圈、救生衣等有浮力的物体上，将另一端拿在手中，将救生圈或救生衣投向溺水者，然后用力将其拉向岸边。如果在拯救过程中发现受害者呼吸停止，立即采取行动。当情况紧急时，可在水中开始进行人工呼吸，以帮助溺水者恢复呼吸。如果溺水者心跳也停止了，应采取心肺复苏的急救方法，直到心跳和呼吸都恢复正常。将溺水者救到岸上后，确保他们平躺在地上，维持血液循环。帮助溺水者脱掉湿衣，然后覆盖上保暖的衣物，以防止体温下降。即使溺水者的呼吸逐渐恢复正常，也可能会出现咳嗽、呼吸困难等症状，施救者应继续监测溺水者的状况，直到他们得到医疗救助。急救溺水者需要迅速而冷静的反应，使用救生装备和正确的急救技巧可以增加挽救生命的机会。

（二）腹泻

腹泻是户外旅游中常见的健康问题之一，特别是在卫生条件较差的野外环境。体育旅游者应养成良好的个人卫生习惯，包括定期洗手，避免触碰人类或动物的排泄物，以及避免在啮齿类动物的巢穴附近扎营。不可直接饮用未经消毒的生水，尽量食用煮熟的食物，特别是在野外环境中。消毒纸巾和适量的消毒液应该随身携带，以便清洁手部和餐具。食物和饮水应始终保持遮盖，以防止动物接触和污染。如果计划前往卫生条件不佳的地区旅行，建议先咨询医生，以确定需要携带哪些抗生素和抗腹泻药物，以应对可能的感染情况。如果体育旅游者在进食后感到胃肠不适或怀疑食物不新鲜，可以口服抗腹泻药物来预防腹泻症状。如果出现急性腹泻症状，可以采取按摩治疗的方法缓解症状，轻轻按摩腹部可能有助于促进肠道蠕动和减轻不适。腹泻通常会导致身体失去大量水分，因此体育旅游者应该多喝水，以防止脱水。在野外旅行中，腹泻是一个常见但可以预防和处理的问题。遵循适当的卫生措施，特别是在饮食方面，以及采取适当的急救和治疗措施，可以帮助旅游者减少腹泻的风险并维护健康。

第三章 常见的"体育＋旅游"项目与发展

第一节 "体育＋旅游"产业中的登山旅游与发展

一、登山旅游项目

（一）登山运动的发展

起源于18世纪末的登山运动在欧洲迅速扩展，标志性的事件是1787年索修尔领导的一支登山队首次登上阿尔卑斯山。从那时起，登山运动开始迅速发展，到了19世纪80年代中期，阿尔卑斯山区的登山活动已经飞速蓬勃，14座山峰被成功攀登。这一时期，登山活动的热潮迅速蔓延到世界各地。中国的登山运动历史也可以追溯到很早以前。随着中国的改革开放政策，中国的许多山峰开始对外开放。自1979年开始，中国的山峰逐渐对登山者开放，为中国的登山旅游业创造了良好的机会。中国的登山爱好者也积极参与国际登山运动，与国外的登山运动员进行交流合作，成功登顶了多座海拔超过7000米的未登之峰。特别值得一提的是，中国登山队采用新的战术攀登珠穆朗玛峰，并多次成功登顶，展现出了中国登山运动员的实力和毅力。中国的登山运动爱好者渐渐实现了登上世界七大洲最高峰的梦想，不仅在国际登山界赢得了声誉，也为中国的登山旅游业带来了广泛的关注和发展机会。

（二）登山运动基础技术

1. 结绳技术

结绳技术涉及使用绳索将登山者连接在一起，以增加安全性和稳定性。结绳技术用于攀登陡峭的山坡和冰川，以及紧急情况下的救援操作。登山者必须了解如何正确打结，不同类型的结可以用于不同的情况。例如，安全结用于绳索的连接，而抓握结用于攀爬时的稳定，正确打结可以确保绳索连接牢固且安全可靠。登山者需要学会绳索的正确使用，学习如何将绳索正确地绕过身体、穿过装备和锚点。绳索的正确使用可以帮助登山者保持平衡，减轻身体负荷，并确保在需要时能够快速释放。登山者必须了解团队结绳技术，在团队登山中，登山者通常会用绳索将队员连接在一起，以便在危险情况下提供支持和救援。团队结绳技术需要团队成员间的协作和默契，以确保每个人的安全。

2. 保护技术

登山是一项极具挑战性和危险性的户外活动，因此保护技术直接影响了登山者的安全。登山者需要掌握正确的下降技术，下降是登山中一项常见的操作，可能涉及陡峭的山坡、岩壁或冰雪坡道。登山者必须了解如何正确使用降落器和绳索来控制下降速度，以避免坠落事故。在登山过程中，经常会遇到需要穿越河流或冰川的情况。渡河时必须注意水流的强度和水温，使用适当的装备来确保安全。登山者还应该了解急流渡河等复杂情况下的渡河技巧。登山高峰常常覆盖着厚厚的积雪和冰川，登山者需要学会如何行走和穿越这些冰雪地形，使用冰镐、踏雪鞋和冰爪等装备可以帮助稳定步伐，防止滑倒。在紧急情况下，如队友受伤等意外事故，登山者必须知道如何进行自救和救援，主要包括担架制作、急救技能以及紧急呼救等。

3. 攀登技术

在登山过程中，掌握攀登技术是至关重要的，特别是在面对岩石峭壁和冰雪地形时。攀登技术通常可分为两大类型：岩石作业和冰雪作业。在岩石作业方面，攀岩技术又可分为两种主要形式：一是徒手攀岩，登山者依靠自身的力量和技巧来攀爬岩壁；二是器械攀岩，登山者使用各种攀爬器具和保护设备，如岩钉和绳索，来帮助他们攀爬陡峭的岩石表面。另外，冰雪作业需要特殊的技能，登山者必须掌握在冰雪地形中行走、穿越冰川和攀登冰坡的技术。在冰雪作业中，应使用冰爪、冰镐和踏雪鞋等装备，从而提供额外的支撑和稳定，以防止滑倒和下滑。

4.下降技术

下降技术是登山者必须掌握的基本登山技术之一，以下对两种常见的下降技术进行阐述：

（1）三点固定下降法。三点固定下降法是登山者在攀爬岩石峭壁时常用的技巧之一，此法简单易行，非常适合初学者。在采用三点固定下降法下降时，登山者需要同时用双手和双脚来固定三个支点，然后移动第四个支点，从而保持稳定和平衡，减少下滑的风险。关键在于确保上方的三个支点都足够稳固，以承受身体的重量。登山者需要仔细选择支点，确保它们能够牢固地支撑住身体。此外，在下降的过程中，要不断地检查和调整支点，以确保安全。

（2）器械下降法。器械下降法是登山者在降落岩壁或峭壁时常用的技巧之一，它有四种常见的形式：单球结下降、下降器下降、缘绳下降和坐绳下降。登山装备的使用，能够保证安全性，有助于控制下降速度和减少风险。

二、登山旅游业发展策略

（一）结合全民健身契机推动登山旅游发展

当前，中国正在积极倡导全民健身运动，越来越多的人参与各种体育活动以提高健康水平。基于此种情况下，发展登山旅游可以充分利用全民健身的浪潮，为更多人提供机会，让他们体验登山的乐趣，同时能够锻炼身体，陶冶情操。为了实现这一目标，有关部门可以积极宣传登山旅游的益处，强调其在强身健体、提高体能、减压和促进心理健康等方面的作用。还可以与体育俱乐部、户外活动组织和登山社群合作，提供培训和指导，帮助人们掌握登山的基本技巧和安全意识。

（二）登山旅游资源开发营销

结合各种知名的登山赛事来宣传登山绿色旅游，知名的登山比赛通常会吸引大量的关注和参与者，因此可以将这些比赛作为宣传的契机。通过广泛报道和推广，提高登山景区的知名度，以吸引更多的人参与登山活动。赛事组织者可以与地方政府和旅游企业合作，共同推广登山旅游。登山旅游景区可以免费向本地居民开放，此举措可以鼓励本地居民将登山作为日常的健身活动，并增加他们对登山旅游景区的了解和参与。通过向本地居民提供便利和支持，可以建立起一个强大的登山社群，有助于景区的知名度提升和游客数量的增加。

（三）完善登山旅游服务

销售门票和登山必备附带产品需要提高质量，一些登山景区可能存在销售劣质产品的问题，从而严重损害旅游者的信心。管理部门应加强监督和检查，确保销售的产品质量符合标准。景区可以考虑引入一次投资循环收费模式，使登山旅游更具吸引力。登山景区需要明确责任和规范管理，责任不明确和管理不规范会导致服务质量下降。管理部门应该加强对景区的监管，明确责任分工，确保景区的经营和管理符合规范。登山必备设施影响了登山者的安全，因此必须确保其质量和安全性。管理部门应该定期检查和审核销售点的经营情况，对于不合格的销售点进行处罚和整改。只有销售高品质的旅游装备，景区才能提高旅游者的满意度，赢得他们的信任和认可。

第二节 "体育＋旅游"产业中的冰雪旅游及其发展

一、冰雪旅游项目

（一）越野滑雪

1. 越野滑雪概述

越野滑雪是一项充满历史和文化传承的运动，起源于北欧，并在世界范围内得到了广泛的发展和推广。由于越野滑雪起源于北欧，因此通常被称为"北欧滑雪"。挪威在越野滑雪运动的发展中发挥着推动作用，每年都会举办越野马拉松滑雪赛，这是一项长达 35 英里的极具挑战性的比赛。15 世纪以后，越野滑雪技术逐渐发展成熟，并在芬兰、瑞典、丹麦和俄罗斯等国家的日常生活和生产中得到广泛应用，这些国家还建立了军队的滑雪部队。15~19 世纪，欧洲一些国家开始举办各种类型的越野滑雪比赛。

1924 年，国际滑雪联合会（FIS）在法国夏蒙尼成立，决定从 1925 年开始每年举办一次世界北欧滑雪锦标赛（后来改为世界滑雪锦标赛）。至今，越野滑雪在全球范围内享有广泛的关注和支持，包括越野滑雪世界杯赛、世界青年越野滑雪赛以及世界大学生冬季运动会越野滑雪比赛等世界级赛事。尽管越野滑雪已经在全球范围内广泛普及，但不同国家的发展水平却存在差异。欧洲国家如挪威、瑞典、芬兰、俄罗斯和意大利等一直以来在越野滑雪方面处于领先地位，拥有出色的运动员和优秀的训练体系。亚洲国家的越野滑雪水平相对较低，但也在逐渐发展壮大。

2. 越野滑雪自由技术

（1）蹬冰式滑行。蹬冰式滑行具有两种不同的滑行方式，分别是一步一撑蹬冰式滑行和两步一撑蹬冰式滑行。

① 一步一撑蹬冰式滑行。滑雪者在平地或相对平缓的坡地上，双手持杖用于推撑身体，保持平衡。同时，将右脚蹬动并将身体重心转移到左滑

雪板上。接下来，左脚向前滑行，同时右脚蹬动并靠近左滑雪板，这一步是为了继续保持平衡和推进滑行。左脚再次蹬动，同时开始使用杖进行推撑，目的是继续前进，完成一次完整的滑行循环。

② 两步一撑蹬冰式滑行。开始时，滑雪者右脚向前滑进，利用内刃进行蹬动，同时将身体重心移到左滑雪板上。双手持杖用于推撑身体，保持平衡。在第一步完成后，继续向前滑行，同时使用两侧的杖进行推撑。需要注意的是，左侧杖的推撑力要比右侧杖稍大。连续进行蹬动若干次后，滑雪者可以在适当的时机换到另一侧开始反复练习这一滑行方式。

（2）单蹬式滑行。单蹬式滑行是一种适用于平地或缓坡的越野滑雪滑行方法，它需要良好的平衡和协调。开始时，滑雪者利用右滑雪板的内刃向侧方用力蹬动，同时将双手持的杖向后推撑，用于保持身体的平衡。蹬动的动作完成后，将身体的重心移动到左滑雪板上，并继续向前滑行。同时，将两侧的杖前摆，准备下一次动作。左滑雪板向前滑行一段距离后，滑雪者将身体的重心倾向右滑雪板，使右滑雪板着地。在右滑雪板着地后，滑雪者做好下一次蹬动的准备，同时将两杖向前摆并插入雪地两侧。右脚做好再一次蹬动的准备，同时将两杖插入右滑雪板的尖端两侧，准备进行下一次的蹬动动作。

（3）转弯滑行。滑雪者需要将身体的重心倾向弯道的圆心一侧，保持在曲线道路上的平衡。接下来，滑雪者要沿着弯道将内侧的滑雪板滑向弯道的切线方向。在此过程中，要注意对滑行方向的调整，确保距离弯道的圆心适中，不要滑得太远或太近。滑雪者需要按照弯道的法线方向，将外侧的滑雪板向外侧蹬动。同时，要注意加快蹬动的频率，以与内侧滑雪板相协调，同时不断调整转动的方向，以保持稳定的转弯滑行。

（4）滑降。越野滑雪的滑降方法与传统滑雪技术的滑降方法在基本原理上是相同的。然而，由于越野滑雪板的特殊设计，如较宽的宽度和雪鞋后跟不能固定在板上，因此在滑降时需要特别注意几点：① 速度控制。由于越野滑雪板的设计，加速时很容易失去平衡，因此必须注意控制滑行速度。快速滑降可能导致身体失去平衡，容易摔倒，因此在降坡时要适度减速。② 平衡和姿势。保持身体的平衡和正确的姿势非常重要，滑降时，要将体重均匀分布在两个脚上，保持膝盖微微弯曲，以应对不平整的地形。③ 避免摔倒。由于雪鞋后跟不能固定在板上，容易在高速滑降中失去控制。因此，要注意避免急刹车或急转弯，以减少摔倒的风险。④ 地形识别。在滑降时，要仔细观察地形，识别潜在的危险区域，如坑洼、障碍物或不平整的地形，并采取相应的措施来规避这些障碍。

（二）冰球

1. 冰球的基本概述

冰球是一项充满激情和对抗性的集体运动。早期的冰球活动以不同的形式在世界各地出现，如北美、北欧、荷兰、俄罗斯和中国等地。然而，现代冰球运动的真正起源地可以追溯到加拿大，它经过 100 多年的发展，已经成为世界上最受欢迎的冰上运动之一。冰球比赛通常由两支队伍进行，每队的球员都穿着装备齐全的冰鞋，在冰面上追逐一个冰球，力争将其射入对方球门以得分。这一竞技性的运动考验了球员的技巧和速度，还需要团队协作和策略。

目前，冰球运动在世界范围内普及，一些国家如美国、加拿大、捷克、瑞典、芬兰和俄罗斯等一直处于世界领先地位。国际冰球联合会的存在促进了世界范围内的冰球比赛和合作，有助于推动这项运动的发展。在中国，现代冰球运动于 20 世纪 30 年代引入，但由于各种因素的影响，直到近年才开始得到更广泛的发展。我国一直重视体育事业的发展，特别是冰雪运动。在政府的支持下，中国的冰球运动范围不断扩大，运动水平也逐渐提高。中国冰球运动员在国内外的比赛中取得了显著的成就，为冰球在中国的未来发展打下了坚实基础。

2. 冰球基础技术

（1）滑行技术。冰球运动中的滑行技术涵盖了多种不同的滑行方法，使球员在冰上保持平衡、改变方向和完成各种动作。滑行技术包括直线向前滑行、直线倒滑、正滑转弯滑行、倒滑转弯滑行、单脚的内外刃转弯、正滑倒滑压步、起跑、急停、转体、跳跃等。

（2）运球技术。冰球运动中的运球技术是一项基本技术，球员经常需要在比赛中运用这些技巧来操控冰球。其中，拨球推球、拉杆过人以及倒滑运球都是常见的运球技术。

（3）传、接球技术。在冰球运动中，传球和接球技术决定了球队的进攻和配合水平。传球技术包括正拍传球、反拍传球、传腾空球、弹传以及挑传球等多种方法，每种方法都有其特定的应用场合。球员需要根据比赛的具体情况来选择合适的传球技术，以确保球能够准确传递到队友手中。接球技术包括正拍接球、反拍接球、杆柄接球以及冰刀接球等，球员需要具备出色的接球技巧，以便在比赛中快速、准确地接住传来的球，接球技术的高超程度可以帮助球队有效地发起进攻并保护球的控制权。

（4）射门技术。在一场冰球比赛中，射门可能会发生数十次。要成功得分，球员需要迅速而精确地执行射门动作。因此，射门技术在冰球技术体系中占据着重要位置，影响了比赛的胜利或失败。射门技术包括正手拉射、反拍推射、弹射、击射、挑射和垫射等多种方法，每种射门技术都有其独特的应用场合和技巧要求。球员需要根据比赛的情况和自己的位置来选择合适的射门技术，以便尽快将球送入对方球门。

（5）抢截技术。抢截技术是球员必备的技能之一，可以分为两种主要类型：用杆抢截和合理冲撞。用杆抢截技术包括戳球、勾球、挑杆抢球以及压杆抢球等技术，主要依赖于球员使用冰球杆来干扰、截取对手的传球或控球，从而破坏对方的进攻计划。合理冲撞技术包括肩部冲撞、胸部冲撞、臀部冲撞以及向界墙挤贴等技术，允许球员在比赛中与对手进行物理接触，以争夺控球权或将对方击退。

（6）跪挡技术。在冰球运动中，跪挡技术用于抢截球和进行防守。跪挡技术分为单腿跪挡和双腿跪挡两种常见的形式，使球员能够以跪地的方式挡住对手的射门或传球，从而有效地保护球门或阻止对方进攻。

（7）守门员技术。守门员在冰球比赛中是球队的最后一道防线，负责阻止对方射门得分。为了胜任这一职责，守门员需要具备多项重要的技术和素质，以确保他们能够有效地守护球门。冰球比赛中球速非常快，来球的速度和方向都是不确定的，因此守门员必须能够迅速做出反应，准确判断球的轨迹，然后迅速采取相应的动作，挡住球或将球传出。面对对方的射门，守门员不能被击中或失误所影响，他们必须保持镇定和自信，以便做出正确的决策和动作。守门员的爆发力和灵敏素质也至关重要，他们需要快速地从一侧门框移动到另一侧，迅速改变身体姿势来挡住球，良好的爆发力和灵敏性可以帮助他们更好地适应比赛的节奏和变化。守门员还必须精通多种挡球技术，如用球拍挡球、抓球、挡球、全分腿挡球、分腿挡球、双腿侧躺挡球、蝶式跪挡、侧踢球、刀挡球和戳球等，每种技术都有其特定的应用场景，守门员需要根据来球的性质和位置选择合适的技术来挡住球。守门员需要在高压和关键时刻保持冷静，他们可能会面临来自对手、观众和比赛情境的压力，但他们必须在这些情况下保持冷静，专注于挡球和保卫球门。

二、我国体育旅游中的冰雪旅游发展趋势

（一）体验式营销

体验式营销在我国冰雪体育旅游业中已发展成为一项重要趋势，冰雪运动爱好者不仅追求强身健体，还渴望亲身体验冰雪运动的乐趣和冰雪旅游的独特体验。为满足他们的需求，业内开发商和经营者需要将体验和品牌建设融入产品设计中，强化品牌意识，充分发挥本地冰雪体育资源的特色，并进行综合规划，以提升冰雪旅游目的地的整体形象。同时，需要采用多种方式加强宣传，打造特色冰雪体育旅游品牌，以使游客获得全方位的满足和体验。冰雪赛事是吸引游客的冰雪旅游产品之一，例如，每年在黑龙江举行的大型国际冰雪赛事吸引了大量冰雪运动爱好者前来观赏，这是竞技体育的盛会，还展示了当地的冰雪文化，为游客提供了深刻的文化

体验。因此，业内开发商应加强对冰雪赛事产品的开发和宣传，将有关赛事作为吸引游客的亮点之一，进一步促进冰雪体育旅游的发展。

（二）丰富产品，延长产业链

随着我国冰雪体育旅游市场的不断成熟，参与者的范围正在逐渐扩大，更多的普通民众融入到冰雪体育旅游的大潮中，这一趋势将推动市场上涌现出各种专门针对高端、专业化需求的冰雪体育旅游产品，可能包括高级滑雪装备租赁、私人教练服务、特殊滑雪线路等，满足不同游客的需求，提供更精细化的体验。另外，随着冰雪体育旅游内容的不断丰富和知名度的逐渐提升，旅游业的季节性特点也将逐渐改变，由传统的两季繁荣扩展为四季持续发展的格局。以哈尔滨国际冰雪节为例，该品牌项目已经成为国内外游客争相参观的热门景点，其知名度不断提升，影响力逐渐扩大。

（三）品牌化发展

在当前我国旅游业市场中，激烈的竞争已成为常态。为了脱颖而出，吸引更多游客和客户，竞争者纷纷展开品牌竞争，创建和推广自己的品牌。然而，创建品牌只是竞争的第一步，更为重要的是如何经营好这些品牌，使其在市场中具有竞争力，持续吸引游客，才能在激烈的竞争中获得成功。在我国冰雪体育旅游的发展中，各经营商必须认识到品牌的重要性。品牌不仅代表了企业的形象和价值，还是游客选择的信任标志。因此，经营商需要全面重视品牌创建和经营，加强品牌的塑造、传播和维护。经营商需要确保品牌在游客心中具有良好的声誉和形象，以吸引更多的游客选择他们的冰雪体育旅游产品和服务。随着市场的不断发展和消费者需求的不断变化，经营商需要不断创新，推出新的品牌和产品，以满足不同群体的需求。只有不断更新和改进品牌，才能在市场中保持竞争力，不被淘汰。

第三节　"体育 + 旅游"产业中的水上旅游及其发展

一、水上旅游项目

水上旅游项目种类较为多样化，比较常见的有赛艇、皮划艇等项目。

（一）赛艇

1. 赛艇概述

赛艇运动是一项源远流长、充满竞技激情的体育运动，其起源可以追溯到数百年前的欧洲。欧洲是赛艇运动的发源地，而赛艇运动的演变和成熟在历史长河中逐渐展开。最早有关赛艇运动的文字记载可追溯到 600 年前的意大利威尼斯划船比赛，然而，大规模的赛艇比赛在 18 世纪初才开始出现。英国首先发展了赛艇运动，并将其传播到欧洲、北美等地。后来，这项运动逐渐传播到世界各地，成为一项备受欢迎的竞技运动。在亚洲地区，赛艇运动的发展相对较晚。在我国，赛艇运动最早在上海得以发展，因此上海被视为我国赛艇运动的起源地。随着新中国成立，我国开始培养赛艇运动方面的技术骨干，并将他们派往全国各地，如杭州、武汉、广州、江西、南京、福建等南方省市，以推动赛艇运动的普及和发展。我国的赛艇选手在 20 世纪 70 年代开始参加国际性的竞技赛艇比赛，并在一些大型世界赛艇比赛中表现出色。2016 年里约奥运会上，我国赛艇选手段静莉在女子单人双桨决赛中获得铜牌，为中国赛艇队在奥运会上创造了新的历史纪录。

2. 赛艇基础技术

（1）提桨前准备。先将划桨桨叶推到舟艇的前端，这是每次划桨动作的起始点。同时伸展双臂向前，使双臂尽量远离身体，为划桨做好准备。在划桨过程中，上半身需要前倾，但角度应保持在 20°~30°，从而改善划桨动作的力量传递。确保小腿几乎垂直于舟艇的龙骨，保持稳定的坐姿。将胸部尽量接近大腿，同时膝盖以 45°~60° 的幅度弯曲，有利于维持稳定且有力的划桨动作。确保重心位于滑座和蹬脚板之间，以维持平衡。保持全身肌肉适度的紧张状态，以确保划桨动作的力量和控制。

（2）提桨入水。在准备入水时，运动员需要自然地将身体团起来，准备将双桨插入水中，此动作有助于维持平衡和稳定。随着身体团起，双脚的前掌逐渐开始支撑身体的重心，目的是将身体的力量集中在蹬板上，以便推动舟艇前进。在提桨入水过程中，双手需要以弧形轨迹快速向前、向上运动，将划桨桨叶迅速插入水中并抓住支点。当滑轮与"前止点"接近时，划桨桨叶应快速插入水中，确保支点被抓住。一旦桨叶入水，运动员需要迅速用力蹬动双腿，以推动舟艇前进，这是划桨的关键动作，需要协调和力量。

（3）拉桨。当桨叶已迅速插到水中时，运动员需要迅速向斜后倾斜上体，同时上方蹬伸双腿，使身体感觉像是悬挂在桨手柄和脚蹬板上，同时双手要稳定地牵拉桨杆，将腿部和身体的重力传递到桨叶上，进入强有力的划水阶段。一旦开始拉桨，上体不再向前倾斜，而是自然地打开并向船首的方向运动。在此阶段，需要充分发挥上体肌肉群的力量，注意各肌肉群间的协调配合。只有各肌肉群协调用力，才能使划水动作看起来稳定而有力。上体在展开的过程中，要与蹬腿动作相协调，要赶上蹬腿速度甚至比这个速度还快，加速操作桨叶来划水。当桨柄几乎与船体垂直时，手臂需要弯曲并加大牵拉力度，同时上体继续向船首方向运动。此步骤需要充分协调双臂和上体的力量，保持上下前后交叉的姿势。双臂与上体协调配合，积极稳定地牵拉。在拉桨的继续过程中，逐渐伸直腿，上体不再继续后倾。为了保持脚蹬板的有力支撑，需要上体和两臂相互协调进行积极牵拉。在桨叶出水前，将身体重心置于桨柄之后，但不要过早解脱上体和腿的支撑作用，以免桨叶过早出水。在这一步，上体以20°角的幅度后倒，稍微含胸，桨有力地在水中支撑，桨柄与大腿相距大约20厘米的高度。

（4）按桨和推桨开始。按桨动作通常发生在划水的最初阶段，运动员将桨把牵拉到距离胸肋10~15厘米的位置。在该位置，前臂和手腕需要协同用力，以使桨柄按照弧形轨迹迅速向下向前的运动。该动作是为了将桨叶迅速从水中抬出，桨柄会在惯性的作用下继续向前运动。桨叶跳出水面的瞬间，运动员需要将身体的重心完全置于滑座上。此时，脚不再用力蹬脚蹬板，身体各肌群由紧张状态转为放松状态。在按桨时，桨柄必须避免碰到身体的任何部位，保持桨柄在水中的"水准"是正确按桨动作的主要标志，桨叶应该出水干净且有一定的高度，并且出水前要有一个约30°的"后划角"。推桨动作紧接在按桨后进行，桨柄已经按下并桨叶跳出水面。在推桨动作中，运动员需要将桨柄迅速向前推送，同时将桨叶自然地转成水平状态，此过程需要协调的手腕和手臂动作。推桨的过程中，桨柄不应碰到身体的任何部位。保持桨柄在水中的"水准"是关键，确保桨叶出水干净、高度适中，并且有一个约30°的"后划角"。推桨动作是整个划水过程中的一个关键步骤，需要掌握三个步骤：手握桨柄推移，带动肩和上体完成上体前倾，启动滑座前移。这些步骤必须按照正确的顺序进行。桨手还需要控制桨叶的水平移动，使其与水面保持大约10厘米的距离，并在桨柄移动到脚蹬板上方时，逐渐稳定地抵达"前止点"。

（二）皮划艇

1. 皮划艇概述

皮划艇，作为一项水上运动，有着悠久的历史。它起源于格陵兰岛上的爱斯基摩人，最早的雏形是由他们制作的小船。随着时间的推移，皮划艇逐渐演变并成为一项重要的水上活动，具有丰富的历史和文化底蕴。古代社会中，皮划艇和划艇在交通、狩猎、捕鱼和运输方面发挥了重要作用。英文中的"Canoe"即为独木舟的意思，而独木舟是皮划艇的前身。随着时间的推移，皮划艇逐渐发展成为一项体育、旅游和冒险项目，经历了漫长的历程和演变。皮划艇的早期比赛可以追溯到1715年，当时英国演员托马斯·多格特组织了一场皮划艇比赛，这是世界上有文字记载的最早的皮划艇比赛。然而，正式的国际皮划艇组织成立是在20世纪初，由美国人W. F. B.克劳森倡导成立的国际皮划艇代表大会（后改为国际皮划艇联合会），于1924年在丹麦首都哥本哈根正式成立。四年后，皮划艇被列为奥运会的比赛项目，进一步提高了其国际知名度。在中国，皮划艇的发展也有着悠久的历史。自制并生产皮划艇始于 20 世纪 50 年代中期，经过几十年的发展，中国皮划艇运动取得了显著的成就。中国选手在国际和国内的皮划艇比赛中表现出色，取得了卓越的成绩，为中国皮划艇事业的发展做出了重要贡献。

2. 皮艇基础技术

（1）握桨。在进行皮划艇运动时，选择适合自己身高的桨是非常重要的，因为桨的长度会直接影响到划水的效率和舒适度，确保桨的长度与选手的身高相适应，使得划水动作更加顺畅。在握桨的过程中，桨手需要注意桨叶的偏转角度，通常应保持在 70°~90°。角度的选择有助于减少空气阻力，使得划水更加高效。具体的偏转角度可以根据桨手的手腕灵活性和个人喜好而确定，但需要确保在合理范围内，以确保划水的效果。在握桨时，通常是一只手握住桨柄，而另一只手负责转动桨叶。然而，桨手也可以根据自己的习惯和需求，选择右手握桨左手转桨或者左手握桨右手转桨的方式。最重要的是确保握桨的距离适中，同时保持肘部在 90° 的弯曲角度，有助于保持划水动作的稳定性和效率。

（2）坐姿。为了保持艇的平衡，运动者应坐在船舱内的中心线上，规范坐姿如图 3-1 所示。

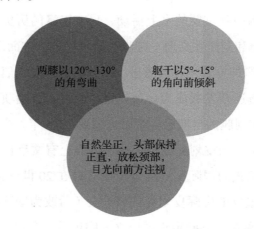

图 3-1　皮艇规范坐姿

（3）划桨。划桨动作需要在左右两侧轮流进行，确保两侧的动作相同，同时保持高度的协调和协同。划桨动作通常包括三个主要环节：入水和抓水、拉桨、恢复。在划桨的整个动作过程中，必须保持连贯和协调，动作应该轻快而流畅，不能出现明显的停顿。划桨动作的连贯性对于保持船只的速度至关重要，不应在两次拉桨间出现速度显著减慢的情况。

3. 划艇基础技术

（1）选桨与握桨。在单人划艇中，桨手应选择与自己身高相符的桨，而在双人划艇中，桨手应该选择与他们眉梢齐高的桨。当握桨时，上手应该是正握住桨柄的手，而下手则握住桨的部位，距离桨颈约为15~20厘米。上手通常用来推桨的手，而下手用来拉桨。

（2）跪姿。跪姿划艇是一项与皮艇明显不同的划水运动，它要求划手采取特定的体位和姿势，以实现稳定性和高效性。跪姿划艇要求桨手的身体呈现出一个钝角三角形的形状，由支撑腿的脚、跪腿的膝和脚组成，三个点分别是三角形的三个顶点。支撑腿的脚通常稍微内转，而膝部与前方对齐，进而保持稳定的姿势和减少阻力。跪姿划艇要求跪腿的大腿基本上垂直于水平面，而小腿则会向对侧稍微偏移，与艇的纵轴夹角在8°~25°，帮助桨手更好地掌握划动的力量和方向。跪姿划艇还涉及跪垫的高度，通常在7~10厘米，以及跪腿的大小腿之间的夹角，约为100°~120°。桨手的脚应蜷曲起来，放在舱底板上，确保脚趾的支撑。桨手的身体重心一般位于划艇的几何中心之上，具体跪姿的位置可能会根据桨手的体重而略有不同，体重较轻的桨手可能会跪在稍微靠前的位置，而体重较重的桨手则可能会跪在稍微靠后的位置。

（3）划桨技术。划艇分左桨和右桨，这意味着划桨动作是单侧划行的，与皮艇等其他船只有显著区别。在单侧滑行中，保持身体平衡是一项相当具有挑战性的任务，这要求桨手具备高度的协调性。完整的划桨动作包括多个关键阶段，包括入水、拉桨、操向、出水、恢复和稳定。每个阶段都需要精确的技巧和协调的动作，以确保船只在水面上平稳前进。

二、我国水上旅游的主要发展特征

（一）发展规模逐渐扩大

近半个世纪以来，我国水上旅游活动经历了持续的发展，如今呈现出明显的扩大趋势。水上旅游领域涌现了越来越多的企业，它们不仅数量增加了，拥有的游船规模也扩大了，反映了企业对水上旅游市场的日益重视和投资。水上旅游企业接待的游客数量也在不断增加，表明水上旅游作为一项受欢迎的休闲和娱乐活动，吸引了越来越多的游客参与，带动了企业的发展，也推动了整个水上旅游行业的扩大。

（二）发展潜力巨大

尽管不同地区在水上体育旅游方面的起步时间和条件各异，但它们都对本地水上旅游的发展前景充满信心。通过不同角度的预测，各地都认为水上旅游具有巨大的发展潜力，展现出光明的未来。这充分表明水上旅游作为一项备受青睐的休闲和旅游活动，在各个地区都有望继续壮大和繁荣，为相关地区提供了发展水上旅游业务的机遇，能满足不断增长的游客需求，推动经济和旅游业的增长。未来，水上旅游有望成为各地旅游业的重要增长点，为游客提供独特而令人难忘的体验。

（三）水上服务产品逐渐多样化

水上旅游产品的丰富多样化正成为我国水上旅游发展的一大亮点。过去，单一的水上旅游产品种类限制了发展的空间，但如今各地旅游局积极创建水上旅游品牌，推出多样化的服务产品，以满足不同游客的需求。以珠江游为例，其发展历史悠久，旅游企业根据市场需求不断创新，推出各种不同类型的服务产品。珠江游已经从 20 世纪 60 年代的简单珠江夜游发展为如今的多元化产品线，现代的珠江游船在外观和内部环境方面都非常豪华和舒适。餐饮和娱乐项目也被引入到船上，进一步丰富了珠江游的服务内容。例如，推出了"珠江系列游"，包括"珠江夜游""珠江日夜游""自选式小团体逍遥游""珠三角西江风情游"等不同产品。多样化的选择让游客可以根据自己的兴趣和需求来体验珠江游，从而促进了该地区水上旅游的竞争力提升。此举措为游客提供了更多选择，还为水上旅游业带来了更大的市场机会。随着水上旅游产品的逐渐丰富，该领域有望继续蓬勃发展，为我国旅游业的繁荣做出更大的贡献。

第四节　"体育＋旅游"产业中的极限挑战旅游与发展

一、"体育＋旅游"产业中的极限挑战旅游项目

结合目前看，我们国家已经开发的极限挑战类的体育旅游项目包括了蹦极运动、滑翔伞等。

（一）蹦极运动

1.蹦极运动的基本概述

蹦极运动，起源于西太平洋瓦努阿图的BUNLAP部落传说，源远流长，承载着勇气和传统的精神。传说中，一位妇女为躲避丈夫的虐待，爬上了可可树，将具有弹性的蔓藤绑在脚踝上，并威胁要跳下来。她的丈夫也跟随上树，宣称要一同跳下。蔓藤最终拯救了妇女，而丈夫则不幸丧生。为了纪念这位勇敢的妇女，部落将蔓藤绑在高塔上，年轻的男子从高处跳下，象征着他们的成熟和成年礼，同时也祈愿部落的平安和丰收。蹦极运动的历史充满了传奇色彩，是一项极具刺激的极限运动。现今的蹦极已经远离了原始的蔓藤，采用了更加现代化和安全的设备，成为一项广受欢迎的极限运动。蹦极不仅仅是一种极限运动，更是一种连接人们与大自然、传统与现代的纽带。它的起源故事提醒我们，勇气和决心可以战胜困难，同时也让人们欣赏到文化传承的重要性。这一充满神奇和传奇的运动，已经超越了一种娱乐方式，成为一种独特的生活体验，激发了人们对冒险和挑战的渴望。

2.蹦极基础技术

（1）绑腰后跃式。蹦极初学者通常首先学习的是绑腰后跃式蹦极技术，

这是蹦极的基础方式之一，非常适合新手。从蹦极平台上跃下时，仿佛是朝着深渊坠落，心跳加速，然后在持续下降了约3秒后，突然反弹到上方，此过程通常重复四五次。虽然整个过程只有几秒钟，但却充满了刺激，运动者常常会感到紧张但又兴奋无比。

（2）绑腰前扑式。蹦极初学者在掌握绑腰后跃式跳法后，通常还需要学习绑腰前扑式的跳法，这也是蹦极弹跳技术的基本动作之一。与前一种跳法相似，主要区别在于跳跃者面向跳跃的方向。绑腰前扑式跳法更加刺激和惊险，在连续几次反弹后，蹦极者会感到一种重生的愉悦，因为此过程充满了欣喜的感觉。绑腰前扑式的跳法要求跳跃者更加勇敢，因为他们需要面对跳跃的方向，感受自己在空中的飞翔，不仅考验着勇气，还需要更高的身体控制和协调能力。

（3）绑脚高空跳水式。蹦极运动者如果想要展示自己的英勇形象，可以选择绑脚高空跳水式的蹦极方式。在绑脚高空跳水式蹦极方式中，蹦极者会事先将装备绑在脚踝上，然后面朝下跃入高空。在准备下跳前，通常会进行一个倒数，然后蹦极者张开双臂跃下，就像雄鹰在空中自由翱翔一般。绑脚高空跳水式的蹦极更加壮观和激动人心，因为蹦极者会在空中飞翔，尽情感受自由坠落的刺激。

（4）绑脚后空翻式。蹦极运动中，绑脚后空翻式跳法是一项高难度的技巧，适合具备丰富蹦极经验和高超技术水平的运动者。绑脚后空翻式跳法不仅能够展示蹦极者的胆识，还能够让他们在空中完成华丽的翻转动作，给人留下深刻的印象。在准备进行绑脚后空翻时，蹦极者需要先将装备绑在脚踝上，然后背朝着降落方向跳下。在下落的过程中，双臂要迅速展开向后，同时要特别注意用力控制腰部，以保持稳定。此过程需要高度的勇气和技术，因此只建议有具备足够蹦极经验和信心的人尝试。对于刚开始接触蹦极或者勇气不足的人来说，最好先掌握其他基本跳法，逐渐积累经验和信心，然后再尝试绑脚后空翻式跳法。蹦极是一项刺激和挑战极限的运动，而绑脚后空翻式跳法则是其中的一种高级技巧，需要运动者具备充

分的准备以及自信。

（5）绑背弹跳式。绑背弹跳式跳法是蹦极中的一种极具刺激和挑战性的技术，能够让蹦极者感受到一种极限的极致体验。在准备进行绑背弹跳时，蹦极者首先要将装备绑在背部，确保牢固可靠。然后双手抱在胸前，双脚朝下悬空一踩，仿佛是从高空突然坠落一般。整个下落过程充满了刺激，蹦极者可以亲眼目睹地面的事物从小变大，视觉上的冲击令人兴奋不已。绑背弹跳式跳法对勇气有着极高的要求，还需要蹦极者具备出色的控制能力，以确保安全着陆。绑背弹跳式跳法适合追求极限刺激和挑战的蹦极爱好者，他们愿意冒险尝试更高难度的技术，以获得不同寻常的体验。

（二）滑翔伞

1. 滑翔伞概述

滑翔伞是一项迷人的航空体育活动，起源于 20 世纪 70 年代初的欧洲。最初，一些勇敢的登山者乘坐降落伞从山上滑翔而下，这让他们感受到了前所未有的自由和乐趣，于是滑翔伞作为一项全新的航空体育活动应运而生。它是一种无动力飞行形式，主要以地球引力为动力，让滑翔者在下降的同时获得高速前进的体验，速度可达每小时 60 千米以上。这项活动强调人与自然的和谐互动，因此备受崇尚自然与冒险的人们喜爱。

2. 滑翔伞基础技术

（1）张伞技术。在取出伞衣时要格外小心，确保伞衣没有任何破损或损坏。同时，一边展开伞衣，一边仔细检查，确保没有破损的地方。风口应该朝上，将伞衣铺展成扇形，所有吊绳必须放在伞衣的上方，而操纵绳要拉至伞衣的外侧，使伞衣的后缘全部露出。将左右操纵带分开放置，确保伞衣的中心线与起跑路线一致。整理好操纵绳的位置，将操纵绳放在最外侧，后组绳放在中间，前组绳放在最里面。在将操纵带挂至套带的挂钩时，再次检查伞绳是否有乱绳，以及前后操纵带是否扭曲。

（2）收伞技术。在滑翔伞运动中，飞行员在着陆后需要迅速进行伞的大收以腾出降落场地供其他飞行员使用，同时确保自己的安全。将两手的操纵环分别扣回原位，确保伞衣不再受到操纵。左手握住小连接环处，右手将所有吊绳握在手中。尽量伸展手臂，然后将吊绳绕成一个圆圈，递给左手。接着，继续将吊绳收入左手，直到无法再收拢为止。右手握住吊绳与伞衣连接处，将伞衣背在肩上，以确保伞衣不再张开。在收吊绳的过程中，飞行员需要向前走。不要在原地用力拉吊绳，以免伞衣被尖锐物体刮破。

（3）折伞技术。在滑翔伞运动中，折叠伞的技术需要飞行员在着陆后将伞折叠整齐以便携带和存储。将伞衣伞腹朝上平铺在地上，吊绳置于伞腹之上，并检查伞衣内部是否有杂物。检查伞衣两侧吊绳是否有乱绳，然后将左右吊绳分别打结，固定在伞衣上。接下来，将一侧的伞衣从稳定翼处一片一片地折叠至中央部位，然后换到另一侧，将其与之前折叠的部分相叠合。在折叠的过程中，需要确保将伞衣内部的空气由后缘向风口处压出，然后由后缘风口方向开始折叠。先收拢伞衣，然后收拢套带，最后将安全帽也整理好。将折叠整齐的伞衣放入伞包中，在拉伞包的拉链时要格外小心，确保不会夹破伞衣。

（4）斜坡起飞。选择一个合适的斜坡起飞地点，这个地点应该是正面迎风的，斜坡的坡度在25°~30°，适合跑步起飞。选取一个坡度合适的斜坡非常重要，以确保安全的起飞和飞行。站在预定起飞地点上方，约距离地面10~12米的高度处开伞，主要是为了在起飞时有足够的高度和空间来展开伞并准备飞行。在无风或者风力较小的情况下，需要以3米/秒的速度跑动，以便安全地起飞。对于初学者来说，理想的风速大约是12米/秒，将提供足够的升力来支撑滑翔伞的起飞。

（5）起飞滑行。在起飞过程中，飞行员需要加速奔跑，以便伞衣能够在头顶正上方张开，确保空气通过风口进入伞衣，形成适度的翼型，为起飞提供必要的升力。如果伞衣在跑动中倾斜，飞行员需要慢慢拉动相反方向的操纵绳，同时向中央下方跑去，以使伞衣恢复到头顶正上方的位置。一旦伞衣在头顶正上方平稳展开，飞行员应加速向山下跑。随着伞衣升力的增加，飞行员会感到自己被向上拉起，但在此阶段绝对不能跳跃。相反，应该继续加速向前跑，以避免伞衣失去重力而塌下。当升力感觉相当强时，飞行员可以通过同时将双手操纵绳拉下至肩膀位置来升空，将使伞衣和飞行员一起向空中飞去。一旦双脚离开地面，双手可以放回耳朵位置，通常双手操纵绳应同时下拉至相同位置，以确保飞行伞保持直线飞行。

（6）降落。在进入降落阶段之前，飞行员应该明确降落地点，并将双手操纵绳拉到相当于全长的1/4位置，有助于控制降落。进入最后的降落滑行时稍微加速，有利于调整下降速度和角度，以便更准确地着陆。当高度降至5米以下时，将操纵绳拉下，双脚即将接触地面。当高度降至大约1米时，将操纵绳拉到全刹车位置，以减缓下降速度并确保平稳着陆。降落过程中要特别注意手脚的协调配合，刹车时机的选择非常关键。刹车过早可能导致伞衣失速，对飞行员的身体造成伤害，而刹车过晚则可能导致下降速度太快，增加着陆的冲击力。因此，飞行员需要保持镇定，双脚伸直，不要屈膝、缩腿或试图进行滚翻着陆。

二、我国极限旅游发展对策

（一）因地制宜，突出差异化与可持续性

每个目的地都有独特的地理、自然和文化特点，因此在开发极限旅游项目时，必须深入了解目的地的特色，将目的地的独特魅力充分展现出来，确保游客可以在极限体验中感受到这些特点。极限旅游市场是多样化的，有各种不同类型的极限运动和冒险活动。因此，开发者需要根据目标客户群体的兴趣和需求，选择合适的极限主题项目，确保项目有吸引力，吸引更多的游客。在开发极限旅游项目时，必须充分考虑生态环境和社区的保护，包括采取措施来减少对环境的负面影响，并确保项目的长期可持续性。只有在保护自然资源的同时，才能实现极限旅游的可持续发展。

（二）大力培养专业化人才队伍

与常规旅游不同，极限旅游的高难度和危险性要求从业者具备更丰富

的知识和更高超的技能。极限旅游经营者需要拥有专业的团队，包括经验丰富的导游、教练和支持人员。有关人员必须具备深入的地理和气象知识，了解各种冒险活动的操作规程，以及紧急救援和急救技能，只有专业团队才能确保客户的安全和满意度。极限旅游行业需要不断培养和更新人才队伍，提供定期培训，以使从业者保持最新的知识和技能。同时，行业需要吸引年轻的冒险爱好者加入，通过培训和实践，使他们逐渐成为专业的极限旅游从业者。旅行社和专业探险俱乐部应该积极参与行业协会和组织，以促进知识共享和最佳实践的传播，有助于不断提高行业的标准和质量，确保极限旅游能够持续发展。

（三）培养与强化极限旅游者安全意识

极限旅游的高危性要求所有参与者具备高度的安全意识和生存技能。保障旅游者的安全。专业探险俱乐部和领队人员应对每个参与者的体能和野外生存能力进行测试和评估，确定每个人的适应性和准备程度。一些体力不足、经验不足的人可能不适合参加高风险的极限旅游活动，筛选和测试可以降低潜在的风险。旅行社和探险俱乐部应该提供安全培训与指导，让参与者了解潜在的危险，学会如何应对紧急情况，并遵循安全规程，主要可以通过模拟演练、课堂培训和实地指导实现。建议对网友自发组织的极限旅游队伍进行更加严格的监管和安全管理，可能包括要求他们符合一定的安全标准，提供必要的培训，或者限制他们进行高风险的活动。重要的是确保所有参与者都明白安全的重要性，愿意遵循安全准则。

第四章　我国"体育＋旅游"产业的经营与管理

第一节　体育旅游产业概述

一、体育旅游业的基本概念

体育旅游业是依托体育旅游资源而发展的，体育旅游业的发展必须建立在丰富的体育旅游资源基础上，包括自然景观、体育比赛、体育设施等，它们为体育旅游业提供了物质基础和前提条件。只有充分利用有关资源，才能吸引更多的体育旅游者，推动业务的发展。体育旅游业的服务对象是体育旅游者，旅游者对体育和冒险活动有浓厚兴趣，他们在旅行中追求体育体验和刺激。体育旅游业的任务是为这些旅游者提供专门的体育旅游服务，以满足他们的需求和期望，而体育旅游服务包括体育比赛观赏、体育活动参与、体育培训等。体育旅游业作为一个新兴产业，具有综合性特征，体育旅游业与各种不同行业都有关联，涉及酒店业、餐饮业、交通运输业、体育赛事管理等多个领域。体育旅游业的发展需要各个行业间的协作和合作，以提供全面的体验和服务。

二、体育旅游业的基本特点

（一）关联性

体育旅游业是一个新兴产业群体，由多个行业组成，各个行业间存在着密切的联系和关联性。体育旅游业与直接为体育旅游者提供产品和服务的行业密切相关，包括交通运输业、住宿餐饮业、观赏娱乐业等行业，提供了旅游者在体育旅游目的地期间所需的基本设施和服务，为他们提供便利和舒适的体验。体育旅游业也与间接为体育旅游者提供产品和服务的行业存在紧密联系，如纺织业、园林业、外贸业、地产业等行业，可能涉及体育旅游场馆的建设、体育用品的生产和销售、景区的美化和维护等方面。它们为体育旅游业提供了所需的资源和支持，并促进了整个体育旅游生态系统的运作。

（二）服务性

体育旅游业作为第三产业的重要组成部分，在当前快速发展的第三产业中发挥着关键作用。随着人们对体育旅游的兴趣和参与度不断增加，体育旅游业的服务性质变得越发显著，旨在满足体育旅游者的各种需求，提供各种服务，从而使其旅游经验更加丰富和满足。体育旅游服务的核心在于提供精神层面的享受和体验，虽然在体育旅游过程中可能会有一些具体的旅游产品，但更多的是提供服务，因为体育旅游的真正价值在于旅游者所获得的经历和回忆。旅游者参与各种体育活动、探索风景名胜、体验当地文化，均构成了他们独特的旅游体验。此类服务是无形的，是无法带走的，但它们会在旅游者心中留下深刻的痕迹，成为他们宝贵的回忆。因此，体育旅游业的服务性特征在于其提供的服务远比具体的消费品更具价值。旅游者之所以选择体育旅游，是为了享受独特的体验和服务，主要包括专业的导游解说、安全保障、旅游活动的组织和策划等。体育旅游企业在提供这些服务时，不仅满足了旅游者的需求，还创造了愉快的旅游回忆，这正是体育旅游服务性质的体现。

（三）依托性

1. 依托国民经济

体育旅游业的繁荣与国民经济密不可分，国民经济是其持续发展的依托。随着国民经济的蓬勃发展，人们的经济实力逐渐增强，收入水平不断提高。经济上的改善为体育旅游业创造了更加坚实的物质基础，旅游者有了更多的可支配收入，可以用于参与体育旅游活动，进一步刺激了体育旅游业的发展。

除了物质基础，国民经济的发展还为体育旅游提供了更多的休闲时间。随着工作效率的提高和工作时间的灵活性增加，人们有了更多的时间用于休闲和旅游，使得体育旅游成为一种受欢迎的选择，进一步推动了体育旅游的兴起。国民经济的繁荣还激发了对体育旅游的需求，人们追求更高质量的生活，寻找全新的体验和冒险，促使他们积极参与各种体育旅游活动。因此，国民经济的不断发展为体育旅游业提供了稳固的市场基础，促使体育旅游需求不断增加，市场变得更加广阔。

2. 依托体育旅游资源

体育旅游业的繁荣离不开丰富多样的体育旅游资源，体育旅游资源包括自然景观、体育设施、历史文化遗迹以及各类体育活动场地等，其数量和质量直接影响了体育旅游业的兴盛程度。自然景观如山脉、湖泊、河流、森林等提供了丰富的户外运动和探险机会，吸引了众多户外爱好者。同时，体育设施如高尔夫球场、滑雪场、冲浪胜地等为不同类型的体育爱好者提供了专业场地和设备，满足了他们的需求。历史文化遗迹和传统体育活动则为文化体育旅游提供了独特的体验，吸引了文化爱好者。一个国家或地区拥有丰富的体育旅游资源，不仅吸引了国内外的旅游者，还为体育旅游业的发展提供了坚实的物质基础。

3. 依托其他相关部门

体育旅游业的繁荣需要各相关部门的协调合作，只有各部门间紧密配合，才能全面推动体育旅游的发展。缺乏其中任何一个行业的支持都可能对体育旅游业产生不同程度的制约和阻碍。与其他部门的协作包括交通运输业提供便捷的旅行方式，住宿餐饮业提供舒适的住宿和美食，观赏娱乐业提供丰富的娱乐活动等。政府部门的政策支持和监管也是体育旅游业健康发展的关键因素之一，只有各个部门密切合作，形成协同效应，才能更好地满足体育旅游者的需求，促进体育旅游业的蓬勃发展。

（四）风险性

从需求角度看，体育旅游需求表现出明显的弹性，其需求量容易受到多种因素的影响，包括自然因素（如天气和季节）、政治因素（如政策和法规的变化）、经济因素（如消费者收入和信心的波动）以及社会因素（如公共健康事件或社会事件的发生），任何因素的变化都可以迅速影响到体育旅游需求。例如，天气突然变冷或下雨可能导致户外体育旅游项目的需求下降，而政府颁布的新规定可能会限制某些体育旅游活动的进行。经济不景气可能导致人们减少旅游支出，社会事件可能导致人们取消原计划的旅行。因此，体育旅游业必须时刻密切关注各种因素的变化，以便灵活应对市场需求的波动。体育旅游业的发展与其他产业密切相关，存在较大的依赖性，体育旅游业的繁荣需要其他相关产业的支持和协作，包括交通运输、住宿餐饮、娱乐观赏等。如果相关产业出现波动或下滑，如交通中断、住宿设施关闭或餐饮服务受限，都会对体育旅游业的正常运营产生负面影响。此外，体育旅游业还倚靠自然环境，如山川、湖泊、森林等，以提供各种体育旅游体验。如果自然环境遭受破坏或污染，也会影响到体育旅游的吸引力。因此，体育旅游业必须与其他产业和自然环境之间建立稳固的联系，以确保业务的可持续性和稳定性。

（五）涉外性

体育旅游业在国际范围内的发展呈现出明显的涉外性特征，使得体育旅游成为一项跨足国界的产业，这促进了国家之间的人际交往和文化交流。国际体育旅游市场的发展迅速，各国都积极开发国内的体育旅游市场，并竞相争取国际体育旅游者，推动了体育旅游业的跨国扩展，使得体育旅游成为国际旅游业中的一个重要组成部分。旅游者不仅仅是为了体验体育活动，还为了跨足国界的文化体验和社交互动，从而增加了国际体育旅游的吸引力。体育旅游业促进了国际交际和社交能力的提高，人们参与国内外的体育活动，除了锻炼身体和享受体验，还扩大交际圈子，结交来自不同国家和文化背景的朋友。通过共同参与体育赛事、活动和旅游，人们建立友谊和互信，促进国际社交能力的提高。各国政府积极制定政策来支持国际体育旅游业的发展，包括签署体育旅游合作协议、提供签证便利、改善旅游基础设施等，旨在吸引更多的国际体育旅游者。国际体育旅游业的发展也有助于推动国家经济的增长，促进就业机会的增加。

（六）综合性

体育旅游业的综合性特征是其发展的核心特点之一，反映了体育旅游业的复杂性和多样性，因为体育旅游者具有各种多元化的需求。体育旅游业注重满足体育旅游者的多元需求，体育旅游者的需求不仅包括体育活动的参与，还涵盖了食宿、交通、娱乐、购物等多个方面。因此，体育旅游企业必须开发多种类型的旅游产品和服务，以满足旅游者的全面需求，包括提供各类住宿选项，如酒店、度假村和露营地，提供多种交通选择，如飞机、火车、大巴和租车服务，以及提供各种娱乐和文化活动，如观光、购物和参观名胜古迹。全面性的服务可以吸引更多的体育旅游者，满足他们的不同兴趣和需求。体育旅游业的多元性对旅游者的消费行为产生了深远影响，旅游者在体育旅游过程中需要购买各种产品和服务，涵盖了食物、住宿、交通、门票、纪念品等多个领域，使得旅游者的消费行为更加多样化，他们可能会选择不同价格和品质水平的产品和服务，以满足其个性化需求。体育旅游企业需要灵活调整自己的产品和服务，以适应不同旅游者的需求，并提供多样性和差异化的选择，以提高客户满意度和忠诚度。体育旅游业的综合性特征表现在其服务类型的多样性上，不同的体育旅游项目和活动需要不同类型的服务，包括安全服务、导游服务、餐饮服务、医疗服务等。为了确保旅游者的安全和舒适，体育旅游企业必须提供多种服务类型，并且在不同情境下适应旅游者的需求，使体育旅游业成为一个复杂而具有挑战性的行业，不断地创新和改进。

三、体育旅游业的作用

想要全面推动体育旅游的快速、高效发展，必须走产业化的发展之路，即发展体育旅游业，体育旅游业的发展主要是以体育旅游业为载体。

（一）供给作用

体育旅游业依赖于交通运输业、住宿餐饮业、娱乐观光业等各个相关行业的供给，体育旅游者需要在他们的旅行中得到全方位的服务，从出行到住宿再到娱乐和用餐，都需要相关行业提供相应的产品和服务。如果没有有关行业的供给，体育旅游者将无法顺利地进行旅行，将严重制约体育旅游的发展。供给作用有助于推动体育旅游市场的扩大和壮大，体育旅游业的需求不断增加，吸引了越来越多的旅游者参与体育活动。各个相关行业的供给能够满足不断增长的体育旅游需求，使体育旅游市场得以扩大。市场扩大有助于提高体育旅游业的盈利能力，促进了行业的可持续发展。供给作用有助于提高体育旅游的服务质量和多样性，各个相关行业在为体育旅游者提供服务时，需要不断提高自己的服务质量，以吸引更多的客户。竞争也鼓励了行业创新，推动了服务的多样化和个性化。旅游者因此可以享受到更高水平的服务，有更多的选择，提高了他们的旅游体验。

（二）组织作用

体育旅游业的组织作用涵盖供给和需求两个方面，两者相互依存，相辅相成，共同推动了体育旅游市场的繁荣和多样性。从供给方面看，体育旅游企业通过市场需求来组织和提供各种旅游产品与服务，需要企业密切关注市场趋势，了解旅游者的兴趣和需求，然后开发相应的体育旅游产品。例如，企业可以根据市场研究推出不同类型的体育旅游团，以满足不同群体的需求，包括包价体育旅游、自助背包客旅游等。供给方面的组织作用有助于提供多样性和个性化的选择，吸引更多的旅游者参与体育旅游。从需求方面看，体育旅游企业需要通过各种方式来组织客源，吸引旅游者购买其产品，包括市场营销、宣传推广、与旅游代理商的合作等策略。通过积极的需求方面的组织作用，企业可以扩大市场份额，吸引更多的旅游者参与体育旅游活动。例如，通过与旅行社合作，企业可以将自己的体育旅游产品推广到更广泛的市场，吸引更多的潜在客户。

（三）便利作用

体育旅游业在提供便利服务方面发挥着至关重要的作用，为体育旅游者的顺利参与和完成体育旅游活动创造了必要的条件。便利作用已经成为现代旅游的标志之一，旅游者借助体育旅游业提供的服务实现他们的旅游愿望，已经成为一种常态化的现象。体育旅游业通过提供交通、住宿、餐饮、门票等一系列的服务，将旅游者与他们期望前往的目的地联系在一起。便利服务可以帮助旅游者克服前往目的地的各种物质障碍，确保他们能够顺利地参与体育旅游活动。例如，体育旅游企业可以提供包括交通接驳、住宿预订和门票购买在内的一揽子服务，使旅游者在不同地区和国家的体育赛事中畅行无阻。体育旅游业的便利服务还涵盖了旅游动机与旅游目的之间的联系，旅游者通常因为对某个体育赛事或体育活动的兴趣而选择旅行，他们的旅游动机与旅游目的密切相关。体育旅游业通过提供与旅游者兴趣相关的旅游产品和服务，满足他们的需求。便利作用使旅游者能够更好地实现他们的旅游动机，让他们在体育旅游活动中获得更多的满足感和愉悦。

尽管有些体育旅游者事前做好了充分的准备，但体育旅游的特殊性质使得旅行中的挑战无法完全预测。正是在此种情况下，体育旅游业的便利服务显得尤为重要。有关的体育旅游服务可以为旅游者提供一系列解决方案，帮助他们应对旅行中可能遇到的问题。无论是在运输、住宿、餐饮方面，还是在购票、场馆指导等方面，体育旅游业的服务都能够减轻旅游者的后顾之忧，让旅游者可以更加放心地享受旅行，不必过多担心可能的困难和不便。便利作用有助于提高体育旅游者的旅游积极性，因为他们知道有体育旅游业提供的支持和服务，他们更愿意尝试新的旅游目的地和体育活动。积极性的提高又进一步促进了体育旅游业的发展，形成了一个良性循环。体育旅游业的便利作用有利于体育旅游活动的规模扩大，由于体育旅游业提供的服务可以帮助旅游者克服各种问题和困难，旅游者更愿意选择更遥远、更刺激的目的地和项目，此种趋势在很大程度上推动了体育旅游的蓬勃发展。

第二节　我国"体育＋旅游"产业资源与市场的开发

一、体育旅游资源的开发

（一）开发体育旅游资源的原则

1. 突出性

体育旅游资源的开发必须遵循一定的原则，其中突出性原则强调体育旅游资源必须具备足够的吸引力，以吸引体育旅游者的兴趣和注意力，评估体育旅游资源的吸引力主要涉及考察其独特性和个性。在开发体育旅游资源时，首要任务是保护和保持资源的原始风貌，这适用于自然资源和人文资源。自然景观的原始美和自然特征必须得以保留，而人文资源应该充分展现当地的文化传统和民族特色。只有通过将体育与自然和文化相融合，协调发展体育旅游项目，并突出地方特色，才能满足体育旅游者的审美和体验需求。在体育旅游资源的开发中，突出性原则有助于各地充分展示其独特之处，凸显其特色。不仅吸引体育旅游者，还有助于区域发展和推动体育旅游业的繁荣。因此，体育旅游资源的开发必须坚持突出性原则，使其成为吸引人们前来探索和体验的独特之地。

2. 系统性

开发体育旅游资源是一项复杂的工程，因此需要遵循系统性原则，以确保科学规划和统筹安排。在体育旅游资源的开发过程中，必须考虑多个方面的问题，包括资源的区位、数量、质量和特征，以及与其他因素的协调一致性。区位问题涉及选择体育旅游资源所在地的位置和环境，需要考虑交通便捷性、自然环境、文化背景等因素，以确定最适合开发的地点。量和质量问题涉及体育旅游资源的丰富程度和吸引力，开发人员需要评估可用资源的数量，并确保它们具有足够的吸引力，以吸引体育旅游者。体育旅游资源的特征问题涉及资源的独特性和个性，开发过程中应突出体育旅游资源的特色，充分展示当地的文化传统和民族特色。最重要的是，要考虑体育旅游市场的规模，进行投资规模和力度的分析。同时，必须注重长期利益，坚持可持续发展战略，以确保体育旅游资源的开发与利用在未来能够持续产生价值。

3. 效益性

开发体育旅游资源的最根本目的是获取各方面的效益，包括经济、社会和环境效益。因此，在开发体育旅游资源时，必须遵循效益性原则，全面考虑各种效益。对体育旅游资源的开发后效益进行预测与分析，包括：社会效益，如就业机会的提供、社会文化的传承和促进地区发展；环境效益，如生态保护、资源可持续利用和减少环境负担；经济效益，如旅游业收入、税收贡献和地方经济的增长。开发者不能只关注经济效益而忽视其他方面的效益。并且要避免过度开发体育旅游资源，以至于对社会和环境造成不可逆转的损害，只追求经济效益而不顾及其他方面的效益是不可取的。开发体育旅游资源必须在综合考虑各方面因素的基础上进行，以确保企业的利益与社会大家庭的总体利益保持平衡。

在进行体育旅游资源的开发时，投资是一个关键的考虑因素。投资者需要在进行投资决策时综合考虑多个因素，以确保资源开发的可行性和效益。投资者应当考虑当地经济的发展需求，了解当地的经济情况和需求是非常重要的，因为体育旅游资源的开发应该与当地经济发展相协调。选择适合当地需求的项目可以提高开发的成功概率，并促进地区的经济增长。投资者需要仔细选择要投资开发的体育旅游资源，不同的项目可能具有不同的投资风险和回报。例如，大众化体育旅游项目可能需要较大的投资，但由于参与人数较多，可能具有良好的经济效益。相比之下，极限和探险类体育旅游项目的旅游者相对较少，可能需要更长时间才能实现回报。因此，投资者应根据项目的特点和潜在风险来做出决策。

4. 保护性

虽然资源开发的主要目标是合理利用，但有些体育旅游资源具有特殊性质，过度开发可能会损害其原始状态，因此保护与利用之间的平衡至关重要。保护性原则要求开发者在进行体育旅游资源的开发时，必须综合考虑经济、环境、社会等多个方面的因素。开发者应该努力寻找开发方式，以最小化对周围环境的负面影响，可通过采用可持续的开发实践、减少生态破坏、垃圾处理等方式实现。保护自然环境不仅有助于维持体育旅游资源的原始风貌，还有助于吸引更多的旅游者。在开发体育旅游资源时，应该尊重当地的文化传统和社会价值观，主要通过与当地社区合作、支持本地文化项目以及培养尊重当地文化的旅游者实现，这有助于维护当地社区的社会和文化健康。保护性原则有助于确保体育旅游资源的可持续发展，谨慎地处理保护与利用的关系，可以确保资源在长期内得到最大限度的利用，而不会损害其可持续性，有助于体育旅游业的持续增长，并为未来世代提供机会来享受这些宝贵的资源。

（二）体育旅游资源开发的模式

1. 产业化开发模式

（1）构建产业化开发模式。体育旅游资源的产业化开发模式代表了一种新的趋势，该模式旨在更好地满足市场需求，创造更多的商业机会，并推动整个体育旅游产业的发展。在构建此种新兴模式时，有一些关键要点需要考虑和实施。开发者应仔细研究当地的体育旅游资源，了解其潜在吸引力和市场需求，从而确定哪些资源具有最大的商业潜力，可以在产业化开发模式中优先考虑。产业化开发模式应该包括多元化的内容，除传统的体育旅游活动外，还应考虑休闲旅游业、文化娱乐业等相关产业的开发，吸引更广泛的旅游者，并创造更多的旅游体验，从而促进整个体育旅游产业的多元化发展。某些地区可能因其地理位置、文化资源或其他特殊条件而具有更大的发展潜力，这些地区应该被视为重点发展区域，以推动体育旅游资源的充分利用，并促进产业集群效应的形成。

体育旅游的核心是旅游本身，而体育仅仅是一种旅游的方式和形式。体育旅游将体育活动作为吸引游客的媒介，使游客能够在旅行中参与各种体育体验。因此，体育旅游资源的开发者需要充分认识到这一点，以便更加科学地进行资源开发工作。为了有效开发体育旅游资源，开发人员需要深入研究相应区域的整体旅游市场态势，包括了解旅游者的需求、市场趋势和竞争对手等因素。只有通过全面的市场分析和研究，才能更好地把握体育旅游资源的商业机会。开发者还需要探讨体育旅游资源的产业化模式，将体育旅游融入到更广泛的旅游产业中，以创造更多的商业价值，可能涉及与休闲旅游、文化旅游等相关产业的合作，以提供全面的旅游体验。

（2）优化产业化开发模式的路径。调整体育资源配置结构，合理地配置体育资源，可以更好地满足不同类型的旅游者需求，促进体育旅游的多样性和可持续性。应明确发展目标，制定相关政策和法规，以支持体育旅游产业的发展，确保体育旅游业在整体体育事业中得到充分重视和支持。体育旅游往往涉及不同领域的资源和服务，如运动设施、餐饮、住宿、文化娱乐等。通过与休闲旅游、文化旅游等相关产业的合作，可以为游客提供更全面的旅游体验，并且创造更多的商业机会，提高体育旅游业的竞争力。

为了开发和拓展体育旅游市场，完善体育市场管理机制至关重要。应制定相关管理政策，以支持体育旅游市场的健康发展。应明确体育旅游市场的监督管理体制，确保政府部门能够有效监管市场活动，为市场主体进出市场制定明确的资格标准，以确保市场的透明度和公平竞争。应对体育旅游市场中出现的不正当竞争行为进行严格查处和惩罚，打击虚假宣传、价格欺诈、不正当竞争和侵权行为等。通过加强执法力度，政府可以确保市场秩序的维护，保护消费者权益，提高市场的可信度和可持续性。

为了促进民族体育的产业化发展，需要正确处理传统文化与现代发展之间的关系。应大力弘扬民族文化，将传统体育资源纳入现代体育产业的发展中。传统体育资源在民族文化中具有重要地位，因此应该被看作文化传承的一部分。同时，需要确保传统体育与现代化变革相适应，以满足现代社会的需求。在现代社会，文化多样性是非常重要的，应该尊重不同民族和地区的文化传统，树立均衡和谐的文化生存与发展理念。不仅要保护和传承传统体育，还要适应现代体育产业的需求，实现文化的均衡发展。在市场经济的背景下，重视民族传统体育资源的产业化发展对于促进民族传统体育的市场竞争力至关重要。可以通过投资和技术的支持来实现，以提高传统体育的市场吸引力，将有助于民族传统体育在竞争激烈的市场环境中保持持续健康的发展。

2. 创新型开发模式

（1）构建创新型开发模式。结合实际看，构建并有效实施体育旅游资源开发的创新模式有助于推动体育旅游业的繁荣发展。而从创新视角开发体育旅游产品，提升体育旅游的形象，是构建创新型开发模式的关键之处。在构建我国体育旅游资源的创新型开发模式时，具体可以从下面角度着手：

① 开发新兴项目。随着社会进步和经济发展，人们的旅游兴趣和需求也在不断演变，传统的体育旅游项目可能无法完全满足现代旅游者的多元需求。因此，应不断开发新兴体育旅游项目。新兴体育旅游项目有助于吸引更广泛的旅游者群体，年轻人在体育旅游中占据重要地位，他们对刺激和新奇的体验有着更高的需求。开发军事体育项目、极限训练等新兴项目可以吸引年轻旅游者群体，增加他们的参与度。新兴项目的开发可以促进体育旅游的多元化发展，不同的旅游者有不同的兴趣和需求，通过提供多样化的体育旅游选择，可以满足更广泛的旅游者群体，进而推动体育旅游事业的繁荣，提高市场竞争力。

② 开发移植型项目。引入移植型体育旅游项目是丰富本地旅游资源、

吸引更多游客并提供新的旅游体验的有效途径，有关项目的引入可以打破本地体育旅游资源的单一性，促进旅游业的多元化发展。例如，将其他地区的滑草运动、冰上运动、滑沙运动、马术项目引入本地，可以利用现有的自然条件和资源，为游客提供全新的运动体验，吸引了原本对传统体育旅游项目不感兴趣的游客，丰富了本地旅游体验，提高了游客的满意度。移植型项目的引入也有助于本地体育旅游业的可持续发展，通过不断推出新的体育旅游项目，可以吸引更多游客前来体验，增加游客的停留时间，提高地区旅游收入。

③ 开发外向效益型项目。开发外向效益型体育旅游项目是利用我国在全球经济和旅游市场中的竞争优势，吸引更多国际游客，推动体育旅游资源的可持续开发和市场拓展的战略选择。此类项目有助于我国体育旅游资源的国际化传播，还能够带来多重经济和文化效益。举例来说，高尔夫球、网球、街舞等国际知名的体育项目在国际范围内备受欢迎。我国可以充分利用自身资源和价格优势，吸引国际游客前来体验这些项目。不仅能提高我国体育旅游业的国际知名度，还能够刺激相关产业的发展，包括体育设施建设、培训机构等，为我国经济增长带来外向效益。国际游客的到访也能促进文化交流和理解，他们将在我国体验到不同的文化、风俗和传统，拓宽国际间的友谊和合作。因此，开发外向效益型体育旅游项目不仅有利于我国经济增长，还有助于国际文化交流与理解的促进。

④ 加强特色项目互动。加强特色项目互动是推动体育旅游资源多样化开发和市场吸引力提升的重要策略，借鉴国际体育赛事的经验，我国可以发展各种特色项目，提供更多吸引体育旅游者的选择，同时激发体育旅游市场的活力。篮球比赛是一项备受欢迎的体育赛事，特别是 NBA 在我国有广泛的球迷基础。因此，我国可以积极研发和设计与篮球相关的体育旅游项目，如篮球赛事、观战活动和街头篮球比赛，吸引更多篮球爱好者前来参与，促进篮球旅游的发展。对于大众性的体育赛事，可以通过调整比赛规则和赛制来增加娱乐性与趣味性。例如，足球比赛可以推出小场地足球比赛，增加球

员互动和进球机会，吸引更多观众的参与。明星效应是体育旅游的重要推动因素，邀请体育明星参与大众性体育旅游活动，与普通游客互动，分享体育经验和技巧，将吸引更多体育迷参与，增加活动的吸引力。

（2）优化创新型开发模式。综合来看，体育旅游产业的发展离不开创新，创新能够为体育旅游产业的发展源源不断地注入新鲜血液，带来勃勃生机，不断进行创新使得体育旅游产生更加具有活力。我们国家在构建创新型开发模式时，虽然开发了不少新兴体育旅游项目，但有关的项目被开发之后仍然比较缺乏稳定性，与大众体育旅游相比，呈现出散乱的现象，难以发挥新兴旅游项目的作用。为了不断完善体育资源开发的模式，应从下面几点加以注意：

① 树立创新意识。强烈的创新意识使开发者能够积极主动地面对新问题和挑战，从而不断寻求创新解决方案，提高了体育旅游资源的开发效率。通过树立创新意识，开发者可以更好地适应市场需求的变化，发掘新兴体育旅游项目，并提供创新的旅游体验，从而吸引更多的游客。创新意识还有助于推动体育旅游业的可持续发展，促进行业不断壮大。

② 确定创新方式。仅仅有创新意识是不够的，开发者需要明确定义创新的具体方式和方法。体育旅游产业涉及复杂的系统和多个层面，因此需要有系统性的创新方法，从资源开发、市场推广、服务提供到体验设计等各个方面的创新。确定创新方式有助于优化体育旅游产业的结构，使其更具竞争力和吸引力，包括引入新的技术、创造新的旅游产品、提供个性化的服务等。通过明晰的创新方式，开发者可以更好地满足游客的需求，创造更多独特的旅游体验，提高体育旅游的吸引力和竞争力。因此，体育旅游资源的开发者需要在创新意识的基础上，积极寻找适合自身业务的创新方式，并将其付诸实践，以推动体育旅游产业的不断发展和完善。

③ 加强理论研究。理论研究可以为体育旅游产业的发展提供科学的指导和理论依据，应研究产业创新的规律和方法，探索新的理论体系，摒弃过时的观念，以更好地引领创新实践的开展。深入的理论研究能使体育旅

游资源的开发者更好地理解市场趋势、消费者需求和产业发展模式,使他们能够更有针对性地制订创新策略和开发计划,以提高体育旅游产业的竞争力和可持续性。理论研究可以帮助体育旅游产业更好地适应不断变化的市场环境,应对新的挑战和机遇。因此,加强对体育旅游产业的理论研究非常必要,能够有效推动创新型体育旅游资源的开发以及发展,促进整个产业的健康成长。

二、体育旅游市场的开发

(一)我国体育旅游市场开发现状

1.目前我国体育旅游市场开发的整体状况

当前我国体育旅游市场呈现出蓬勃发展的态势,此现象受到改革开放政策和经济快速增长的推动。随着中国社会的不断进步和人民生活水平的提高,体育旅游作为一种多样化的旅游形式受到越来越多的人的关注和喜爱。随着体育旅游需求的增长,我国不断推出新的体育旅游项目,以满足不同人群的需求,主要有健身跑、登山、滑雪、水上运动、自行车旅行等各种各样的体育活动,丰富了体育旅游市场的内容。为了支持体育旅游的发展,我国政府加大了对基础设施建设的投资力度,主要涉及体育场馆、旅游景区、运动设施等方面的建设,为体育旅游提供了必要的场地和设施。随着健康意识的提高和体育旅游的普及,越来越多的人参与体育旅游活动,包括年轻人、中年人和老年人,不同年龄层次的人都加入了体育旅游的行列。随着人们生活水平的提高,他们更愿意投入更多的金钱和时间参与体育旅游活动,体育旅游消费在整个旅游业和体育产业中的比重不断增加,为体育旅游市场的繁荣做出了贡献。政府发布了一系列相关政策,为体育旅游市场提供政策支持和法律保障,包括旅游产业发展计划、体育旅游促进政策等,为体育旅游市场的持续增长提供了有力支持。

2.我国体育旅游市场开发中所存在的问题

(1)对体育旅游的认识不够充足,缺乏专业人才。体育旅游是一种特殊的旅游形式，它要求从业人员具备一定的专业知识和技能。体育旅游组织机构和从业人员需要了解体育旅游项目的专业技术和操作方法，包括体育活动的规则、安全措施以及旅游线路的设计和管理等方面的知识。然而，目前我国尚未建立起完善的体育旅游从业标准和培训体系，导致相关工作人员的专业水平有限，难以满足市场需求。体育旅游市场的经营主体主要包括旅行社和俱乐部，但这些组织的工作人员通常不是体育旅游专业人员。他们对体育旅游的认识相对较浅，缺乏深入的专业知识和经验，因此在设计和运营体育旅游项目时存在一定的不足，从而影响了体育旅游项目的质量，还可能增加旅游者的安全风险。由于体育旅游的特殊性，旅游景区和相关机构对体育旅游的重视程度相对较低。传统旅游业更容易被看重，而体育旅游在一些地区和机构中并未得到充分的认可和支持，使得体育旅游的专业化发展面临一定的挑战。

（2）体育旅游理论与实践水平未能达到一定程度。从理论层面看，我国对体育旅游的理论研究相对薄弱，学者在这一领域的研究还比较有限，尚未形成完善的理论体系。体育旅游的基本概念和范畴也尚未形成统一的定论，使得理论研究的深度和广度受到限制。实践水平方面，虽然体育旅游在改革开放以来逐渐受到关注，但实证调查研究仍然相对薄弱。这主要是因为体育旅游本身具有复杂性和差异性，难以进行深入的实地调查和研究。实践水平的不足直接影响了体育旅游市场的开发和管理，使得相关部门和组织难以明确发展方向与制定规范的制度。要改善体育旅游市场的发展现状，首先需要加强理论研究，建立起完善的体育旅游理论体系。这需要吸引更多的学者和研究机构参与体育旅游领域的研究，推动体育旅游理论的深化和完善。同时，应加强实证调查和研究，了解体育旅游市场的实际情况，为政策制定和市场管理提供更有力的依据。体育旅游的可持续发展还需要引导人们树立正确的体育旅游意识，提高公众对体育旅游的认知和理解，广泛传播体育旅游的理念，以及鼓励人们积极参与体育旅游活动。只有通过理论研究和实践提升，以及社会意识的普及，我国体育旅游市场

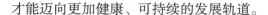

才能迈向更加健康、可持续的发展轨道。

（3）体育旅游市场的发展失衡，供不应求。目前，我国的体育旅游市场呈现出一定的发展失衡，主要表现在东部地区相对发达而西部地区相对滞后的情况。东部地区如长江三角洲、华北环渤海经济发展区、珠三角等拥有较为发达的经济基础，吸引了大量的体育旅游资源投入和游客流量，体育旅游项目也相对较多。然而，西部地区虽然拥有丰富的体育旅游资源，但由于经济发展水平相对较低，导致了该地区体育旅游项目的相对不足，开发利用程度不高。东西部地区的体育旅游市场发展失衡，带来了一些问题。首先，东部地区的旅游资源和项目供过于求，可能导致竞争激烈和价格过高，不利于市场健康发展。其次，西部地区的体育旅游资源未能充分开发利用，限制了该地区的经济增长和就业机会，也使得诸多的宝贵的资源没有得到应有的价值。

（4）旅游群体缺乏健身意识，经济基础较差。在我国体育旅游市场的发展过程中，旅游群体的特征和行为举足轻重。然而，目前存在一些问题，其中之一是旅游群体中的健身意识相对薄弱，同时许多人的经济基础较为有限。体育旅游者中的主要群体包括工薪阶层和学生，这两个群体的共同特点是经济基础相对较差。由于经济限制，他们往往难以在体育旅游活动中进行高额的消费，可能会限制他们参与一些高成本的体育旅游项目或选择低价位的体育旅游选项。因此，体育旅游市场需要考虑如何满足不同收入水平的旅游者的需求，并提供多样化的价格和选择。体育健身意识在我国的旅游者中相对薄弱，虽然越来越多的人关注健康和体育锻炼，但在整体层面，健身意识仍有提升的空间。

（二）我国体育旅游市场开发的策略

1.科学构建体育旅游市场体系培育模式

体育旅游市场的构成要素包括体育旅游产品的生产者、产品销售者以及产品消费者，它们之间形成了密切的经济关系。采取一定的措施，有助于构建科学的体育旅游市场体系。选择和明确定义目标市场，意味着要明确体育旅游产品的受众，了解他们的需求和偏好，以便有针对性地推出适合市场的产品和服务。不同地区和人群可能对体育旅游有不同的需求，因此需要根据市场的特点制定策略。一旦明确了目标市场，就可以制订市场培育计划，了解市场规模、竞争情况、市场份额、增长潜力等关键信息。还需要考虑市场推广、定价策略、销售渠道等方面的策略，以便有效地吸引和留住客户。体育旅游市场的健康发展需要各个市场参与者间的合作，体育旅游经营者、旅游者、管理者等相关人员应该紧密合作，共同推动市场的发展，合作可以包括信息共享、资源整合、联合推广等方面的活动。体育旅游市场的发展不仅仅是经济效益的追求，还包括社会效益和环境效益的实现。市场体系应该被构建成能够在这三个方面实现统一的模式，确保体育旅游的可持续发展，同时要保护和提升环境质量，提高社会福祉。

2. 确定与建设目标市场

确定和建设目标市场是培育体育旅游市场的关键步骤，在此过程中，需要考虑多个因素，包括体育旅游者的需求、性别、年龄和偏好等，以确保市场开发更加有针对性和成功。了解体育旅游者的需求是确定目标市场的基础，不同的人可能会寻求不同类型的体育旅游体验。有些人可能更喜欢冒险和刺激的活动，而其他人可能更注重休闲和娱乐性。因此，在选择要开发的体育旅游项目时，必须充分考虑到有关需求，以满足潜在市场的期望。男性和女性对体育运动的喜好通常有所不同，男性通常更倾向于竞技性和刺激性强的体育项目，而女性更注重审美性、律动性和娱乐性。因此，在目标市场的确定过程中，应该考虑到性别因素，针对男女受众开发不同类型的体育旅游项目。青少年、中年和老年人群对体育旅游的兴趣也存在差异，青少年通常更喜欢具有挑战性和竞技性的体育运动，而中老年人可能更注重休闲性、保健性和娱乐性。因此，在开发体育旅游项目时，应该根据不同年龄段的需求，提供相应的选择。不同地区的文化和地理特点也会影响体育旅游的需求和市场，一些地区可能更适合特定类型的体育旅游项目，如山区适合登山和徒步旅行，海滨地区适合水上运动。因此，在目标市场的选择中，地域特点是一个重要考虑因素。为了更精确地满足各类体育旅游者的需求，可以将市场进一步细分。例如，可以将市场分为冒险型、休闲型、文化体验型等不同细分市场，然后为每个市场开发相应的产品和服务。

可以从以下几个方面确定体育旅游目标市场：

（1）从地域角度确定。在确定体育旅游的目标市场时，要先立足国内市场，满足国内旅游者的需求，然后逐步拓展到周边市场，包括韩国、日本和东南亚等地。一旦在周边市场取得成功，可以考虑进一步开发更广阔的国际市场，如北美市场和欧洲市场。逐步扩展的策略有助于体育旅游业者更好地利用本土资源，建立品牌声誉，逐步拓展市场份额，并最终实现全球市场的可持续增长。

（2）从人群角度确定。在确定体育旅游的目标市场时，需要重点考虑工薪阶层这一主要旅游群体的需求和兴趣。工薪阶层在体育旅游市场中占有相当大的份额，因此必须针对其特点和实际情况来制定体育旅游产品和服务。并且需要考虑不同收入阶层的体育旅游者，以确保市场策略的多样性和包容性，从而满足更广泛的旅游者需求。

（3）从年龄角度确定。在确定体育旅游的目标市场时，需特别关注青少年的需求，因为他们在体育旅游市场中具有潜在的消费潜力。同时要考虑中老年人的旅游需求，以确保市场策略的全面性和多样性，满足不同年龄层旅游者的兴趣和期望。

3. 培育体育旅游群体

体育旅游市场的培育和扩大体育旅游人口比例是推动该市场健康发展的关键因素之一，我国体育旅游市场的体育人口比例相对较低，与西方国家相比还存在差距。因此，需要采取一系列措施，以培育和吸引更多的体育旅游者。在培育体育旅游群体方面，首要任务是教育和引导人们树立体育旅游意识。通过宣传和教育活动，让更多人了解体育旅游的乐趣和益处，提高他们的体育旅游参与意愿。还需要关注不同年龄、性别、文化水平和消费能力的旅游群体的需求，开发适合不同群体的体育旅游产品和服务，以满足多样性需求。

另外，体育旅游市场还需要解决基础设施和便捷性的问题，要投资和发展交通、通信、网络和信息技术等基础设施，以提供更好的旅游体验和便利性。诸多因素直接影响着体育旅游者的实际选择和参与，因此，必须得到充分重视。

4. 培养体育旅游从业人员

体育旅游业的繁荣与发展在很大程度上取决于培养高素质的从业人员，专业人才不仅是体育旅游业的推动者，还是体育旅游服务质量的决定性因素，对整个行业的经济效益和声誉具有深远影响。高校应该充分发挥作用，加强体育旅游专业的教育和培训，体育、旅游和经济等相关专业的课程中，嵌入体育旅游的知识和技能培训。高校可以设立专门的体育旅游专业，提供系统化的课程，培养具备综合素质和专业技能的人才。为了满足市场需求，从业人员需要不断提升自己的专业素养，掌握国际一流的管理、经营和服务技能，组织专业培训、研讨会和实践经验的分享。体育旅游资源的开发者和管理者也应成为培养的重要对象，他们需要了解体育旅游的特殊性质和市场趋势，具备环保和可持续发展的观念，以提高体育旅游资源的开发效率和质量。体育旅游服务的信息化也是培育体育旅游人才的一个关键领域，通过建立完善的体育旅游信息网络，为旅游者提供全面、及时的信息和服务，可以满足不断增长的市场需求，从而提高服务水平。

5. 成立有关机构规范体育旅游市场秩序

为了保障体育旅游市场的可持续发展和游客的安全，有必要加强相关法律法规的建设和完善。政府需要重视体育旅游中的安全问题，建立健全管理机构和监管体系，负责监督体育旅游项目的安全性和合规性，确保游客在参与体育旅游活动时权益得到充分的保障。并且应制定相关法律法规，明确体育旅游市场的运营规范和安全要求，为市场管理提供法律依据。加强与体育旅游业相关的咨询和协调工作，与业界合作制定行业标准和最佳实践，提高市场的规范化水平，为企业提供更多的指导和支持。设立专门的体育旅游管理部门，明确其职责和权力，推动市场管理的不断规范和提升。鼓励企业和从业人员参与相关培训和技能提升，通过提供培训资源和奖励机制，可以吸引更多的专业人才投身体育旅游行业，提高从业人员的素质和服务水平。

第三节 我国"体育＋旅游"产业的经营策划

一、体育旅游经营的产品策划

体育旅游作为一种特殊的旅游形式，在市场营销学的视角下，需要提供多样化的高质量体育旅游产品来满足不断增长的需求。体育旅游产品包括各种有形和无形形式的物品和劳务，这构成了体育旅游者整个旅游体验的核心。从产品的角度看，体育旅游市场需要全面认识体育旅游产品的整体概念，以满足多元化的需求。体育旅游产品包括实物和有形形式，以及服务和无形形式。例如，体育旅游产品可以是一次徒步登山活动、一场足球比赛的门票，也可以是提供旅游指导和安全保障的服务，甚至是旅游者在旅行中获得的愉悦和兴奋的情感体验，产品形式的多样性使得体育旅游市场更加丰富和有趣。体育旅游产品策划是开展体育旅游经营的核心环节，对市场营销和经营活动的成功有着重要影响。策划需要以体育旅游产品为基础，从旅游者的需求和体验出发，设计各种各样的产品，包括不同类型的体育活动、不同难度级别的旅游线路、不同目的地的旅行套餐等。体育旅游产品的多样性可以满足不同旅游者的兴趣和需求，从而提高市场吸引力。

与一般旅游产品相比，体育旅游产品具有明显的特点和区别。体育活动是体育旅游产品的核心，产品和服务都围绕体育活动展开，体育旅游产品的策划和运营必须充分考虑体育活动的性质和要求。体育旅游产品根据旅游者的参与方式分为两种类型：参与性体育旅游产品和非参与性体育旅游产品。参与性体育旅游产品强调旅游者积极参与体育活动，如登山、滑雪等，而非参与性体育旅游产品更注重观赏和欣赏，如观看比赛或表演。

体育旅游作为一种综合产品，具有许多组合形式，主要有以下几种：

（一）时间组合型

时间组合型的旅游产品是根据季节变化来设计的，旨在充分利用不同季节的特点，提供多样化的旅游体验。以吉林为例，夏季的登长白山、秋季的狩猎游、冬季的冰雪体育游是时间组合型的产品组合形式。夏季适合登山和户外活动，秋季适合狩猎和观赏秋景，冬季适合冰雪运动。

（二）空间组合型

空间组合型的旅游产品依靠地域空间的转移来拓展旅游内容，为旅游者提供多样性的体验。例如，篮球两地竞赛游就属于空间组合型的产品组合形式。空间组合型的旅游产品允许旅游者在不同的地理位置参与篮球比赛，探索不同的文化和风景，增加了旅游的趣味性和多样性。

（三）内容组合型

内容组合型的旅游产品基于体育活动的主题，选择活动的组成部分来构建产品。通常，内容组合型的体育旅游产品可分为专业型组合产品和综合型组合产品两种。例如，少林武术精髓游和少数民族体育文化游都属于内容组合型的产品组合形式。这些产品以特定的体育活动为主题，结合相关元素和体验，为旅游者提供丰富的文化和体育体验。内容组合型产品能够满足不同旅游者的兴趣和需求，扩大了体育旅游市场的多样性。这样一来，体育旅游业可以吸引更广泛的受众，提供具有独特主题的旅游体验。

体育旅游产品的不同组合形式为整个体育旅游结构增添了多样性，使其更加丰富与完善，满足了不同旅游者的需求，还增强了体育旅游的吸引力。在策划体育旅游产品时，应特别重视产品的针对性，以满足特定受众的需求，确保产品的完整性，使旅游者能够获得全面的体验，同时确保价格具有吸引力，以提供更多的选择，最终要确保产品的多样性，以满足各种不同兴趣和偏好的旅游者。多种因素的综合考虑将有助于提高体育旅游产品的质量，从而促进整个体育旅游市场的发展。

　　发展体育旅游业的关键在于不断开发新的体育旅游产品，而体育旅游经营单位的生存能力主要取决于其创新和开发旅游新产品的能力。体育旅游新产品的开发涉及对现有体育旅游产品的改革和创新，旨在提供更优质的产品，以满足市场需求。改革和创新是体育旅游业发展的动力，改革意味着对现有产品进行改进，以提高其质量和吸引力。创新意味着开发全新的旅游产品，具有独特性和新颖性，能够吸引更多的旅游者。两者都需要满足旅游市场不断增长的需求，满足人们追求"新奇""刺激"的心理。特色化的体育旅游项目具有更大的吸引力，例如，沙漠徒步、江河漂流、高山探险和武术等独特的体育旅游资源以及具有鲜明民族特色的项目，都可以吸引不同类型的旅游者。

二、体育旅游经营的促销策划

　　体育旅游经营的促销策划是确保体育旅游产品在市场中获得成功的一大环节。其中，促销组合是最主要的形式之一，涉及企业在促销过程中，根据需要选择和综合多种促销方式，以提高产品的知名度和销售量。促销组合包括广告、销售促进、宣传和人员推销等多种方式，通过综合运用这些手段，企业可以更有效地推广体育旅游产品。广告可以通过各种媒体渠道传达产品信息，销售促进活动可以吸引消费者，宣传可以增强产品的形象和认知度，而人员推销可直接与潜在客户互动，提供详细信息并解答疑问。

　　我国体育旅游业的发展前景广阔，尚有大量未开发和未利用的体育旅游资源有待挖掘。因此，体育旅游经营单位应该积极推广国内的体育旅游资源、设施和服务，开展广泛的宣传活动，从而不断扩展国内体育旅游市场，同时要着眼于国际市场，将国内体育旅游吸引力推向国际，吸引外国体育旅游爱好者来我国参与体育旅游活动。一方面，吸引外国体育旅游爱好者来我国，可以促进我国的体育旅游业的国际化发展。我国拥有丰富多样的自然风光和文化遗产，可以吸引来自世界各地的游客。另一方面，组织我国的体育旅游爱好者到其他国家参与体育旅游活动，可以提供更多的体育旅游选择，并有效促进国际间的文化交流和合作。通过不断扩展国内外体育旅游市场，体育旅游经营单位可以提高其经济效益。

在进行体育旅游促销时，通常可以采用广告、宣传品、公共关系等多种方法。然而，要确保促销方法在目标市场中充分发挥作用，必须进行仔细的分析，包括对体育旅游产品的特征和体育旅游消费者的特征等因素的分析。

广告作为一种常用而有效的体育旅游促销方法，具有迅速传递体育旅游信息给大量消费者的能力。借助广告可以建立对体育旅游产品的认知，但在采用广告促销时，需要强调体育旅游产品的独特性，以吸引消费者的兴趣和注意。广告可以通过多种媒体渠道传播，包括出版物、电视、音像制品、杂志、报纸和互联网等。每种媒体都有其独特的特点和受众。因此，在选择广告媒体时，需要根据目标市场的特征和体育旅游产品的特性进行明智的选择。

散发体育旅游宣传品是一种高效的促销方法，包括宣传册、纪念品等工具，用于向目标市场传递有关体育旅游产品和服务的信息，将宣传品分发给潜在客户，吸引他们的兴趣，从而鼓励他们考虑购买体育旅游产品和服务。这一方法的优势在于它能够直接传递信息，使潜在客户更容易理解和记住体育旅游产品的特点。除此之外，纪念品或小礼物常常具有吸引力，有助于建立积极的品牌形象和客户关系。通过有针对性地将宣传品分发给特定的潜在客户群体，体育旅游企业可以提高市场知名度，并扩大宣传范围，产生口碑效应。

体育旅游经营单位在宣传自身的产品和服务时，必须积极建立良好的公共关系，公共关系是一种通过沟通与互动来维护和促进组织与社会公众之间良好关系的策略。有效的公共关系能够树立体育旅游企业的良好声誉，还可以影响广泛的人群，鼓励更多人购买体育旅游产品和服务。在建立公共关系时，体育旅游企业需要采取多种沟通手段，以确保与潜在客户、客户群体以及其他利益相关者之间的有效互动，应与新闻媒体建立关系，通过宣传报道来吸引公众的注意。针对体育旅游目标消费者的咨询服务也是建立良好公共关系的一部分，通过提供咨询和建议，帮助客户做出明智的旅游决策。体育旅游经营单位与相关部门的合作，可以争取到政策法规的支持和维护，为企业的发展提供有力支持，进一步创造有利的法律和政策环境，促进体育旅游业的健康发展。

三、体育旅游经营的时空策划

（一）时间策划

体育旅游经营单位在开展经营活动时，应注重时间策划，根据不同季节的特点，有计划地安排和推广各种体育旅游产品，以满足消费者的需求，并且提高体育旅游经营效益。季节性差异对体育旅游经营造成了一定影响，夏季适合开发登山和水上运动项目，因为气温适中，风景秀丽，为有关活动提供了理想的条件。而冬季则是冰雪运动项目的黄金季节，如滑雪和冰壶。因此，经营单位需要根据季节性的不同，灵活地安排和宣传适合的体育旅游产品。时间策划还可以帮助经营单位更好地管理资源，通过在不同季节推出不同的产品，可以充分利用自然环境的变化，降低运营成本，提高经营效益。例如，在夏季可以利用湖泊和河流等水域资源开发水上运动项目，而在冬季可以利用山地和雪场资源开发冰雪项目。

举办国际或国内重大比赛期间，是拓展体育旅游业务的绝佳机会。这时体育旅游经营单位可以充分利用赛事的吸引力，宣传自身的体育旅游产品与服务，从而获得更多的客户和经济利益。国外旅游公司在利用重大体育赛事扩大体育旅游市场方面已经积累了丰富的经验，对于我国体育旅游业的发展也有着积极的借鉴意义。例如，南斯拉夫在 1984 年冬季奥运会期间，成功将体育旅游和运动比赛相结合，成为全球冬季体育旅游的中心，实现了经济上的大发展。类似地，韩国旅行社在 2002 年的日韩世界杯中，抓住了中国足球队首次进入世界杯的机会，通过增加航班、旅馆等措施，满足了中国球迷的观赛需求，获得了巨大的经济利润。因此，对于我国体育旅游经营单位而言，重大体育赛事是一个不可忽视的推广和宣传平台。

（二）空间策划

合理的空间选择能够增强体育旅游的吸引力和竞争力，在进行空间策划时应需要考虑有关因素。应根据不同地理位置和气候条件选择合适的体育旅游项目，例如，在北方地区可以安排滑雪等冬季旅游项目，因为国际体育旅游者通常不怕寒冷。然而，在南方地区可以选择海滨浴场等夏季旅游项目，以迎合不同季节的需求。并充分考虑国际体育旅游者的喜好和习惯，不同国家和地区的旅游者有不同的体育偏好，因此需要根据目标市场的特点确定体育旅游项目和空间。例如，欧洲、日本、美国等地的体育旅游者通常偏爱户外活动，因此可以为他们提供丰富的室外体育旅游项目。更需要考虑空间的自然景观和文化特色，体育旅游的吸引力不仅来自体育活动本身，还来自所在地的美丽景观和丰富文化。因此，在空间策划中要充分利用自然资源和文化遗产，为体育旅游者提供更丰富的旅游体验。

在进行空间策划时，必须确保所选的体育旅游项目开发地拥有良好的自然和生态环境，没有受到污染和破坏。体育旅游的魅力之一在于与自然环境的互动，选择开发地时，必须确保自然环境的完整性和美丽景观的存在。例如，山区、森林、湖泊和海滨等自然景观都可以成为体育旅游项目的理想场所，能提供独特的体验和视觉享受。生态环境的良好状态是体育旅游业可持续发展的前提，如果开发地的生态环境受到破坏或污染，将对体育旅游项目的可持续性产生负面影响。因此，必须采取措施来保护和维护开发地的生态平衡，确保体育旅游活动对环境的影响最小化。选址时要避免工业区和城市中心等嘈杂和污染严重的地区，体育旅游者在旅游过程中通常追求宁静和与自然互动的体验，不希望受到环境污染和噪声的干扰。因此，选择清洁、宁静的环境有助于提高体育旅游者的满意度和享受度。

第四节 "体育＋旅游"产业的风险管理

一、体育旅游风险的基本类型

（一）自然风险

体育旅游者在旅游的过程之中，往往会由于自然环境恶劣而受到伤害或者发生不愉快的事件，主要包括下面几种：

1. 地形

我国地理面积的广袤和多样性为体育旅游提供了丰富的选择，但在选择体育旅游目的地时，必须特别关注地形因素。我国拥有山脉、平原、湖泊、河流、草原、沙漠等各种地形，地形多样性为体育旅游提供了多种体验机会，可以支持各种不同类型的体育旅游活动，如登山、徒步、滑雪、漂流等。体育旅游者可以根据自己的兴趣和技能选择合适的地形进行活动，获得独特的体验。地形也带来了一定的风险和挑战，一些地形复杂或危险的区域，如高山、河流急流、深林等，可能对体育旅游者的安全构成威胁。因此，在开展这些活动之前，必须进行充分的准备和风险评估，确保参与者的安全。地形也影响了体育旅游的可持续性，保护和维护不同地形环境的生态平衡，以确保未来的体育旅游活动可以继续进行。对于特别脆弱的生态系统，需要采取额外的保护措施，以减少对环境的负面影响。

2. 天气、气候

天气和气候状况直接关系到体育旅游者的安全，恶劣天气条件可能导致自然灾害的发生，如泥石流、洪水等灾害，对体育旅游者的生命和安全构成严重威胁。因此，在进行体育旅游活动前，必须充分了解目的地的天气和气候情况，并采取必要的预防和安全措施。天气和气候也影响了旅游体验的质量，良好的天气通常会提供更愉快的旅游体验，如在晴朗的天气下登山、滑雪或进行其他户外活动。相反，恶劣的天气条件可能会限制活动的进行，降低体育旅游的乐趣。

3. 动植物

动植物因素在体育旅游中具有安全性和健康风险，可能对旅游者造成直接的威胁，因此必须谨慎对待。野生动物如蛇、狗熊等可能存在于体育旅游的自然环境中，接近此类动物可能导致动物攻击，对体育旅游者的生命安全构成威胁。在野外活动中，了解目的地的野生动植物种类和行为习性，采取预防措施如避免靠近野生动物，可以减少潜在的风险。有毒的植物如夹竹桃、腊梅等可能存在于自然环境中，误食此类植物可能对旅游者的健康造成危险。因此，旅游者在野外活动中应该具备基本的植物识别能力，避免食用未知的有毒植物，以减少中毒的风险。

4. 碎石

碎石山体的风化过程可能导致山体变得脆弱，增加了碎石滚落的风险。此种情况下，碎石有可能砸到身处山区的体育旅游者，造成伤亡事件。因此，对于前往这类地区进行体育旅游的人来说，必须格外警惕，采取适当的安全措施，如佩戴头盔、穿着防护服等，以减少受碎石滚落带来的伤害。

（二）人为风险

在参与体育旅游的过程之中，由旅游者自身的原因而造成的伤害或者损失事件即所谓的人为风险，而造成人为风险的主要来源如下。

1. 体育旅游者

体育旅游的安全性相对较低，因此体育旅游者在准备和实施体育旅游活动时应高度重视安全问题。首要的是培养安全意识，认识到潜在的危险，并采取措施来减少风险。体育旅游者需要具备一定的技能，以有效地应对潜在的风险情况，如急救技能、导航技能等。团队协作同样不容忽视，旅游者应与其他团队成员密切合作，并听从领队的指挥，以确保整个团队的安全，不遵守领队的指示和个人行为不慎可能会使旅游者置身于危险之中。

2. 体育旅游领队

领队除了具备出色的体能和适应能力，还需要掌握各种应对风险的技能，以确保整个团队的健康与安全。领队应该具备出色的体能素质，因为在体育旅游中可能会遇到各种挑战，需要领队能够胜任各种体育活动并带领团队应对突发情况。领队应具备良好的沟通和组织能力，能够有效协调团队成员的行动，确保旅游活动的顺利进行。领队还需要具备紧急救援和急救技能，以便在发生意外情况时迅速采取行动，保护团队成员的安全。

（三）社会风险

社会风险是体育旅游中不容忽视的因素，尽管发生概率相对较小，但一旦出现，可能会对旅游者的人身安全和财产造成重大威胁，主要包括民族冲突、宗教矛盾和恐怖袭击等社会因素引发的风险。民族冲突和宗教矛盾可能导致社会动荡与不稳定，给体育旅游者带来不必要的风险。在前往具有潜在冲突地区的体育旅游活动中，旅游者需要提前了解目的地的政治和社会情况，避免前往可能存在潜在风险的地区。

二、体育旅游风险管理的基本技术

（一）风险控制

预防体育旅游风险或者减少体育风险带来的损失即风险控制，体育旅游在开始旅游之前，应先做好有关的准备工作，从而预防体育风险事件，并且在有关风险出现之后，应尽可能减少风险造成的一系列损失。从整体角度上看，风险预防、损失控制是风险控制的两大部分。

1. 风险预防

风险预防强调在体育旅游活动前采取一系列措施，以降低潜在风险的发生概率和减少可能的危害。体育旅游者应该认识到参与体育旅游活动可能面临的风险，并理解自身的身体状况和能力，建立高度的安全意识。在选择体育旅游项目时，应根据自身素质和经验做出明智的决策。参与某种体育旅游活动前，旅游者应接受相关的培训，学习登山技巧、急救培训、水上安全等必要的技能和知识，培训可以提高旅游者在风险情况下的自我保护能力。在前往新的体育旅游目的地之前，应详细了解该地的地理、气候、地形和当地文化，从而更好地应对不同的环境和情况。在团队体育旅游中，领队的作用至关重要。领队应具备丰富的经验和应对风险的能力，能够组织和引导团队成员，确保安全。同时，团队成员也应积极合作，听从领队的指导，保持团队协作，以共同克服潜在的风险。

2. 损失控制

损失控制强调在风险事件发生后采取措施以最大限度地减少潜在损失，当风险事件发生时，领队和团队成员应立即做出反应，采取停止活动、提供急救、撤离危险区域等措施以减轻风险造成的损失。在面对风险时，领队应保持冷静，指导团队成员采取合适的行动。团队成员应积极合作，遵循领队的指导，共同协作以克服困难。如果情况需要，应立即通知当地的救援部门或相关机构，以获取必要的援助和支持，及时的通知可以减轻潜在的危险和损失。风险事件发生后，领队和团队成员应对事件进行详细的总结，分析导致事件发生的原因，并提出改进建议，从而避免类似事件再次发生，提高团队在未来面对风险时的应对能力。

（二）风险规避

风险规避是一种简单而有效的风险管理方法，旨在通过放弃潜在危险的方式来确保旅游者的安全。然而，它在体育旅游中可能会限制旅游者的经历和机会。风险规避是一种被动的风险管理方法，旅游者或团队决定放弃原计划的体育旅游活动，以回避可能的风险，虽然能够降低风险发生的概率，但也可能削弱旅游的乐趣和体验。风险规避适用于风险较大或后果严重的情况，当旅游者面临天气恶劣、地形复杂或其他危险因素时，放弃原计划可能是明智的选择。例如，在恶劣的天气条件下登山可能导致严重的危险，因此放弃登山计划是一种风险规避的做法。然而，需要谨慎考虑风险规避的代价，放弃体育旅游活动可能会导致旅游者失去锻炼、探险和亲近大自然的机会。因此，在决定风险规避时，旅游者应权衡潜在的风险以及回避风险造成的代价。

（三）风险自留

体育旅游者应自主承担所发生的风险，即风险自留，通常来说，可以将风险自留分成两种类型，即主动风险自留与被动风险自留。

1. 主动风险自留

主动风险自留是一种全面考虑各种风险处理方式的风险管理方法，旅游者通过权衡风险与回报，自主决定承担部分或全部风险，并为可能的损失做好准备。主动风险自留方式强调了旅游者的自主性和风险意识，有助于在体育旅游活动中做出明智的决策。

2. 被动风险自留

被动风险自留是一种不得已而为之的风险管理方式，指在面对风险事件时，由于对风险的评估不准确或无法应对，旅游者不得不承担风险所带来的损失。被动风险自留方式通常会对体育旅游者造成不良影响，因为他们难以承受风险事件可能带来的意外损失。因此，旅游者应尽可能避免采取被动风险自留方式，而应在旅游前做好充分的准备工作，包括风险评估、学习应急处理技能等，以提高在风险事件发生时的应对能力，减少被动风险自留带来的不利后果。

在风险较低且损失有限的体育旅游活动中，采取风险自留的管理方式是适宜的选择。然而，在风险较高且可能导致严重损失的体育旅游活动中，不应采取这种方式。因此，体育旅游者应根据具体的旅游活动来灵活选择适当的风险管理方式，以确保他们的安全和财产免受威胁。

（四）风险转移

将风险转嫁给他人，避免或者减少为自己带来损失的风险管理行为即风险转移。一般情况下，体育旅游的风险转移主要涉及下面两种方式：

1. 转移风险源

体育旅游者可以采取转移风险源的策略，将大部分风险责任和管理交给具有丰富经验、先进技术装备以及强大风险抵御能力的俱乐部或户外旅行社。

2.转移全部或部分风险损失结果

体育旅游者可以通过购买相关保险来转移部分或全部风险损失的责任，将潜在的损失"转嫁"给保险公司，以便在发生意外情况时获得经济上的补偿和支持。购买合适的保险可以为体育旅游者提供安全感，因为他们知道即使发生不测事件，也能够有一个可靠的金融保障措施。

体育旅游中，风险时刻存在，而完全避免风险几乎是不可能的。体育旅游者采取各种措施管理风险，但在风险发生后，最佳的保障方式就是保险。保险可以提供经济上的支持和赔偿，以帮助受害者应对突发状况，减轻他们的负担。尤其是在风险发生概率较低但可能导致严重损失的情况下，风险转移是一种合理的方式。

三、构建体育旅游风险管理机制

（一）加大风险管理技术投入

加大技术投入能确保体育旅游风险管理的有效性和高效性，需要旅游企业提供必要的技术支持和资源。应提供培训和教育，培养更多的专业技术人员，使他们具备处理体育旅游风险的能力，包括培训救援队伍、医疗人员和其他与风险管理相关的专业人员，以确保他们能够在紧急情况下做出正确的决策和行动。旅游企业可以投资于相关的技术设备和装备，如通信设备、紧急救援设备等，以提高应对风险事件的能力。有关技术工具可以用于监测天气状况、追踪旅游者的位置、进行紧急救援等，有助于及时发现和处理风险。还可以合作开发风险管理的信息系统，用于记录和分析历史风险事件的数据，从而更好地了解潜在风险，采取相应的预防措施。

（二）完善体育旅游风险预警及应急处理方式

建立有效的体育旅游风险预警和应急处理机制能够确保旅游者的安全，所以应建立一个协同工作的体系。对体育旅游风险的预警系统应该基于科学的数据和监测，包括天气、地质、水文等方面的信息。企业可以共同投资于监测设备和技术，以提供准确的风险预警，包括实时气象监测、地质勘探和水文测量等,以便及时预测可能的风险。应急处理方法需要在风险事件发生后能够迅速启动,包括建立紧急救援队伍和应急通信系统,以便在紧急情况下迅速响应。政府和企业可以共同培训救援人员,确保他们具备处理紧急情况的技能和知识。完善的风险预警和应急处理机制还需要建立清晰的责任分工和协作流程,企业应该明确自身的职责,以便在风险事件发生时能够迅速协同工作,保护旅游者的安全。

(三)建立体育旅游风险保险制度

建立健全的体育旅游风险保险制度能够提供旅游者的保障,促进体育旅游业的健康发展,所以应明确制定适用于体育旅游的保险政策。具体操作时,应考虑到体育旅游活动的性质和特点,包括各种体育项目的风险程度、地理环境的不同以及不同季节的天气条件等。制定适用于体育旅游的特殊保险政策,以满足旅游者的需求。旅游企业可以提供相关的信息和推广活动,以便旅游者了解保险的重要性,并鼓励他们主动购买适当的保险。此外,可以考虑将保险费用包括在体育旅游活动的总费用中,以便更多的旅游者能够受益于保险保障。一旦发生风险事件,旅游者应该能够方便地提出保险索赔,并迅速获得合理的赔偿。政府和保险公司可以合作,确保理赔程序的透明和高效,以便旅游者能够在需要时获得帮助。

第五章 "体育 + 旅游"产业融合中的目的地创新建设

第一节 "体育 + 旅游"城市的创新打造

一、体育旅游城市的基础概念

体育旅游城市的概念虽然尚未有确定的定义和评定标准，但它在当今旅游业和体育界的交汇点上崭露头角。体育旅游城市可以被理解为一种以体育旅游为核心特色的城市，它融合了体育、娱乐、探险和观光元素，为游客提供多样化的体验。体育旅游城市具有多元化的功能，不仅是一个体育运动的场所，还包括娱乐设施、探险活动和观光景点。游客可以在一个城市中享受多种不同的体验，无论是参与体育比赛、欣赏娱乐节目、探险户外景点，还是游览历史文化遗迹，都可以在体育旅游城市找到。体育旅游城市提供了卓越的体育旅游产品，包括高质量的体育场馆、设施和赛事，为体育运动爱好者提供了丰富的选择。无论是足球、篮球、高尔夫球、滑雪，还是登山，体育旅游城市都应该拥有相应的设施和赛事，以满足不同游客的需求。体育旅游城市具有独特的旅游资源，包括美丽的自然景观，如山脉、湖泊、海滨等，以及历史悠久的文化景点，如古城墙、博物馆、文化遗产等，为体育运动提供了场地，还为游客提供了额外的旅游体验。[①]

---

① 曾博伟，张晓宇．体育旅游发展新论 [M]．北京：中国旅游出版社，2018．

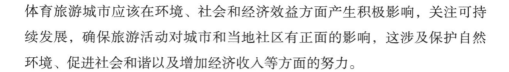

体育旅游城市应该在环境、社会和经济效益方面产生积极影响，关注可持续发展，确保旅游活动对城市和当地社区有正面的影响，这涉及保护自然环境、促进社会和谐以及增加经济收入等方面的努力。

二、"体育＋旅游"城市的打造思路

（一）开展体育赛事活动

"体育＋旅游"城市的打造是当今城市旅游发展的重要趋势之一，将体育和旅游结合起来，通过体育赛事、户外活动和旅游体验来吸引游客，从而推动城市的经济繁荣和旅游业的增长。打造"体育＋旅游"城市需要具备吸引体育赛事的条件，拥有适宜举办体育赛事的地形地貌和气候条件。城市可以利用自然资源，如山脉、湖泊、海滨等，打造天然的户外运动场所。同时，城市应该积极争取举办各类体育赛事的机会，吸引国内外的体育赛事落地，提升城市的知名度和影响力。同时，建设现代化的体育场馆、训练中心和运动场地，不断完善体育赛事基础设施，以满足各类体育赛事的需求。城市还应该提供便利的交通设施和住宿条件，以方便运动员和游客的参与。通过不断提升基础设施水平，城市可以更好地承办各类体育赛事，提升体育旅游的吸引力。通过推动体旅融合发展，将竞技、休闲和旅游有机结合起来。通过举办体育赛事、户外活动和旅游体验，提供多样化的体育旅游产品，满足不同游客的需求。此种体旅融合发展可以吸引更多的游客前来体验，促进旅游业的增长。

（二）持续加强体育硬件设施的建设

打造"体育＋旅游"城市是一项综合性工程，需要城市在多个领域持续努力。城市需要加大体育硬件设施建设的力度，提供现代化的体育场馆和训练设施，以满足各类体育赛事的需求。与此同时，城市可以与体育产业合作，引入更多体育品牌项目，吸引更多参与者和爱好者。结合更多旅游元素，如文化创意、美食、休闲娱乐等，以丰富体育旅游产品和体验，在举办体育赛事的同时，举办文化艺术展览、美食节、音乐会等相关活动，为游客提供更多的选择和享受。通过综合性的旅游产品和体验，城市可以吸引更广泛的游客群体。最重要的是，城市要打造自己的独特品牌和特色。每个城市都有自己独特的文化、历史和自然资源，可利用这些优势吸引游客。城市可以打造特色的体育赛事，如马拉松、自行车赛等，同时结合城市的特色景点和文化传统，为游客提供丰富的体育旅游体验。

（三）秉承"生态＋办赛"发展理念，诠释体育旅游发展内涵

打造"体育＋旅游"城市的核心理念之一是秉承"生态＋办赛"的发展理念，以此诠释体育旅游的深层内涵。城市在发展体育旅游赛事时，应充分考虑生态保护与赛事办理的结合，将城市的自然环境与体育活动融为一体，实现"绿水青山就是金山银山"的理念。城市应坚持生态保护的原则，将体育赛事与自然生态相结合。在自然景区或城市绿地举办赛事，既可以提供优美的赛事场地，还能宣传生态环保理念。城市可以借此机会强调生态保护的重要性，鼓励市民和参赛者采取环保措施，如节能减排、低碳出行、绿色出行，以及健康生活方式。城市还应借助体育旅游赛事积极宣传城市的生态发展理念，吸引国内外的参赛者和游客，展示其绿色、健康、可持续的发展模式，强调生态环境与城市发展的和谐共生，从而提升城市形象，推动市民更多地参与到生态保护和可持续发展中。

第二节 "体育＋旅游"小镇的创新构建

一、体育旅游小镇在我国的发展

体育旅游特色小镇在中国的发展正处于一个高速增长的黄金时期，随着我国人民生活水平的提高、健康意识的增强，以及政府对体育产业和特色旅游的支持，体育旅游特色小镇成为了备受关注和发展迅猛的领域。随着人们生活水平的提高和健康意识的增强，体育旅游作为一种新兴的旅游方式受到了广泛欢迎。体育旅游特色小镇的兴起是在这个背景下产生的，

将体育活动与旅游体验相结合，为游客提供了丰富多彩的休闲和娱乐选择。在国际上，体育旅游特色小镇已经发展成为一个独立的产业，为当地经济做出了重要贡献。

二、体育旅游小镇的基本特征

体育旅游小镇主要是以体育健康为主题，集产业功能、健身休闲功能、运动体验功能等于一体，产业定位明确、体育内容丰富，且文化内涵鲜明，是一种新型空间载体。

（一）产业方面

体育旅游特色小镇的关键在于培育体育产业及相关产业，包括广泛的领域和内容，主要的吸引力来自特色的运动休闲活动，其发展目标是通过丰富多样的体育活动，吸引游客和体育爱好者，从而促进当地体育、旅游、文化等相关产业的繁荣。体育旅游特色小镇需要不断提升体育设施和基础设施，而与旅游相关的产业也应与体育活动融合，以提供高品质的体育旅游产品和体验。因此，产业方面的发展是体育旅游特色小镇成功的关键之一。

（二）功能方面

体育旅游特色小镇通常具备多重功能，包括产业、文化、旅游、社区等综合化特征。体育旅游小镇是多元化的载体，吸引了来自国内外的游客前来体验各种体育旅游运动项目。以新西兰的皇后镇为例，这一充满代表性的体育旅游特色小镇在不同季节推出各种体育项目，促进了小镇的多产业发展，并且运动项目也成为宣传当地文化的媒介，展现了体育旅游特色小镇多功能的一面。

（三）规模体量方面

体育旅游特色小镇的规模体量通常受到产业规模和地域条件的影响，国外的体育小镇通常选择相对较小的地区，总面积不超过 10 平方千米，人口规模大约在 3 万~8 万，有助于保持小镇的紧凑性和高度集中性，便于管理和运营。在国内，以浙江为代表的体育旅游特色小镇规划面积通常在

3 平方千米左右，实际建设面积一般会控制在 1 平方千米左右。相对于国外，国内的体育旅游特色小镇在规模体量上存在一定的差异，这与中国的地理和人口分布有关。尽管规模较小，但它们通过精心的规划和管理，仍然能够在有限的空间内提供多样化的体育和旅游体验，吸引游客前来参与。

（四）形态方面

体育旅游特色小镇的形态具有一定的灵活性，它可以是传统的行政区划上的小镇，也可以是人为构建的非行政区划、非园区的空间，能够为体育旅游提供合适的场地和设施，吸引游客前来参与体育运动和体验。多样化的形态使得体育旅游特色小镇能够根据不同的地理条件和市场需求进行灵活设计和规划。特色小镇中，体育运动常常被用作主要的吸引点，如航空运动、水上运动、冰雪运动等，通过提供专业设施和培训，吸引众多体育爱好者和游客前来参观及体验，这促进了体育旅游的发展，还丰富了小镇的文化氛围，为当地经济注入了活力。

（五）运动项目方面

体育旅游特色小镇通常以特定的体育运动项目为核心吸引点，往往具有独特的特色和魅力，成为吸引游客的亮点。例如，安纳西以滑翔运动为特色，吸引了众多滑翔爱好者前来体验。随着体育旅游特色小镇的精细化发展，此类运动项目逐渐得到进一步的发展和衍生，形成了更多的体育活动和项目，丰富了游客的体验选择。体育运动项目的多样化发展有助于吸引不同类型的游客，满足了不同人群的需求。例如，皇后镇以蹦极运动为特色，吸引了寻求刺激和冒险的游客，而随后的空中荡秋千、高空滑索、高空跳伞等运动项目则进一步拓展了游客的选择范围，使体育旅游特色小镇成为综合性的体育休闲目的地。

三、体育旅游小镇的主要类型

（一）体育休闲度类

体育休闲度假类旅游小镇是体育旅游特色小镇中的一个重要类型，以优美的生态环境和地理条件为基础，致力于培育和发展多样化的体育休闲运动项目，为广大游客提供丰富的参与性和体验性活动。通常规划建设多种体育休闲运动，如滑雪、高尔夫、露营、溜冰、滑板、登山、骑马、网球、潜水、冲浪等，以满足不同年龄段人群的需求和兴趣。体育休闲度假类旅游小镇往往以一个或几个主要资源项目作为吸引点，然后在其基础上建设多个体育休闲项目，形成体育旅游、休闲娱乐、教育培训等特色体育项目的聚集区。在规划和建设过程中，考虑到不同受众的需求，小镇会针对性地建设基础设施、项目产品等，以满足游客的多样化需求。① 例如，对于家庭游客，可以提供适合亲子活动的项目，而对于年轻人，可以推出更具挑战性的运动项目。在选择小镇的位置时，也需要进行详细的市场调研，包括受众数量、消费频率以及交通便捷性等方面的分析，确保小镇能够吸引足够的游客，并为他们提供便利的旅游体验。

（二）体育探险类

体育探险类旅游小镇是一类以出色的自然生态环境和独特的地理条件为依托，开发并打造特色鲜明的体育探险旅游项目，旨在为游客提供身心锻炼和修养的机会，从而推动体育探险旅游产业的发展。体育探险类旅游小镇主要以海底探险、攀岩、滑翔、跳伞等极限运动项目为核心吸引因素，其独特之处在于依托于自然环境的丰富多样性，创造了丰富多彩的体育探险活动。海底探险可以让游客领略水下世界的神秘之处，攀岩挑战者可以在壮丽的山脉中尽情挑战自己的极限，滑翔运动让游客体验飞翔的乐趣，跳伞则让人们感受自由降落的刺激。体育探险类旅游小镇的目标是吸引喜欢挑战自己极限的冒险者和寻求独特旅游体验的游客，为游客提供了安全而令人兴奋的探险机会，鼓励人们勇敢尝试新的挑战，同时让游客深刻体验到大自然的壮丽之美。

（三）体育养生类

体育养生类旅游小镇代表了一种健康生活方式的兴起，它们利用良好

---

① 曾博伟，张晓宇．体育旅游发展新论 [M]．北京：中国旅游出版社，2018．

的自然环境和地理位置，结合体育运动和度假元素，旨在提供健康养生的体验，体育养生类旅游小镇的主要特点是借助太极拳、瑜伽等运动项目，以及温泉、负氧离子等自然资源，实现健康养生的目的。在中国，随着人口老龄化的加剧和生活压力的增加，人们对健康的关注日益增强。体育养生类旅游小镇应运而生，满足了人们对健康生活的追求。以温泉、负氧离子等独特的康养自然资源，或以太极拳、瑜伽、禅修等传统的康养人文资源为基础，打造以体育康体、体育养生、体育修心、体育旅游教育等为核心的特色体育项目旅游聚集区。虽然体育养生类旅游小镇的受众基数相对较小，主要面向较为高端的人群，但其消费频率和消费总额相对较高。体育养生类旅游小镇注重提供高品质的养生体验，包括身体康复、精神修养和度假休闲，因此吸引了追求健康生活方式的游客。

（四）体育产业类

体育产业类旅游小镇代表了一种产业发展与旅游融合的新模式，它们以体育产业为基础，通过纵向的延伸和横向的融合，形成了多元化的产业聚集区，通常位于大中城市的周边地区。在体育产业方面，体育产业类旅游小镇明确了自己的发展方向，构建了完整的体育产业链。从体育用品或设备的生产制造开始，延伸至研发、设计、会展、交易、物流等环节，打通了产业链的上下游关系。此外，它们还进行了体育产业的延伸发展，为产业的长远发展提供了坚实基础。在体育产业与旅游等其他产业融合方面，体育产业类旅游小镇选择了适当的对接点，以体育产业为核心，与文化、教育、养生等产业相融合。这样一来，它们拓宽了受众，吸引了更多的游客，为当地经济带来了增长。多产业的融合发展为小镇创造了更多的商机，提升了综合竞争力。

四、建设体育旅游小镇的方式

体育旅游特色小镇的建设常常以体育产业链的整合为核心，通过充分整合和利用各种资源，打破原有的开发时序，将后期引入前期，以提高项

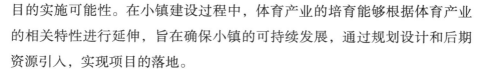

目的实施可能性。在小镇建设过程中，体育产业的培育能够根据体育产业的相关特性进行延伸，旨在确保小镇的可持续发展，通过规划设计和后期资源引入，实现项目的落地。

（一）增加体育旅游产品的供给

体育旅游的成功与否，很大程度上依赖于目的地的特色和产品供给能否满足市场需求。目前，中国的体育旅游领域存在深度研究不足和产品供给结构性短缺的问题，无法满足消费者对体育旅游的需求。为了解决这一问题，国内的体育旅游企业和体育旅游行业需要着重改进产品供给，提供更多创新的、富有趣味性的体育旅游产品，以满足消费者的需求。并且需要注重创新，促使体育和旅游领域更深度地融合，以增加体育旅游的刺激性、趣味性、观赏性、参与性和体验性。

（二）体育旅游特色小镇运营模式

政府在小镇的定位、规划、基础设施建设和审批等方面发挥着关键作用，确保小镇的整体发展方向与政策落实。同时，应引入民营企业参与体育旅游特色小镇的建设和经营，以提供必要的资金、创新力和运营经验。

（三）实现全要素一体化投入

建设体育旅游特色小镇需要全面整合各种运营管理和人才资源，包括大型节庆管理、景区管理、酒店管理、休闲商业管理、体育项目设备维护管理和旅行社管理等方面。只有将有关要素充分整合和重组，才能满足体育旅游小镇正式运营的要求。全要素一体化的投入有助于打造综合性的体育旅游环境，给游客和运动爱好者提供一个良好的旅游及运动场所。

五、体育旅游小镇的发展策略

（一）以单项体育活动或体育赛事为核心

以单项体育活动或体育赛事为核心，打造体育类特色小镇，专注于特定的体育活动或赛事，并通过产业集群和产业生态链的发展来提高体育旅游对当地经济的影响力。举例来说，英国的温布尔登网球小镇就是一个成功的案例。每年温布尔登举办国际网球公开赛都会吸引数十万观众前来观赛。除门票销售外，周边商业也蓬勃发展，仅仅半个多月的比赛时间就为小镇带来了数千万英镑的收入。充分表明了通过发展著名的单项体育赛事，可以在短时间内显著提升当地经济水平。因此，发展体育旅游小镇的策略之一是选择具有地方特色的单项体育活动或赛事，并围绕这些活动建立完整的产业链条。

（二）建设体育旅游项目融合新城区

体育旅游项目融合新城区建设是一种创新性的策略，将体育产业与城市建设相融合，从而打造特色体育小镇，不仅关注体育，还注重文化、旅游、养生等多重功能的综合发展，既符合当今社会的需求，还有助于构建生态、环保、养生、宜人的城市属性。在城市规划中融入体育旅游项目的思想，可以在新城区建设中建设多批体育项目和设施，以体育为核心，同时兼顾其他产业和功能。例如，北京的丰台足球小镇和浙江的银湖智慧体育产业基地就是成功的案例。除了提供体育活动的场地和设施，还融入了文化、旅游、养生等元素，使其成为一个多功能的生活社区。

（三）引入体育类企业建设运营

引入体育类企业参与特色小镇建设是一项有前景的举措，可以充分利用既有资源优势，通过企业的力量推动体育和旅游等产业的融合发展，从而集聚资源、组合项目，以创新驱动实现企业和体育小镇经济的可持续发展。

企业可以根据当地的资源和市场需求，规划体育类主题创新项目，将体育和旅游等产业有机结合，从而实现多产业的协同发展。此种合作模式更加合理和规范地运营体育旅游项目，提高了项目的质量和可持续性。例如，河南的崇皇体育小镇和浙江的德清莫干山"裸心"体育小镇都是成功的案例。它们引入了专业的企业来经营和运营项目，从而有效地提升了小镇的整体发展水平。

第三节 特色化"体育＋旅游"聚集区的创新建设

一、特色体育旅游聚集区应具有特色与差异

无论是由多个区县结合而成，还是由同一地方的不同特色区域相结合，都需要注重在聚集区内打造各个板块的独特魅力，以吸引游客前来参观和体验。各个板块间的地方差异性和特色越明显，越能够实现聚集区内的协同作用。在规划和设计特色体育旅游聚集区时，必须将地方差异性和特色视为关键考量因素，并深入了解各个板块的文化、历史、自然景观和其他独特资源，以便有效地凸显它们的吸引力。例如，可以将一个区域打造成山地体育和户外探险的胜地，而另一个区域强调文化和历史遗迹，再有一个区域侧重于水上体育和度假体验。多样性和差异性将使特色体育旅游聚集区更加丰富多彩，从而吸引不同兴趣和需求的游客。

二、创新内容形式

特色体育旅游聚集区必须在内容与形式上实施创新，以吸引更多游客并树立良好的口碑。引入新的体育运动项目或创造独特的比赛规则，开发特别的赛道或场地，推出新颖的体育游戏等，使游客能够尝试新的运动方式和挑战自己的体能。创新商业模式包括定制化的体育旅游套餐、会员制度、在线预订和购票系统等，以提高游客的便利性和体验。制定独特的运营策略，如举办主题活动、提供专业指导和培训、推出季节性促销活动等，以吸引不同类型的游客，提升游客满意度。开发具有吸引力的用餐和购物场所，提供符合健康与体育主题的美食和商品，使游客在运动后能够获得愉悦的消费体验。推出独特的旅游纪念品和纪念物品，如限量版体育器材、定制纪念品等，以满足游客的购物需求并保留他们的回忆。

三、完善聚集区内的配套设施

运动休闲区内场所配套设施应结合有关的规定合理规划、布局、运营，以提高游客的便利性和满意度，确保他们在体验体育旅游活动时有更好的体验。提供游客信息、导览、咨询和购票服务，使游客方便获取关于体育活动、景点、活动时间表等信息，同时解答游客的疑问和提供帮助。为自驾游客提供充足的停车位，确保他们能够方便地停放车辆，并进入聚集区内参加活动。提供清洁卫生的公共场所，以满足游客的生活需求，使他们能够在舒适的环境中享受体育旅游活动。在聚集区内设置清晰的指示标牌，引导游客到达不同的景点和设施，以减少迷路的可能性。提供足够的休息座椅，让游客在需要休息时可以舒适地坐下来，恢复体力。建设适宜的步道，供游客散步、慢跑或骑行，让他们在自然环境中放松身心。提供便捷的公共交通，使游客可以方便地前往特色体育旅游聚集区。商业相关的配套设施包括餐厅、商店、纪念品店等，以满足游客的购物和用餐需求，同时促进当地商业的发展。

四、注重加强安全保障

确保特色体育旅游聚集区的安全不仅关系到游客的生命和财产安全，也关系到聚集区的声誉和可持续发展。在选址过程中，必须仔细评估潜在的自然灾害风险，如地震、洪水、滑坡等。聚集区应位于无次生灾害威胁的地方，确保游客的安全。所有建筑物和设施必须符合技术和安全标准，包括建筑的结构安全、电气安全、消防安全等，以减少事故发生的风险。制定和实施安全运营规范是确保聚集区安全的重要措施，包括人员培训、紧急处理计划、设备维护和检查等方面的规定。聚集区需要有高素质的管理团队，具备处理紧急情况和应对突发事件的能力。他们应定期进行培训，以保持应对安全问题的敏感性。建立医疗救护体系，设立医疗急救站点和培训急救人员，在紧急情况下能提供及时的医疗援助。聚集区应购买适当

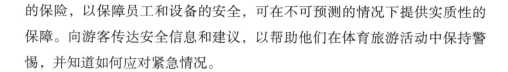

的保险，以保障员工和设备的安全，可在不可预测的情况下提供实质性的保障。向游客传达安全信息和建议，以帮助他们在体育旅游活动中保持警惕，并知道如何应对紧急情况。

五、区域统筹，协调发展

在特色体育旅游聚集区的发展过程中，必须在整体规划的指引下，充分利用各类资源，特别是土地资源，以核心吸引物和重大项目为中心，构建起一个以核心吸引物串联的"大区域、大项目、大产业"格局。从而有效实现主题互补、季节互补以及功能互补，吸引大规模资本和机构的投入，推动特色体育旅游聚集区的集约发展、高端发展、特色发展和创新发展。

第六章 基于"体育＋旅游"产业融合的资源整合与发展

第一节 "体育＋旅游"资源的可持续发展

一、体育旅游资源可持续发展的必要性

在旅游产业发展的过程中，一些开发者通常单纯注重经济效益，从而忽视了资源保护、环境污染等多种问题，对于体育旅游产业的健康发展造成了严重影响，有待妥善加以处理，这也是进行体育旅游资源可持续发展的关键原因。从整体角度上看，造成体育旅游资源破坏的原因是多个方面的。

（一）自然破坏力

体育旅游资源的安全性受到了多种破坏因素的影响，自然环境中的气候和天气条件可能会对这些资源造成损害。持续的强风、日晒、降雨、霜冻等自然现象会逐渐磨损体育设施和景区设备，降低其使用寿命，需要定期维护和维修。而极端气候如暴风雨、台风等可能导致其严重受损，甚至摧毁体育旅游资源。自然灾害如地震、洪水、泥石流等频繁发生，对体育旅游资源造成的破坏更是灾难性的，可能摧毁基础设施、道路、建筑物，甚至危及游客和从业人员的生命安全。因此，在灾害频发的地区，必须采取严格的安全措施和防范措施，以减轻潜在的危险。一些自然生物如鸟类、

白蚁等也可能对体育旅游资源构成威胁。鸟类可能在体育设施上筑巢，损坏建筑物和设备，而白蚁则可能侵蚀木材和木结构，导致设施的损坏和不稳定。

（二）人为性损害

1.建设性破坏

当前，体育旅游资源的开发往往面临一种矛盾，即建设性破坏，在许多旅游地建设中都普遍存在，从而导致资源的不协调和损坏。体育项目与旅游资源在整体开发上缺乏协调，在一些地方，体育旅游项目的建设与周围的景观和文化遗产不协调，破坏了原有的自然风景和历史文化，缺乏整体规划的现象，需要得到改善，以保护旅游资源的完整性。由于一些体育旅游资源位于偏远地区，需要进行人为的建设和开发。在此过程中，由于经济、技术和人力资源的限制，一些自然的体育旅游资源可能会受到破坏。有些地方在还未完全建设好的情况下就受到了严重的破坏，这不仅浪费了资源，也降低了旅游的吸引力。体育旅游资源的统一规划也存在不足，导致了资源的浪费和破坏。一些原本具有较高价值的体育旅游资源，在开发的过程中遭到严重破坏，导致其旅游价值大幅降低。因此，需要更加重视对体育旅游资源的统一规划和管理，以确保资源的可持续开发和保护。

2.游客破坏

一些当地居民可能因为经济需求或文化习惯经常进行滥伐乱砍、盗掘文物、偷猎稀有动物等，导致了资源的损失和破坏。部分游客可能在游览体育旅游景点时，对文物随意涂鸦、乱扔垃圾、破坏植被等，严重损害了景区的原貌和生态环境。一些体育旅游企业为了牟取暴利，过度开发和接待游客，导致游客密度过大，资源过度消耗和磨损，加速了景区的退化和破坏。游客破坏是对体育旅游资源破坏最直接的，其影响往往是毁灭性的。为了有效防止游客破坏，需要加强资源的管理和监督，规范当地居民的行为，加强对游客的宣传教育，强化体育旅游企业的管理责任等。同时，需要借助媒体等宣传工具，向公众传递环境保护的重要性和旅游资源的价值，引导游客树立正确的价值观，从根本上避免游客破坏行为的产生。

3.过度开发

体育旅游资源面临的过度开发现象在一些世界文化和自然遗产的旅游景区中尤为常见，过度开发表现为大量建设宾馆、商店、交通索道、人工景观等非遗产建筑物或设施，改变了景区的自然面貌，使其呈现出人工化、商品化和城市化的特征，严重破坏了原本的真实性和完整性。过度开发影响了体育旅游资源的自然环境，破坏了文化和历史的传承。当大规模的建筑物兴建在历史遗址或自然保护区内时，文化和自然的价值都受到了损害，丧失了原有的独特魅力。过度开发还可能导致景区的游客拥挤、环境恶化、交通拥堵等问题，影响游客的体验和资源的可持续利用。

二、体育旅游资源管理的主要方式

（一）强化区域旅游规划

在保护和管理体育旅游资源方面，做好区域旅游规划是一项至关重要的举措。在开发体育旅游资源前，必须进行充分的规划和分析，以确保资源的可持续利用和保护。需要评估体育旅游活动对自然旅游资源的潜在破坏程度以及其直接影响，对资源的生态和环境影响进行深入研究，以确定可能出现的问题和挑战。制定有效的管理和保护措施，以减少破坏程度或避免对资源造成伤害，包括限制游客数量、设立保护区域、监测和控制游客行为等措施，从而确保资源的可持续性。还需要确保体育旅游项目与整个景区的景观协调一致，这意味着项目的设计和安排应该与自然环境相融合，不破坏景区的原有美丽和特色。并且应进行详细的交通和基础设施规划，以确保游客的安全和便利，包括评估当地交通工具、宾馆、运输能力等，制订合理的开发计划和应对突发状况的方案。

（二）端正态度，加强保护

在保护体育旅游资源方面，需要端正态度并采取积极的保护措施。保护工作应以"防"为主，即预防破坏的发生，同时以"治"为辅，采取措施修复已经受损的资源。应采取综合性的手段，包括法律、行政、经济和技术等，从而提升体育旅游资源的管理和保护力度，建立相关法规和政策，明确资源的保护责任，同时提供经济激励和技术支持，以确保资源的可持续利用。在管理过程中，应积极采取技术措施，预防可能因自然原因而导致的危害，包括采取防灾减灾措施，如防止山体滑坡、洪水等自然灾害对资源的损害。并且需要加强监测和预警系统，及时发现潜在威胁，采取预防措施。对于受到限制难以采取预防措施的旅游资源，应定期进行检查和治理。这意味着需要建立定期巡查和监测机制，以及紧急应对计划，一旦发现问题，可以及时采取措施，降低破坏程度。

（三）增强人为破坏防范工作

为了有效防范人为破坏对体育旅游资源的不利影响，需要在多个层面采取措施。必须重视对旅游者的教育和意识培养，通过广泛宣传和教育活动，提高旅游者的旅游资源保护意识，包括向游客传达资源的重要性，以及在参与体育旅游活动时应该遵守的规则和行为准则。只有旅游者明白了保护资源的责任和价值，才能更好地避免对资源的破坏。另外，体育旅游的管理者和当地社区居民也起着重要作用。管理者应制定严格的规定和政策，确保旅游活动在资源保护的框架内进行。他们还应该提供培训和指导，以确保工作人员了解资源保护的重要性，并有能力执行相关规定。当地社区居民则可以发挥监督和报告的作用，帮助管理者识别潜在的问题和破坏行为。

第二节 山地户外"体育+旅游"资源的整合与发展

一、山地户外体育旅游的起源及其发展

（一）国外山地户外运动的起源及其发展

山地户外运动与户外体育旅游的发展有着深刻而有趣的历史背景，该领域的起源和演变彰显了人类对自然的探索欲望以及对挑战极限的热爱。

山地户外运动的发展可追溯到 18 世纪以前，当时高山地区被视为危险和神秘的地方。然而，随着工业革命的兴起，一些实业家和企业家开始将这些荒野地区作为旅游目的地，寻求一种新的刺激。这标志着经典旅游向观光旅游的转变，并为户外体育的发展奠定了基础。19 世纪中后期，户外运动开始真正兴起，包括滑冰、爬山和徒步旅行。世界上最早的户外运动俱乐部成立于 1857 年，主要涉及登山和徒步。尽管当时的户外运动俱乐部是民间组织，但它们为现代户外运动俱乐部的形成打下了基础。然而，直到第二次世界大战后，户外运动的技术和装备才得以发展。高山滑雪、登山和攀岩等运动逐渐受到青睐，该时期的户外运动者开始着手研发相关技术和装备。随着时间的推移，户外运动不再仅仅是一种冒险旅游方式，而逐渐演变为专业化的体育项目。在西方，户外运动的工业化和城市化推动了现代户外运动的大众化发展。人们渴望与自然亲近，挑战自身的极限，这种趋势也在不断扩大。

（二）我国山地户外运动的发展历程

1. 探索学习阶段

中国登山运动的开端可以追溯到 1956 年，当时中国成立了第一支国家级登山队——中华全国总工会登山队。这支队伍于 1957 年成功登上了四川西部海拔 7556 米的贡嘎山峰，标志着中国登山运动的崭露头角。此次登山活动是中国登山运动员首次独立组队进行的，为中国登山运动的发展奠定了基础。1958 年，中国登山运动协会正式成立，并制定了"中国登山运动结合高山科学考察为经济建设、国防建设服务"的方针。这一时期，中国登山运动的主要职能是为科学考察和政治服务，旨在提高中国体育在国际上的地位，同时传承和弘扬"勇攀高峰"的体育精神。1960 年，中国登山队首次成功从北坡登上了珠穆朗玛峰，标志着中国在登山领域进入了世界前列。1988 年，中国登山家李致新、王勇峰和金庆民（女性选手）与美国登山家合作，首次登上了南极的文森锋峰，这是中国登山家在海外登山探险中取得的重要成功。除了登山运动，这一时期还有一些其他户外运动的

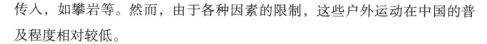

传入，如攀岩等。然而，由于各种因素的限制，这些户外运动在中国的普及程度相对较低。

2. 兴起阶段

中国民间户外运动的兴起阶段可以追溯到 20 世纪 90 年代，当时高校学生组成的登山队伍，标志着中国的户外运动在民间开始推行。90 年代前后，一些大学的学生积极响应党的"发展体育运动，增强人民体质"的号召，成立了登山队，为大学生提供了丰富多彩的户外体验和学习机会。该时期的学生登山队伍不仅丰富了学生的学习内容，还为中国培养了一批杰出的国际登山健将和卓越的户外运动管理者，为中国登山探险活动的兴起奠定了基础。50 年代末，北京一些高校率先成立了登山队，这可以看作中国民间户外运动的萌芽时期，这些高校的积极举措为户外运动在中国的发展提供了初步的支持和推动力。随后，户外运动逐渐在社会上得到发展，成为城市居民的一项时尚运动，户外运动作为一种体育活动和休闲方式受到越来越多的关注和参与。该时期的发展为中国的户外体育运动提供了更广阔的舞台，吸引了越来越多的人投身其中，促进了户外体育运动的多元化和社会化发展。

3. 快速发展阶段

中国民间户外运动在快速发展阶段取得了显著的进展，此阶段表现在国家对户外运动的大力支持以及政策保障方面。在快速发展阶段，中国政府对户外运动给予了越来越多的支持和关注。1999 年 6 月，政府发布了《中共中央国务院关于深化教育改革全面推动素质教育的决定》，其中明确提出了要树立"健康第一"的教育指导思想，强调了学校体育的重要性，并将学生健康置于优先位置。该政策指导下，学校体育逐渐注重培养学生的体育兴趣和锻炼，为户外运动的兴起提供了有力的推动。2005 年 4 月，中国正式将山地户外运动作为一项正式的体育项目，并将其划归为登山项目的一部分。国家体育总局登山运动管理中心成为了山地户外运动的业务工作管理组织，这一举措标志着中国户外运动正式进入规范发展的新阶段，进一步强调了户外运动在中国体育体系中的地位和重要性，为户外运动的规范管理和发展提供了法律和政策保障。

当前，随着中国人民生活水平的不断提高，特别是年轻人对具有惊险刺激、新颖奇特、个性张扬以及充满想象力的山地户外运动表现出越来越高的兴趣和关注。山地户外运动之所以备受欢迎，是因为它为人们提供了与自然亲近、挑战自我的机会，不仅能锻炼身体，还培养了团队协作、决策能力和适应能力。山地户外运动也满足了人们追求冒险和刺激的需求，使人们更加了解自己的潜力和极限。中国拥有丰富的自然资源，包括壮丽的山脉、广袤的森林、清澈的河流和迷人的风景，为山地户外运动提供了得天独厚的发展条件。随着政府对体育事业的支持不断增加，山地户外运动将有更多的机会进行推广和发展。

二、山地户外体育旅游的基本理论

（一）山地户外体育旅游的基本概念

1. 户外运动

户外运动可以被看作体育运动项目和旅游、教育、科学探险等领域的有机结合，是不同领域的交汇与融合，是一组新兴的活动项目。国家登山中心将户外运动定义为一组以自然环境为场地、具有探险性质或体验探险的体育运动项目群。综合性的定义表明户外运动不仅是一种体育活动，还包括了对自然环境的探索和体验。户外运动的特点在于它将人们带入了大自然的怀抱，让他们与自然亲密接触，挑战自身的极限，培养团队协作和领导能力，同时提供了丰富多彩的旅游、教育和科学研究机会。

2. 山地户外运动

山地户外运动是一项多样化而丰富的活动领域，其概念涵盖了在自然环境中进行的各种户外活动，通常以地形的不同为依据分为多个系列，且涉及各种具有挑战性和探险性质的项目。登山、攀岩系列项目的核心是攀登高山或峭壁，包括登山和攀岩等活动，登山通常以登顶为目标，而攀岩则强调技术和技能的运用。峡谷系列项目通常在峡谷、河流和溪流等地形中进行，包括溯溪、溪降、搭索过涧和漂流等活动，参与者需要克服水域和峡谷的挑战。高原探险系列项目主要在高海拔地区进行，包括洞穴探险、高原徒步和高原峡谷穿越等，涉及高海拔环境和地形的挑战。丛林系列项目发生在森林、雨林等环境中，包括定位与定向、丛林穿越、丛林宿营、丛林觅食和野外生存等，参与者需要适应丛林环境的特殊条件。荒原系列项目通常在沙漠和戈壁等荒凉地带进行，包括沙漠和戈壁的穿越与生存等活动，需要参与者应对干旱和高温等极端条件。群体运动系列项目鼓励大众参与，包括群众性登山和登高等活动，旨在推广山地户外运动。水平运动系列项目强调水平方向的活动，主要有山地自行车穿越、定向赛跑、直排轮滑、公路赛跑和公路徒步等。

3. 山地户外体育旅游

山地户外体育旅游是一种以自然环境中的山地资源为背景，以体育和探险为主题的旅游活动。在山地户外体育旅游中，人们借助自己的体力和技能，不依赖交通工具，积极参与各种山地户外运动，如登山、攀岩、徒步、溯溪、漂流等活动，通常具有冒险性和刺激性，不仅挑战参与者的身体和意志，并且提供了与大自然亲近的机会。山地户外体育旅游的特点在于它强调了自然环境的探索和体验，参与者可以欣赏到壮丽的自然景观、感受到大自然的原始力量，同时可以提高自己的体能和技能。此种旅游形式对于喜欢挑战和冒险的人来说非常吸引人，不仅丰富了人们的休闲生活，还促进了体育和旅游的有机结合。

（二）山地户外体育旅游的类型区分

当前，我国开展的山地户外体育旅游运动名目繁多，结合不同的标准可以分成不同的类型。如表6-1所示。

表 6-1 山地户外体育旅游的类型区分

山地户外体育旅游的类型区分	按照项目运动特点区分	休闲类：如露营、户外摄影走扁带等
		越野类：如越野跑定向寻宝等
		攀登类：如攀岩攀冰高山探险等
		划桨类：如漂流、独木舟、皮艇等
		拓展类：如户外拓展、场地拓展等
	按照山地户外体育旅游的形式和功能区分	健身性山地户外体育旅游，如登山远足等
		探险性山地户外体育旅游，包含项目有丛林探险、探洞等寻踪觅迹
		挑战性山地户外体育旅游，包含项目有野外生存、极限登山、参加各种山地户外赛事活动等
		消遣娱乐性山地户外体育旅游，包含项目有爬山，野营等
	按照活动类别区分	徒步/穿越
		野外生存
		野外拓展
		山地运动，包含项目有登山、攀岩等
		峡谷运动，包含项目有漂流、溯溪等
	按照参与者身体能力区分	技能类户外运动，包含项目有定向运动、攀岩攀冰等
		体能类户外运动，包含项目有越野跑、野外穿越等
	按照山地户外体育旅游过程中人和自然的联系程度区分	自然类山地户外体育旅游，主要是指在大自然的环境中进行的各类体育旅游活动
		半自然类山地户外体育旅游。这种类型的主要特点是对现代的工具的利用，典型运动项目有山地越野自行车、轮滑等

（三）山地户外体育旅游的基本特征

1.人与自然的和谐性

山地户外体育旅游的独特之处在于它强调与自然的和谐共生，人们必须与自然环境相互配合，顺应自然规律，以保护环境为前提。参与者需要具备一定的技能和知识，以便在山地环境中安全而负责任地进行活动，他们必须了解地形、气候、植被等自然要素，以便适应并规避潜在的风险。装备和工具也必须符合环保的原则，不会对环境造成污染的装备和材料是必不可少的。垃圾处理和废物管理也是参与者的责任，必须将所有垃圾妥善带回或进行妥善处理，以保持山地环境的清洁和原始。山地户外体育旅游活动的时间和路线规划必须考虑到自然生态的保护，例如，不在繁殖季节干扰野生动植物，不破坏脆弱的生态系统，遵守登山和户外活动的规则，以确保不会对自然环境造成伤害。

2. 个人意志与团队精神结合

山地户外体育旅游不仅考验个人的意志和能力，还强调团队的重要性。山地户外体育旅游形式提供了丰富多样的活动，包括个人挑战和团队协作，因此在其中既有个体表现自己的机会，也有促进团队精神的机会。个人意志和能力在山地户外体育旅游中得到了很好的体现，个体参与者必须具备坚定的决心和自信，以克服各种挑战和困难。登山、攀岩、徒步等项目需要高度的自律和毅力，才能够高效完成任务，还有助于个人成长和发展。可见，有关活动对于个人的意志品质和自我挑战能力具有积极影响。另外，山地户外体育旅游也强调团队合作和协作。很多活动需要团队中的每个成员相互依赖，共同克服障碍。合作精神培养了团队意识、沟通技能和互相支持的态度。团队成员必须互相协助，共同完成任务，能够建立牢固的友情和人际关系。

3. 挑战性与风险性共存

山地户外体育旅游通常在自然环境中进行，涉及未知和变化的因素，因此具有高度的挑战性和探险性。参与者需要面对自然环境的不确定性，以及可能出现的危险和风险。山地户外体育旅游的挑战性源自自然环境的复杂性和多样性，山地、峡谷、高原、丛林等不同地形和气候条件都会对活动产生影响，要求参与者具备适应性和应变能力。克服自然条件的能力，需要技巧和经验的积累。个体的身体条件和技能水平也决定了活动的挑战性，参与者需要具备一定的体能和技巧，才能胜任登山、攀岩、徒步等项目，个人必须投入时间和精力来提高自己的能力，这本身也是一种挑战。然而，与挑战性同时存在的是风险性，自然环境中的危险因素如天气突变、地形险恶、野生动物等都可能对参与者的安全构成威胁。因此，在山地户外体育旅游中，安全意识和风险管理至关重要。参与者需要了解风险，采取必要的预防措施，确保活动的安全性。

4. 需要掌握多元化知识

山地户外体育旅游的多元化特性要求参与者具备广泛的知识和技能，以确保他们在自然环境中的活动能够安全、顺利且有趣。了解目的地的地理特征、地形、气候和地理信息对规划路线、选择装备和应对突发情况至关重要。地理知识有助于参与者更好地理解所处环境，预测可能的挑战并作出适应性决策。而了解天气预报、气温变化和降水情况可以帮助参与者做出合理的装备选择和行程规划，明白恶劣天气可能导致危险情况。在山地户外体育旅游中，参与者需要足够的能量和水分来维持体力，掌握营养学知识，了解适当的饮食和水分摄入对防止脱水和疲劳非常重要。除了学科知识，参与者还需要熟练掌握户外运动的专业技能，如登山、攀岩、导航等。生活技能和问题解决技巧对户外活动同样不容忽视，参与者需要学会如何搭建帐篷、处理紧急情况、采取急救措施等技能，有助于应对突发情况，保持安全。

5. 对于体能、技术、技能具有一定要求

在竞赛型山地户外体育旅游中，对参与者的体能要求非常高，因为此类活动通常需要面对极端的条件和挑战。参与者需要具备卓越的耐力、力量、速度和协调能力，以应对陡峭的爬升、悬崖陡坡的下降以及高海拔环境的适应性等。在山地户外体育旅游中，参与者需要掌握各种技术，以确保他们的安全和成功完成活动。这些技能可能包括攀岩、绳索操作、导航、野外求生技能、急救等。例如，在攀岩中，必须熟悉正确的攀爬技巧和安

全措施，以减少风险。在野外求生中，需要知道如何寻找食物、净水和建立临时住所。对于一般的山地户外体育旅游，技术和技能要求可能会相对较低，但仍然需要基本的户外技能，如地形识别、地图阅读、野外装备的使用和维护等技能，这可以提高参与者在户外环境中的自信心，并确保他们能够安全而愉快地参与活动。

三、山地户外体育旅游发展状况

山地户外体育旅游市场指与这一领域相关的一切产品和服务的交换活动的总和，包括商品的制造商、销售商、商品交换地点、服务提供者以及最终的消费者，山地户外体育旅游市场的状况反映了该领域的发展情况。

（一）山地户外体育旅游市场发展的基础环境

1. 社会经济环境

随着社会的不断进步和改革开放，中国经济发展迅速，人们的生活水平不断提高。在此背景下，休闲运动成为了人们生活的重要组成部分，旅游休闲是其中的一种受欢迎的方式。人们的旅游消费观念和结构发生了显著变化，他们更加倾向于参与带有娱乐、体验和文化交流元素的旅游休闲活动，而不仅仅是传统的观光旅游。山地户外体育旅游具有多重功能，涵盖了人们的心理、生理、精神和文化等多个方面。人们越来越多地选择参与山地户外体育旅游，不仅可以满足他们对冒险和刺激的需求，还可以提供身体锻炼、自然体验和文化交流的机会。

2. 自然地理环境

山地户外体育旅游与自然地理环境之间存在紧密的联系，旅游项目的开展需要特定的自然地理条件的支持。中国是个地大物博的国家，拥有丰富的山地资源，包括陆地、山川、河流、冰雪、高山湖泊和冰川等，多样化的自然地理特征为山地户外体育旅游提供了极为有利的条件。山地的丘陵、峡谷、山脉和高山地区为登山、攀岩、徒步等户外体育活动提供了丰富的场所选择，冰雪资源则为滑雪、雪地徒步等冰雪运动提供了绝佳条件，高山湖泊和冰川景观则吸引了众多游客进行高山湖泊探险和冰川考察等活动。

3. 交通运输环境

随着中国经济的增长，公共基础设施，尤其是交通运输设施得到了显著改善，对山地户外体育旅游的发展产生了深远影响。交通运输是旅游业的基础，也是山地户外体育旅游的关键因素之一。公路和铁路网络的扩张，以及高铁的快速发展，使人们更容易抵达山地旅游目的地。现代化的交通运输系统不仅提高了旅游的便捷性，还缩短了前往偏远山区的时间。此外，航空交通的发展也为远距离山地户外体育旅游提供了更多选择，让消费者能够更容易地前往国内外的山地景区参与体验性旅游活动。

（二）国外山地户外体育旅游市场发展的状况

欧洲是山地户外体育旅游用品市场的一个重要地区，其发展受到多重因素的影响，包括地理位置、工业化程度、文化传统以及全球化趋势。在欧洲，不同国家拥有独特的市场特点和发展趋势。斯堪的纳维亚地区在山地户外体育旅游用品市场中具有显著地位，该地区以其美丽的自然景观和户外活动传统而闻名，因此对户外用品的需求相对较高。斯堪的纳维亚的户外用品品牌通常具有清新健康的形象，在全球范围内都受到欢迎。荷兰和比利时的山地户外体育旅游用品市场也非常专业化，其品牌接受度高。英国拥有悠久的山地户外体育传统，户外用品市场主要集中在户外用品领域，其产品品牌有着强烈的文化标签。奥地利、德国和瑞士在山地户外体育旅游用品市场中有着相似的特点。这些国家在户外用品方面有自己的品牌特点和优势，无论是零售还是综合销售都有着强大的市场份额。意大利户外体育的开展主要集中在北部地区，尤其在户外用品方面有独特的专业性，在鞋类领域表现突出。西班牙市场由国内品牌主导，但法国和意大利品牌在其中占有份额，在市场上拥有一定的知名度和影响力。最近几年，欧洲市场越来越受到关注，前东欧国家如波兰和捷克也开始崭露头角，成为山地户外体育旅游用品市场的新兴目的地。一个影响欧洲山地户外体育旅游用品市场的因素是全球化趋势，生产逐渐向国外迁移，一些国家成为欧洲品牌的新生产基地，反映了全球供应链的变化。

美国的户外用品市场具有多种不同的形态，每种形态都有其独特的特点和发展趋势。首先是狩猎用品店，其中以知名的狩猎店"Basspro"为代表。狩猎用品店铺提供各种狩猎和户外活动所需的用品，从小到大，一应俱全，店内精美的装修和丰富的商品种类吸引了众多户外爱好者，此种形态的市场因其多样性和全面性而受到欢迎，成为户外用品领域的重要发展方向。其次是户外用品店，主要分布在美国西部地区，提供与爬山、自行车运动、登山、钓鱼等户外活动相关的用品。在户外用品店铺中，顾客可以购买到登山装备、自行车用品、户外服装、鞋子等。这些店的发展与当地地理条件和户外运动文化密切相关，因此在西部地区相对较为普遍。此外，体育用品店也在美国市场占有一席之地，其中最大的体育用品店是"Sports Authority"，总部位于芝加哥，拥有数百家连锁店，主要提供各类体育用品，包括户外用品、钓鱼用具、篮球、羽毛球拍、乒乓球拍等。体育用品店的发展满足了广大体育爱好者的需求，包括户外运动领域的需求。

（三）我国山地户外体育旅游市场发展的状况

1.我国山地户外体育旅游整体发展状况

我国的山地户外体育旅游市场在近年来呈现出明显的发展势头，主要得益于政策、制度等多方面的支持。随着市场快速扩大，也积极推动了整个户外旅游产业的蓬勃发展。随着城市化进程的加速，越来越多的人，特别是年轻人，将户外旅游作为主要的休闲选择，对户外旅游产业的发展起到了积极的推动作用。中国庞大的消费人群为户外旅游市场提供了巨大的潜在市场，庞大的人口基数为户外旅游市场的发展提供了坚实的群众基础，同时表明了市场发展潜力巨大。中国拥有丰富的自然旅游资源，为户外旅游的发展提供了得天独厚的条件。尽管当前户外旅游用品市场在整个体育用品市场中所占份额相对较小，但它具备巨大的发展潜力和空间。预计未来，户外体育旅游市场将持续发展，不断满足不同消费群体的需求。笔者对这一市场前景看好,有望在未来蓬勃发展,为我国体育产业的多元化和国内旅游业的增长做出积极贡献。

2. 我国山地户外体育旅游市场的基础形态与分类

(1)户外用品企业。20世纪80年代末90年代初,中国的户外旅游产品开始蓬勃发展。那时,一些军用品和劳保物资经过改造后成为最早的户外旅游用品。随着户外旅游的普及和迅速发展,中国的户外用品行业也逐渐朝着规模化发展的方向迈进。尽管我国户外用品行业目前发展迅速,但与国际领先的户外品牌相比,仍存在差距,需要在多个方面进行努力改进。目前,相对于一些技术领先并占据中国户外旅游用品市场主要份额的国际品牌,我国的户外用品企业中很少有产值超过亿元的企业。许多企业的技术研发能力有限,主要处于制造加工阶段,自主品牌的建设相对薄弱,整体市场的发展水平和规模有待提高。行业呈现出分散、小型、薄弱的特点,需要进行改革和提升。

(2)户外用品店。近年来,中国的户外用品店得到了持续发展,并呈现出可观的增长趋势,不仅限于中心城市,还逐渐向省市和地区扩展。户外用品店的形态多种多样,包括独立的门店,以及大型商场内设有户外用品销售区,为运动爱好者提供了便捷的购物渠道。目前,户外旅游产品销售采用多种不同的经营模式,包括大型商场内的专卖柜、大型多运动品牌专卖店、批发集贸市场、邮购公司、在线商城以及独立专卖店等。其中,采用"专卖店+俱乐部"的渠道模式在销售中表现出显著的优势。

(3)户外俱乐部。中国目前已经涌现出了上千家户外旅游俱乐部,以不同的形式存在,包括工商部门注册的企业法人、民办非企业类社团、互联网平台上的户外旅游爱好者组织以及隶属于学校或事业单位的群众性社团。其中,绝大部分俱乐部采用会员制的运营方式。尽管中国的户外旅游俱乐部数量庞大,但存在着一些问题。由于户外旅游相对较新,许多俱乐部的服务质量和专业性参差不齐。提高俱乐部的专业水平和服务质量将有助于吸引更多的户外爱好者,并且能够确保他们在户外活动中的安全和愉快体验。俱乐部的多样性也为不同类型的户外爱好者提供了更多选择，无论是独自探险者、团队活动爱好者，还是家庭户外旅游者，都可以找到适合自己需求的俱乐部，进而满足不同人群的需求，促进户外活动的普及和发展。

（4）户外运动赛事。中国的户外运动领域包括高山探险、攀岩、山地户外运动和拓展四个主要大项，每个项目都有其独特的特点和相关赛事，在不同的层次上展开，以满足不同层次和需求的户外运动爱好者。高山探险活动具有丰富的层次划分，根据探险者的国籍将高山探险活动划分为外国人来华登山和国内登山。根据所攀登山峰的高度，可以将高山探险划分为不同层次，如 5000 米以上和 7000 米以上的高山探险。还可以根据户外活动的目的将高山探险划分为休闲类登山和非休闲类登山，以满足不同登山者的需求。攀岩和山地户外运动也有多层次的赛事，根据运动员的水平不同，可以划分为国际级和国家级比赛。考虑到运动员的年龄因素，还有成人比赛和青少年比赛等多种层次，为不同年龄段和水平的户外运动爱好者提供了参与的机会和平台。有关的户外活动和户外运动赛事是中国户外旅游市场发展的中坚力量，随着社会的进步和人们对健康生活的追求，户外活动已经成为一种受欢迎的休闲方式。同时，各种户外运动赛事的举办也吸引了大量的参与者和观众，推动了户外运动产业的发展。

（5）户外旅游培训。随着户外旅游的普及和流行，越来越多的人参与到户外活动中来，但很多人可能缺乏必要的专业知识和技能，对风险的认识也相对较低。因此，加强户外旅游培训是确保参与者安全的关键，同时有助于提升户外旅游的质量和可持续发展。户外旅游的风险性不可忽视，自然环境的复杂性和多样性，以及不确定性因素，使户外旅游具有潜在的危险性。参与者如果没有足够的知识和技能，可能会面临各种潜在风险，如失踪、受伤或其他紧急情况。因此，培训参与者，使其具备基本的户外生存技能、导航能力和危机处理能力是非常必要的。当前的户外旅游培训机会相对有限，虽然一些专业机构和俱乐部会定期组织户外培训活动，但由于各种原因，往往只有一部分专业爱好者或从业人员能够参与。普通人民群众往往无法获得有关的培训的机会，导致他们在户外活动中可能面临更高的风险。因此，需要增加户外旅游培训的普及度，让更多的人受益于专业知识和技能的传授。一些俱乐部虽然开展了户外培训，但培训内容较为宽泛，专业性不强，缺乏实际操作的机会。培训应该更加注重实用性，使参与者能够在户外实际情况下运用所学知识和技能。培训也应该关注风险规避意识的培养，让参与者能够更好地应对紧急情况。

（四）山地户外体育旅游市场的发展对策

1. 拓展活动与比赛规模，增强其影响力度

要进一步推动我国的户外旅游产业发展，可以采取一系列措施，如扩展活动或比赛的规模，提升其影响力。采用多样化活动或比赛的种类，包括不同难度和水平的项目，吸引更多的参与者，并促进户外旅游市场的多元化发展。同时，各地可以打造一两个具有品牌影响力的赛事，通过品牌效应来吸引更多的关注和支持。要提高单个活动或比赛的价值，可以通过提高赛事的专业性、组织水平和奖励力度实现。例如，组织国际级的户外赛事，吸引国内外顶尖选手的参与，提高赛事的知名度和影响力。同时，可以加强活动或比赛的有序性，合理规划赛事日程和场地安排，确保比赛的高效进行，从而提升赛事的品质和吸引力。充分利用各种资源，包括人员、资金和技术等，将优势力量集中到大型活动或品牌赛事上。不仅可以提高赛事的水平和竞争力，还可以有效地提升品牌的社会影响力。通过合作与整合，可以实现资源的最大化利用，推动户外旅游产业的可持续发展。

2. 不断开发无形资产

要进一步开发户外旅游产业的无形资产，应将关注点放在电视转播权和广告赞助方面，结合国家和体育总局政策的支持，争取在这两个方面取得新的突破。虽然这并不是一项容易完成的任务，但要打造具有影响力的赛事或培育出在国际上表现出色的优秀运动员，将对电视转播权和赞助产

生强大的吸引力。在电视转播权方面,可以积极争取国内外媒体的关注和报道,将户外旅游赛事推广至更广泛的观众群体。通过提供高质量的赛事内容和精彩的比赛表现,吸引更多的电视台和媒体合作伙伴,从而增加电视转播的覆盖范围和观众收视率。在广告赞助方面,可以与各类企业建立战略合作伙伴关系,吸引赞助商的投入。与企业合作为户外旅游赛事提供更多的资源和资金支持,并为赞助商提供宣传和广告的机会,会实现"双赢"效果,促进户外旅游产业的发展,提高赛事的知名度和吸引力。

3. 培养与发展从业人员的素质及能力

户外旅游市场的顺利发展在很大程度上取决于市场从业人员的素质和能力。因此,加强人员的培训,提高从业人员的市场开发和工作能力至关重要。并且可以考虑引进一些高水平的市场运作专业人员,以提升户外旅游产品质量、服务能力和市场开拓水平。要培训和提升市场从业人员的素质和能力,提高他们的专业知识和技能,使他们更好地适应户外旅游市场的需求。培训可以涵盖市场营销、客户服务、风险管理等方面的内容,以确保从业人员能够提供高质量的服务并有效地开拓市场。引进高水平的市场运作专业人员可以为户外旅游产业注入新的思维和方法,他们会带来丰富的市场经验和创新的市场策略,有助于提升产品的竞争力和市场地位,更好地满足市场需求,提高户外旅游产品的吸引力。

4. 融合市场整合,推动户外俱乐部发展

在我国的户外市场中,户外俱乐部具有核心地位,并且随着人们对健康和安全的关注不断增加,以及户外运动的进一步发展,户外俱乐部的市场份额逐渐增大。随着人们对安全的重视程度增加,提供高质量、安全可靠的户外活动将成为吸引消费者的关键因素。因此,户外俱乐部应该加强活动的策划和执行,确保参与者的安全,提高活动的质量和可信度。消费者越来越注重个性化的需求,因此,俱乐部可以根据不同客户的兴趣和需求,提供多样化的户外活动和服务,吸引更广泛的客户群体,并提升盈利能力。俱乐部可以与其他相关企业或机构合作,共同开展活动或提供服务,以扩大市场影响力。同时，积极拓展业务范围，包括不同类型的户外活动、培训课程和设备租赁等，可以增加收入来源和竞争优势。

四、我国山地户外体育旅游的典型资源整合

（一）登山旅游

1. 登山旅游运动概述

登山运动是一项充满挑战和乐趣的户外活动，自 1786 年诞生以来，已经成为人们特别是年轻人钟爱的重要户外运动之一。登山运动可以分为三大类，包括普通登山活动、竞技登山运动和高山探险登山，每个类别都有其各自的特点。普通登山活动通常包括定向登山比赛和驴友登山，定向登山比赛强调参赛者按照指定的路线和时间完成比赛，而驴友登山则注重户外探险和欣赏自然风景。两种活动吸引了许多登山爱好者，不仅锻炼了体魄，还让人们更加亲近自然。竞技登山运动分为力量型和技术型两大类，力量型竞技登山注重攀登速度和身体的耐力，而技术型竞技登山侧重攀登技巧和难度，竞技登山活动需要高度专业化的装备和训练，吸引了许多登山运动员。高山探险登山通常在高山、冰雪和复杂的自然环境中进行，需要更多的专业知识和技能，以应对极端天气和地形条件。高山探险登山往往需要更多的装备，包括冰爪、冰镐、高山鞋和冻干食品等。在登山运动中，装备选择至关重要，登山装备必须符合实用性、轻便性、耐久性和方便性的原则，常用的登山装备包括服饰、鞋子、背包、日用装备、冰镐、冰爪、帐篷、登山寝具、炊事用具等，装备的选择和携带要根据登山目标、季节和地形等因素进行合理安排。

2. 登山运动的实践技术

（1）山间行军技术。上山步行法是登山者在登山时采用的步行技巧，根据不同的山坡和地形采用不同的方式。登陡坡时的步行法：在登陡坡时，登山者应该采用蛇行蜿蜒的方式，而不是直线攀登。如果山路较窄无法蛇行，需要降低速度，保持稳定的呼吸和步伐。登草坡和碎石坡时的步行法：

对于较平缓的山坡，可以采用直线攀登法。而在较陡峭的山坡上，"之"字形攀登法更为安全，能够减少滑坠的危险。下山步行法同样需要根据山坡的坡度采取不同的方式。下坡度小于30°的山坡：登山者可以采用稍微弯曲膝关节，用脚后跟先着地，然后过渡到全脚掌的方式下山。步伐要小而有弹性，以保持平衡。下坡度大于30°的山坡：在陡峭的山坡上，仍然需要采用"之"字形路线，脚踩内侧和外侧的不同部位，身体要向内后方倾斜，以保持平衡。在深山中行走时，很容易迷失方向。为了避免迷路，登山者可以采取一定的方法。设立标记：在自己没有把握的地点，可以设立石堆、绑布条或割开草等标记，以便寻找正确的路线；树林标记，在草木茂盛的地区，石堆可能不太显眼，此时可以在树枝上绑布条或割开草，作为标记，能够帮助登山者找到正确的路径。

（2）渡河技术。单人渡河法是单人渡河时，可以使用一根长棍、帐篷杆、竹竿等，通过撑着河底的方式进行渡河。渡河者站在水流上游一侧，将木棍的支点放在水流上游。然后，渡河者交替移动双脚，身体微微向上游倾斜，借助木棍的支点来保持平衡。在将两脚站稳后，再将木棍移动。需要注意的是，渡河时出脚过快、过高或幅度过大都应该避免。如果水流较急，应采取额外的保护措施，如系上保护绳，并有人在岸上提供保护，以防摔倒或被水冲倒。两人渡河法是两人对面站立，双手相互搭在肩上，采用侧跨步前进的方式渡河。在渡河过程中，两人的步调必须保持一致，以确保平衡和安全。多人渡河时，可以采用墙式渡河法或轮状渡河法。墙式渡河法：三到五人一组站成一列，横向排列，双手相互搭在肩膀上，面向对岸前进。墙式渡河法适用于较大的河流，团队成员之间需要密切协作，确保步调一致。轮状渡河法：四到五人围成一个圆圈，互相搭起臂膀，朝着水流的方向像车轮一样旋转前进。轮状渡河法适用于较宽的河流，团队成员之间需要协同工作，保持稳定的步伐和平衡。

（3）穿林技术。穿越交织的丛林，尤其是藤蔓、竹林和草丛时，经常需要使用砍刀或刀具来开路。对于横在前方的阻挡物，可采用"两刀三段，拿掉中间"的方法，即用砍刀将障碍物分为三段，然后去掉中间的部分，以便通过。对于竖立的障碍物，可以使用"一刀两断，拨开就算"的方法，即用砍刀将阻挡物分为两段，然后将它们分开，以便开路前进。穿越茅草丛地时，特别是在草深而密的情况下，也需要特殊技巧。一种方法是"不过头，两边分，从中走"，不要试图直接穿越头顶的草丛，而是将草丛分成两部分，然后从中间的开口穿过。如果无法看到头顶，可以使用"吹个洞，往里钻"的方法，通过吹开一部分茅草，然后慢慢钻入其中。如果草丛不是很茂密，可以根据情况采用以下原则："高草分"，用手把高的草向两侧分开，以便开路；"中草压"，用脚踩踏中等高度的草，为前进铺平道路；"低草迈"，迈过低矮的草，向前进发。

（4）休息时间。在登山过程中，休息时间的掌握至关重要。开始行进20~30分钟后，进行第一次短暂休息。随后每行进50~60分钟，安排一次休息。每次休息时间保持在5~10分钟，帮助攀登者调整呼吸节奏、缓解疲劳，有效恢复体力。在休息期间，可以进行不同的休息活动，以最大限度地恢复体力和放松身体。短暂休息不需要卸下装备，可以手拄登山杖，弯曲上身，将上体重量移到登山杖上，从而有效放松肩部和腰部。如果需要坐下休息，应该在臀部下垫上防潮的垫子等物，以避免身体受潮。如果休息时间较长，可以进行简单的体操，以舒展僵硬的肌肉，帮助放松身体。还可以进行其他项目，如伸展运动或按摩，以减轻肌肉疲劳。进食时要遵循少食多次的原则，同时补充足够的糖分和能量。选择景致宜人且安全的地方进行休息，远离悬崖边缘等危险区域。在休息期间要注意垃圾处理，确保环境保护，将垃圾带离登山路线。

（二）攀岩旅游

1. 攀岩旅游运动的概述

攀岩运动是一项令人兴奋并备受瞩目的户外体育活动，它的起源可以追溯到20世纪50年代的苏联，当时的攀岩活动主要集中在登山领域。随着时间的推移，攀岩逐渐从登山分离出来，成为一项独立的运动项目。其发展受益于技术和装备的不断创新，以及对自然岩石和人工攀岩墙的广泛利用。攀岩运动根据不同的划分标准可以分为多种类型，其中包括难度攀岩、速度攀岩、室内攀岩。

攀岩是一项高风险的运动，因此在进行攀岩前，攀岩者必须准备充分的装备，并遵循严格的安全规则。装备包括攀岩鞋、头盔、主绳、绳套、安全带和保护器等。攀岩者必须了解如何正确使用这些装备，以确保他们的安全。攀岩要求攀岩者具备一系列技术和技能，包括岩石识别、绳索技巧、平衡感和力量。攀岩者需要学会分析攀爬路线，选择最佳的攀爬路径，并有效地利用身体力量和技巧克服各种挑战。攀岩运动强调挑战个人极限和克服恐惧，攀岩者常常面对高度、悬崖和峭壁等极具挑战性的环境，他们需挑战自我，培养自信心，并取得成就感。

2. 攀岩运动的基本技术

（1）基本动作。攀岩运动的基本动作包括抓、拉、抠、推、蹬、张、跨、踏、挂等，这些动作的巧妙组合构成了攀岩的基本技术。在攀岩中，攀爬者需要熟练运用有关动作来克服岩石表面的各种障碍，同时保持平衡和掌握正确的姿势。攀岩运动的基本动作是攀岩者在攀爬过程中的关键因素，通过不断练习，攀岩者能够挑战更高难度的攀爬路线，享受到攀岩带来的乐趣和成就感。

（2）基本技术。

①手法。在攀岩运动中，手法涉及如何正确使用手部来抓握和应对不同形状的支点。攀岩者需要了解各种岩壁支点的形状，以便选择合适的手法。手法的正确运用有助于保持身体的平衡、提供支持力量以及确保攀爬的安全性。不同支点的形状和特点要求攀岩者灵活运用不同的手法，手法可以包括抓握、用力、抠取、推动等多种动作，攀岩者需要根据实际情况和岩壁的特点来选择合适的手法。无论使用哪种手法，都需要注意手臂的位置应保持较低，以利用向下的拉力增加水平摩擦力，从而确保抓握的牢固性和稳定性。攀岩者的手指力量在攀岩运动中至关重要，因此，攀岩者

需要进行专门的手指力量训练，如俯卧撑、引体向上、指挂引体向上和提捏重物等练习，以增强手指的力量和耐力。强化手指力量有助于更好地掌握岩壁，减轻手部疲劳，并提高攀爬效率。

②脚法。脚法在攀岩运动中非常重要，因为攀岩者通常需要强大的腿部力量，包括卓越的负重能力和爆发力。在开始攀岩之前，攀岩者需要做好充分的准备工作，其中选择和穿戴合适的攀岩鞋是至关重要的一步。攀岩鞋通常具备以下特点：硬橡胶鞋底，提供出色的摩擦力；稍厚的前掌，有助于支撑身体重量；坚韧的皮革鞋身；尖锐的鞋头。选择攀岩鞋时，应注意鞋子宜小不宜大，因为紧凑的鞋型能够提供更好的稳定性。攀岩者在攀岩过程中通常只会使用攀岩鞋的特定部位，包括鞋的前尖、鞋尖内侧边、鞋尖外侧边和鞋后跟。攀岩者的脚只会踩在支点上的一个小范围内，通常仅有一指左右的宽度。然而，在需要执行换脚和转体等动作时，攀岩者需要将整个脚掌放在支点上，以确保能够在受力时左右旋转移动。攀岩过程中，频繁使用换脚技巧能够保持平衡和向上移动。攀岩者在进行换脚时需要确保身体的稳定性，以减轻手部额外的负担。脚法的正确运用和换脚技术的熟练掌握有助于攀岩者在攀爬岩壁时更高效地发挥腿部力量，同时提供了稳定性和安全性，使攀岩过程更加顺利。

③移动重心。在攀岩运动中，掌握移动重心的技巧直接影响着攀岩者能否顺利攀爬并确保攀爬的安全性。通过调整重心位置，攀岩者可以减轻双手的负担并保持身体平衡，这是移动重心的主要目标。攀岩者通常使用推拉腰胯和腿来调整重心的位置，有助于在攀岩过程中更有效地分配体重，减轻手臂的负荷，同时保持身体的稳定性。对于初学者来说，掌握移动重心的技巧需要一些练习和经验。建议初学者在攀岩时不要盲目进行复杂的移动，而是先进行一些简单的平移练习，包括在岩壁上水平地从一侧移动到另一侧，从中体会重心、平衡和手脚的协调运用等基本技术。通过练习基本技巧，攀岩者可以提高他们在攀岩过程中的技能和信心，确保更安全和顺利的攀爬体验。

④侧拉。侧拉的主要功能在于节省上肢力量，使攀岩者能够轻松到达那些原本难以触及的支点，尤其在攀爬过程中遇到过仰角地段时，侧拉技术显得尤为重要。攀岩者需要将身体侧向岩壁，使同侧的手和脚能够接触到岩壁。接下来，攀岩者需要依靠单腿支撑身体的重量，同时同侧的手用于抓握上方的支点，另一只腿则伸直，用以帮助调节身体的平衡。

⑤手脚同点。手脚同点技术的核心思想是，当攀岩者遇到手点较高、位于腰部附近的支点时，应将同侧的脚放在这个支点上，然后将身体向上向前压，将重心移到脚上，用力蹬起并伸手抓握下一个支点，同时利用另一只手来维持平衡，手脚同点技术通常在岩壁支点较为稀少的攀岩线路上得到广泛应用。在实际攀岩中，攀岩者需要根据支点的高度和位置来灵活应用手脚同点技术。当遇到较高的支点时，攀岩者可以侧身面向支点，将腰部贴近墙面，然后抬起腿并踩在支点上，并用同侧手抓住下一个支点，单腿发力顶起身体。此过程需要将重心前送，压到前脚上，以保持平衡。同时，另一只手可以用来固定身体，帮助调整平衡。手脚同点技术的熟练运用需要攀岩者具备出色的身体协调和平衡能力，使攀岩者能够在攀爬过程中更有效地利用岩壁上的支点，克服高难度的攀岩路线，提高攀岩的效率和乐趣。攀岩者需要不断练习和积累经验，以掌握手脚同点技术，并在攀岩中灵活应用。

⑥节奏。攀爬者需要在攀岩过程中熟练地调整节奏和动作的速度，以保持高效和安全的攀爬。攀岩者需要确保动作的连贯性，不断地前进而不中断。每个动作之间都有一定的惯性，攀爬者可以利用这个惯性直接冲击下一个支点，从而提高攀爬效率。然而，攀爬者也必须注意动作的细节和正确性，以避免因不正确的动作而导致意外发生。在攀岩路线的困难部分，攀爬者应该采取较快的动作，快速通过，以减少在高难度区域停留的时间，这要求攀爬者具备高度的技术和力量。在相对容易的攀岩段落，攀爬者可以放慢节奏，确保动作的稳定性，同时进行必要的调整，有助于恢复体力，为接下来的挑战做好准备。在攀岩过程中，攀爬者应根据需要进行连续动

作和间歇，以平衡体力的消耗。连续动作时，需要确保手脚和重心的调整到位，以保持平衡。在到达支点后，应尽快恢复身体平衡，为下一步的攀爬做好准备。有时，在攀岩过程中，攀爬者可能需要在适当的地方稍作休息，放松双手和身体，从而帮助减轻疲劳，保持冷静和专注。

（3）结绳保护技术。

①绳结技术。绳结技术起着保护攀岩者自身安全的重要作用，绳结技术包括各种绳结的打法，每种绳结都有其特定的用途和优点，攀岩者需要根据不同情况选择合适的绳结。基本结（单结、保护结）是最基本的绳结，通常用于绳头部位，以避免绳结解脱，它在其他结接好后进行。双"8"字结的特点是简单易学，拉紧后不容易松开，适用于连接固定点。布林结也称为系船结，易结易解，但容易松动。双套结也叫丁香结，适用于需要固定或者攀登和下降时。蝴蝶结又称中间结，用于直接套在中间队员安全带上起保护作用。绳子间的连接可采用平结、渔人结、"8"字结、交织结、混合结，特殊用途的结有抓结、意大利半扣。抓结也称普鲁士结或移动结，用于行进和上升中的自我保护。意大利半扣用于沿主绳快速下降时的速度控制，特别是在"8"字环遗失时经常使用。

②保护技术。保护技术是攀岩者和保护者之间密切合作的关键环节，直接关系到攀岩者的安全。攀岩绳是连接攀岩者和保护者的纽带，它的正确使用和操作至关重要。保护技术通常分为两种形式：上方保护和下方保护，它们适用于不同的攀爬情境和攀岩方式。上方保护是一种保护支点位于攀岩者上方的保护形式，通常用于顶绳攀爬。在攀岩者上升过程中，保护者要不断收绳，以确保绳子不会松开，但也不要拉得过紧，以免影响攀岩者的行动。上方保护方式对攀岩者的要求相对较低，因为攀岩者在失手时受到的冲击较小。上方保护的基本步骤包括攀岩者和保护者的准备，相互检查，信号交流，攀岩和保护，攀岩者登顶后的信号，以及下降过程。同时，上方保护也有一些基本要求，如绳子要稍微紧一些起步，保护者要保持专注，始终握住下降器的绳子，并选择最佳的站立姿势。在收绳和放

绳时，要注意保持协调和稳定。下方保护是一种保护支点位于攀岩者下方的保护方式，通常用于先锋攀爬。与上方保护不同，下方保护需要攀岩者自己挂保护，而且在发生坠落时，坠落距离较大，冲击力较强，因此下方保护需要高度熟练的攀岩者才能使用。在下方保护中，攀岩者在攀爬过程中不断将保护绳挂入途中的保护点中，这被称为"快挂"。此种技术非常实用，特别是在国际比赛中被广泛采用。然而，下方保护要求攀岩者具备较高的技能水平和经验，因为他们需要自己决定何时挂保护，确保绳索在攀爬过程中始终保持固定。

（三）洞穴探险旅游

1. 洞穴探险运动的基本概述

（1）旅游洞穴。洞穴探险是一种引人入胜的旅游活动，吸引着众多冒险者和自然爱好者。地下天然空间中充满了神秘和奇观，是地球上自然美的瑰宝。旅游洞穴的分类和特点多种多样，不仅能满足不同旅游者的需求，还有助于科学研究和实际运用的深入探讨。洞穴是天然形成的地下空间，由洞穴空间和围绕四周的岩体组成。洞穴系统可以由一个或多个通道组合而成，旅游洞穴则是自然洞穴经过开发后作为旅游吸引物存在，不仅可以保护洞穴环境，还可以让更多人欣赏到洞穴的美丽和神秘。洞穴的分类可以从多个角度进行，以增加对其多样性的认识。根据洞穴的岩性可以将其分为碳酸盐岩类和非碳酸盐岩类洞穴，前者占据了大多数旅游洞穴，而后者包括冰洞、火成岩洞、丹霞洞等，虽然数量较少，但却有着独特的景观特点。旅游洞穴还可以根据不同的标准进行分类，包括旅游场所、地位等级、与客源地距离、旅游客源市场和狭义经济收入等，多层次的分类使得旅游者可以根据自己的兴趣和需求来选择合适的洞穴探险目的地。例如，对于喜欢探险和冒险的旅游者，可以选择探险型洞穴；而对于文化爱好者，可以选择文化类洞穴，深入了解洞穴的历史和文化价值。

（2）洞穴探险装备。洞穴探险是一项极具挑战性和刺激性的活动，需要精心准备各种装备以确保安全和顺利完成探险任务。探洞服必须耐磨，尤其是在臀部、肘部和膝部，因为探险过程中可能会有与岩石接触的情况。探洞服需要保暖，但也不能太宽松，以免妨碍活动。鲜艳的颜色有助于提高可见性，尤其是在洞穴内部。头盔是洞穴探险中的必备装备，可以使探洞者免受头部伤害。在洞穴内部，有可能遇到低矮的岩石天花板或悬崖，头盔可以有效减轻伤害。探洞鞋通常应选择高帮和厚底的靴子，以提供足踝的支持，防止扭伤，厚底鞋还可以应对岩溶地貌中的尖硬石牙或岩块。选购时最好搭配袜子试穿，以确保鞋子合脚。在洞穴探险中，探洞者通常需要携带至少3个独立的照明工具，以确保即使一个出现故障，仍有其他照明工具可供使用。常见的光源包括电石灯和电灯，其中LED灯也被广泛采用。指南针和倾斜仪是洞穴探险中的重要工具，可以帮助探洞者判断方位、测量坡度和进行洞穴测量。有关工具必须全密封、防震和防摩擦，以在洞穴环境中可靠地工作。洞穴测量有利于探洞活动的精度，测尺必须耐磨、轻便且易于清洗和收放。一般来说，测尺的长度通常为30米或50米，以满足不同探险需求。扁带是一种环套，用于中间锚点。它是用带子或绳索制成的结，在单绳装备中起到固定作用，确保探险者的安全。绳索被称为探险者的生命线，探洞所使用的是静力尼龙绳，具有韧性强、伸展性低的特点，由护套内外两层组成，绳索的质量和强度直接关系到探险者的安全。与绳索相关的设备包括胯带、胸带、上升器、下降器、扣环等，用于与绳索的连接和操作，是探险中的关键装备，必须仔细检查和维护。牛尾绳是连接环扣与胯带的一段绳索，用于转向运动或过锚点时的安全操作。桶包是用于携带绳索和其他探洞装备的帆布包，具有背带和手提带，便于携带和使用。在洞穴内部，食品和水是探洞者的必需品。食品需要满足轻便、高热量、易消化和长期保存的条件，以满足探险者的能量需求。同时，水是不可或缺的，必须随身携带。急救包中包括感冒药、腹泻药、治疗蛇伤的药物、创可贴、止痛片、绷带、胶布等，在紧急情况下可以提供急救，以确保探险者的安全。

2.洞穴探险实践技术

（1）洞穴探险单绳技术。洞穴探险单绳技术包括基本技术、下降技术和上升技术。

①基本技术。安装单绳装备的首要任务是选择合适的点作为锚点，锚点可以是自然锚点或人工锚点。自然锚点通常是自然形成的岩石特征，如基岩的突起、岩柱、小孔或岩裂口中的大块石头等。在选择自然锚点时，需要仔细检查它们的完整性，确保没有裂痕或松动。使用前用锤子轻敲锚点，以确保它们坚固。在使用自然锚点时，将扁带或钢丝绳穿过锚点，然后通过钢扣或带锁的扣环与单绳的"8"字结相连，或者将绳索直接套在锚点的根部，确保环的大小足够大，以避免绳索过度紧绷。人工锚点由探险者自己安装，通常使用膨胀螺丝钉和挂钩构成。其中，"Y"形套索锚是一种常见的人工锚点，由两个锚点组成。人工锚点的优势是能够有效地保护岩壁，减少其磨损。在安装人工锚点时，务必确保选择的岩石是完整的。岩钉分为楔形和钉分离的两种类型，或者是楔形和钉相连的膨胀螺钉。正确安装人工锚点需要使用适当的工具和技巧，以确保其稳固可靠。

②下降技术。下降技术依赖下降器，它是一个与胯带相连的设备，套在绳索上，用于控制下降速度或停留在绳索上。探洞者通过调节下降器上的闸门来控制下降速度，下降器下部的绳索的紧张度可以通过队友拉动绳索底部来调整。

③上升技术。上升技术依赖上升器，通常包括手柄式上升器和胸部上升器（胸扣），有关设备确保在承受重量时不滑动，并允许在不承受重量时沿着绳索向上移动。手柄式上升器通常用于手部的操作，而胸部上升器则固定在胸部，以帮助探洞者在上升时保持稳定。

（2）洞中攀岩技术。洞中攀岩技术需要在专家的指导下进行练习，以确保安全。攀岩的基本姿势是保持头部和脚踝的一致，类似于站立的姿势，包括保持身体正直和背部挺直，通过弯曲膝盖、臀部和脚踝来调整姿势。平衡在攀岩中有助于保持稳定，减少摔倒的风险。在攀岩过程中，正确地利用脚来支撑身体是至关重要的，将脚放置在最有利的位置，以最大限度地支撑身体重量。在放置脚的时候，必须确保脚的位置不会感到不适，以便保持平衡。当需要将脚移到新的支撑点时，要确保手和另一只脚都保持稳定，不松动。在移动时，要小心观察新的支撑点，确保它足够安全，然后移动另一只脚和手，以确保探险者的稳定和安全。

（3）狭窄洞道探险技术。在狭窄洞道中进行探险需要掌握特定的技巧，穿越狭缝的最小范围通常由人的肩宽和胸腔的厚度决定。如果狭缝太窄而无法横着通过，可以尝试侧身移动或者侧躺着挤过去。当狭缝顶部粗糙不平时，侧躺着移动可能会更容易。相反，如果狭缝底部不平，就需要爬着前进。如果四周都不平，那么应该慢慢爬行，并注意调整呼吸。在面对狭窄的竖缝时，将脸朝向拐弯的方向并侧身前进通常是最简单的方法。

（4）低矮洞道探险技术。在面对低矮的洞道时，需要采用特定的探险技巧。如果洞穴的顶部和底部非常接近，以至于无法蹲下通行，那么就需要爬行。可以利用两肘和两脚俯身爬行，或者利用脚和背部来移动，甚至可以以滚动的方式前进。如果洞顶非常低，可以将头灯取下，用手拿着伸向前方，然后小心地匍匐前进。不论采用哪种方式，都需要保持小心谨慎，避免急躁和慌乱，以确保安全地通过低矮的洞道。

（5）烟囱式攀爬技术。烟囱式攀爬技术是一种利用身体背部、手和脚来沿着裂缝上升和下降的探险技巧。烟囱式攀爬技术实际上是通过将身体夹在两个岩壁之间，利用两个方向的压力来支撑身体的移动。具体而言，探险者将身体屈曲，背靠在一面岩壁上，同时双脚蹬在另一面岩壁上，然后沿着岩壁移动背部，同时调整双脚的位置，以保持平衡和稳定。

（6）单绳运输技术。单绳运输技术是洞穴探险中的一项关键技术，允许探险者独立在单绳上上升和下降，同时携带自己的背包，确保在探险过程中的便捷性和安全性。使用单绳技术，每位探险者可以将背包系在绳索上，而不是胯带的钢扣上，通常是在胯带的副套上，使得背包的重量可以分散，大部分重量直接吊在胸部扣环上，有助于减轻背包的重量对探险者的负担，特别是在上升时。如果背包意外被洞壁或岩石卡住，探险者也能够轻松解决问题，通常只需用脚轻踢一下即可。在单绳装备的顶部安装一个上升器，并最好连接一个滑轮，有助于平稳地升降背包，不仅增加了上升时的稳定性，还可以在需要时提供休息，减轻探险者的体力负担。

第三节　其他“体育＋旅游”资源的整合与发展

一、我国少数民族传统体育旅游资源的整合与发展

（一）我国少数民族传统体育旅游资源概述

1. 我国少数民族传统体育旅游资源的概念

少数民族传统体育旅游是一种具有独特文化特色和旅游价值的体验活动，是在少数民族传统体育的基础上，结合相关体育文化资源的开发和利用，为旅游者提供了多样化的活动选择和文化体验。少数民族传统体育旅游形式的发展和效益受到多方面因素的影响，其中最关键的是少数民族传统体育文化资源的丰富程度和开发潜力。从广义上看，少数民族传统体育旅游包括旅游者在旅行中参与的各种活动以及与相关事物之间的关系，如身体娱乐、体育锻炼、体育比赛、休闲养生和少数民族传统体育文化交流活动等方面。同时，旅游地、相关部门和社会也都牵涉其中，共同构成了这一旅游形式的全貌。从狭义上看，少数民族传统体育旅游的核心目的是满足旅游者的各种旅游需求，通过提供多样性的少数民族传统体育活动，来实现旅游者的身心和谐发展，不仅有助于锻炼身体，且提供了文化体验和交流的机会，丰富了旅游者的旅行体验。

2. 我国少数民族传统体育旅游资源的基本类型

（1）生产劳动中的民族传统体育旅游资源。人类的生存和发展历程始终紧密联系着生产劳动，而生产劳动也孕育了众多体育活动。对于少数民族体育来说，其产生和发展历史也与生产劳动密切相关。具有显著民族特

色的体育活动通常起源于生产劳动，并逐渐演变成传统项目或竞技项目，深受人们欢迎。大多数少数民族主要分布在高山、峡谷、崇山峻岭以及密林深处，他们的主要生产方式通常是农业。在长期的农业生产劳动中，逐渐适应了自然环境的变化，同时不断与野兽进行斗争。在特殊环境中，各类体育活动逐渐萌芽并形成，具有山地民族的独特特色。民族传统体育活动通常反映了他们与自然界相互依存、相互合作的关系，如攀登险峻的山峰、穿越茂密的森林、狩猎等，既是对生产劳动的锻炼，也承载了民族文化和生活方式的传承。因此，少数民族传统体育活动具有深厚的文化内涵，也是宝贵的文化遗产。

（2）我国民族艺术中的传统体育旅游资源。中国拥有悠久的历史，早在原始社会时期，先民就经历了漫长的原始狩猎生活，而在此过程中，产生了许多原始的狩猎歌舞，是体育和艺术的有机结合。在少数民族文化中，音乐是不可或缺的重要元素之一，它与体育娱乐和竞赛活动紧密相连，常常成为各种节日庆典的主要内容。例如，苗族的"芦笙会""龙船节"、布依族的"麻坡歌节""跳化场"、侗族的"赛芦笙与赶歌场"等传统活动中，音乐与体育密切融合，共同构成了丰富多彩的文化景观。不仅体现了少数民族对自然环境的依赖和对丰收的祈愿，还反映了他们的生活方式、价值观念和文化传承。

（3）以地理环境为载体的民族传统体育旅游资源。依附于地理环境的民族传统体育旅游资源是中国丰富多彩的旅游资源之一，可以细分为不同类型，每种类型都蕴含着特定地区民族文化的精髓和魅力。山地民族传统体育在中国的分布广泛，包括喜马拉雅山、昆仑山、横断山、天山、唐古拉山、冈底斯山等众多山脉，以及峡谷和高原地区，其地理特点为登山活动提供了绝佳资源。山地民族在长期的生产劳动中逐渐形成了与山区环境相适应的体育活动，如登山、攀岩、徒步等活动，吸引了众多的登山者和探险家前来体验，同时促进了山区旅游业的发展。草原民族传统体育活动在内蒙古、新疆、青海、西藏、四川等草原地区盛行，草原民族以游牧为主，马背文化深厚，他们创造了许多与骑马有关的传统体育项目，如赛马、马球、马术、叼羊、姑娘追等活动，不仅反映了草原民族的生活方式和文化特色，还为游客提供了与少数民族深入交流的机会。北国冰雪民族传统体育活动源于东北地区的严寒气候，满族、达斡尔、鄂伦春、鄂温克等少数民族适应了这一特殊环境，发明了冰鞋、爬犁、拖床等工具，并创新了滑冰技术。冰雪活动成为了冰雪旅游的热门项目，吸引了众多的滑雪和滑冰爱好者。冰雪民族传统体育活动不仅体现了北国人民的勇敢和坚韧，也为冰雪旅游业的发展提供了动力。南国水乡民族传统体育活动主要分布在江河众多、气候温和的地区，如海南的黎族，广西的壮族、京族，云南的傣族、白族，贵州的布依族、苗族，湖南的土家族、侗族、瑶族等。这些民族与水打交道，创造了许多水上活动，如赛龙舟、游泳、跳水、踩独木滑水、抢鸭子等。其中，龙舟竞渡活动是最具代表性的，具有悠久的历史和广泛的影响力。水上体育项目吸引了众多游客前来参与，丰富了旅游体验，也促进了水乡地区的旅游业繁荣发展。

3. 我国少数民族传统体育旅游资源的分布特点

少数民族传统体育旅游资源的分布特征是多元而丰富的，反映了中国众多民族文化的多样性和地理环境的多变性。少数民族传统体育项目呈现"大杂居、小集居"的特征。中国是一个多民族的国家，不同民族在各地区混居，形成了多元文化的交融与融合，使得各民族传统体育项目在地域上的差异相对较小，并有助于跨民族文化的传播与共享。传统体育资源主要分布在经济相对落后的地区，由于少数民族地区往往地理偏远，自然条件苛刻，导致有关地区的经济水平较低，社会发展滞后，从而对民族传统体育的发展提供了一定的制约。然而，正是相对贫困的地区，孕育了丰富多彩的传统文化和体育项目，这为旅游业提供了宝贵资源。民族交融性是中国少数民族传统体育的显著特点，不同民族之间存在着交流与融合，导致许多传统体育项目的整合。交融性使得多民族传统文化元素相互渗透，创造出多元共享的传统体育项目，如龙舟竞渡等。地域和环境的依附性是少数民族传统体育的基础，各民族的生存空间与特定的地理环境密切相关，民族的经济活动与其生产方式也与地理环境相适应，反映在传统体育活动的内容和形式上，它们体现了民族的生产、生活方式以及社会风俗习惯。因此，地域和环境成为了传统体育资源的依托和根基。

（二）我国少数民族传统体育旅游资源的开发

开发我国少数民族传统体育旅游资源具有非常重要的作用。具体而言，我国少数民族传统体育旅游资源的开发能够进一步有效丰富、充实旅游资源，并且能够有效推动思想的解放以及科学文化知识的传播，使得民族经济发展速度加快。

1. 开发我国少数民族传统体育旅游资源的步骤

少数民族传统体育旅游资源的开发是一个复杂的过程，需要经过一系列有序的步骤和详细的计划。资源调查、分析和评价阶段的关键是全面了解少数民族传统体育旅游资源的种类、数量、分布和特点，可以通过实地考察、文献研究和专家咨询来完成。资源的调查和评价将提供资源的基本信息，包括资源的潜在价值和开发潜力。可行性研究阶段需要对开发项目的可行性进行深入研究和论证，包括对项目的经济、社会和环境影响进行评估，以及技术可行性的分析。可行性研究将帮助决策者了解项目的可行性，包括潜在的风险和挑战。制定开发战略和路径阶段，需要明确少数民族传统体育旅游资源开发的战略目标和路径，包括确定资源开发的内容、规模、市场定位、运营机制和产品营销方式，该阶段的目标是明确项目的发展方向和核心策略。[①]一旦总体方案得到政府和相关部门的批准，就需要制订详细的实施计划，包括确定项目的时间表、预算、资源配置和监督机制，实施计划的执行是项目成功的关键。

2. 开发我国少数民族传统体育旅游资源的路径

（1）以原生态型为主。以原生态型为主的开发路径侧重于保持少数民

---

① 柳伯力. 体育旅游概论 [M]. 北京：人民体育出版社，2013.

族传统体育的纯正，与自然环境的协调融洽，充分挖掘少数民族传统体育的独特魅力，令其体现在其深刻的文化根源和和谐的生态环境中。首要任务是将现有的少数民族传统体育资源充分利用，并将其整合和优化，以便为游客提供真正的原生态文化体验，包括参与传统体育比赛、活动和亲近自然的体验，如徒步穿越、探索山川和河流等。亲身体验可以让游客更好地理解与欣赏少数民族文化和传统体育。原生态型开发路径还需要强调社会化和市场化的特点，开发者需要将原生态资源有效地呈现给游客，通过营销、宣传和体验项目来吸引他们，进而提高地区的旅游收入，并促进少数民族地区的特色经济发展。最终，以体促游的良性互动局面将在原生态型开发路径下形成，为少数民族地区的可持续发展提供支持，同时有助于文化的传承和保护，将少数民族传统体育与自然地理资源、人文资源和原生态特性相结合，为游客提供丰富多彩的文化和自然体验。

（2）民俗村主题公园。民俗村主题公园模式是一种创新的开发路径，适应了现代社会不断提高的消费水平和多元化的旅游需求，其将少数民族传统体育与丰富多彩的民间节日和文化相结合，为游客提供了更加丰富多样的旅游体验。在此路径下，少数民族传统体育成为主题公园的一部分，通过模拟比赛、演出和互动活动等方式，让游客亲身体验少数民族体育的魅力。同时，少数民族的民间节日和文化也得到了普及和传播，游客可以参与其中，了解并欣赏各民族的独特风情和传统庆典。建设民俗村是这一模式的亮点之一，民俗村以还原少数民族传统生活方式为特色，为游客提供了一个真实的文化体验。

（3）村寨结合。村寨结合将乡村民族旅游村和少数民族体育文化有机结合，形成了一种新型的体育旅游体验，其核心思想是将游客引入原生态的乡村民族旅游村，让他们亲身感受少数民族的文化和体育传统。乡村民族旅游村成为游客的目的地，这些村庄保持了原汁原味的少数民族风情和生活方式。游客在这里与当地居民互动，了解他们的生活习惯、传统手艺和文化传承。同时，村寨也成为了少数民族体育活动的举办地，游客可以亲身参与或观看传统体育比赛和表演。其优势在于能够满足那些渴望亲近大自然和体验原生态文化的游客需求，游客可以在乡村环境中享受清新的空气、美丽的风景，参与传统体育活动，融入当地文化，从而获得全面的旅游体验，并分流一些旅游胜地的游客压力，促进地方旅游的可持续发展。

（4）节庆融合。节庆融合路径是一种充分利用少数民族传统节庆活动的开发方式，通过将民族歌舞和传统体育与旅游结合，创造出精品式的旅游表演，为游客提供丰富多彩的文化体验，充分发挥了少数民族特有的节庆活动的吸引力和重要性。这样一来，使少数民族的传统节庆活动成为旅游的一部分。游客有机会参与或观赏少数民族的歌舞表演，欣赏他们精湛的传统技艺，甚至可以参与到体育竞技比赛中来，享受文化、娱乐和互动的综合体验，使游客能够更深入地了解和体验少数民族的生活方式和文化传统。

二、乡村体育旅游资源的整合及其发展

（一）体育旅游与乡村发展

1. 体育旅游赛事及乡村发展

（1）体育旅游赛事及乡村旅游目的地的关系。体育旅游赛事与乡村旅游目的地之间存在密切的关系，体育赛事是乡村旅游的重要组成部分，同时也对乡村旅游的发展产生积极影响。体育旅游赛事是乡村旅游目的地的一种吸引力，通过举办各种体育赛事，乡村旅游地区可以吸引更多的游客前来参与或观赏比赛，包括马拉松、登山比赛、自行车赛等，这为游客提供了锻炼身体、享受自然风光的机会。因此，若体育赛事成为吸引游客的亮点，有助于提高乡村旅游地区的知名度和吸引力。体育旅游赛事可以充分利用当地的自然资源，乡村地区通常拥有丰富的自然景观，如山川、湖泊、森林等，是举办体育赛事的理想场所。充分挖掘和利用自然资源，体育赛事可以呈现出独特的魅力，吸引更多游客前来体验，但要保护和维护当地的自然环境，使其更加可持续地用于旅游目的。

（2）体育旅游赛事及乡村目的地形象打造。体育旅游赛事与乡村目的地的形象建立和传播密切相关，体育旅游赛事的形象与乡村目的地的形象是相辅相成的，相互增强。体育旅游赛事的形象可以将乡村目的地的特色展现给游客，当体育赛事在乡村地区举行时，游客不仅可以欣赏到比赛，还能够感受到当地的自然美景、人文风情和文化传统。综合性的体验有助于形塑乡村目的地的形象，使其在游客心目中留下深刻的印象。体育旅游赛事的举行进一步强化了乡村目的地的形象，比赛活动通常需要配套的基础设施、组织管理和安全保障，这些促使乡村目的地提高了服务水平和管理水平。同时，赛事的成功举办也会吸引更多的媒体和游客关注，进一步提升了乡村目的地的知名度和声誉。

2. 体育旅游活动及乡村发展

体育旅游活动对乡村的发展具有深远的影响，不仅在经济层面产生影响，还涉及社会价值的塑造。体育旅游活动对乡村经济的影响是积极的。一方面，体育旅游活动有助于增加农民的经济收入。举办赛事、提供旅游服务和销售相关产品都为当地农民提供了就业机会，增加了他们的收入来源。游客在乡村旅游期间的花费也为当地农村经济注入了资金，促进了农村产业的发展。另一方面，体育旅游活动有助于带动农村经济发展。为了满足游客需求，农村地区通常需要改善基础设施，建设住宿、餐饮和娱乐设施，这些投资对于农村经济的增长至关重要。体育旅游还有助于优化地区产业结构，推动乡村产业升级。通过发展与体育旅游相关的产业，如体育用品制造、旅游服务、文化创意等，可以实现产业多元化，提高农村地区的经济效益。

体育旅游活动对乡村社会价值的影响既有积极面，也有消极面。从积极方面看，体育旅游活动有助于促进身心健康，提高生活质量。参与体育活动的游客可以享受锻炼身体、减轻压力、培养高尚情操的好处，这有助于改善社会的整体健康水平。体育旅游活动具有现代服务业的特点，促使农村地区引入现代管理理念和民主决策，提高了社会参与和决策的透明度。

163

同时，体育旅游活动也增加了农民和乡村集体的收益，有助于资金投入环境保护，推动可持续发展。体育旅游活动有利于传统文化和景观的保护与传承，促进了乡村文化的传承和发展。然而，也需要注意到体育旅游活动对乡村社会价值产生的一些消极影响。一方面，一些地方在推动体育旅游和乡村旅游发展时，未能充分重视非物质文化遗产的保护，导致相关资源的流失和传统技艺的危机，对于乡村体育旅游的长期发展构成威胁。另一方面，一些地方在发展体育旅游时，过于追求经济利益，可能出现宰客等不良现象，破坏了乡村的淳朴民风，降低了旅游的美誉度。

3. 体育旅游景观及乡村发展

体育旅游景观是吸引游客的重要因素，它们呈现了体育旅游目的地的独特魅力和特色。游客往往前来欣赏和参与各类体育活动，如登山、徒步、赛马等，离不开合适的场地和景观。因此，体育旅游景观的开发与利用是体育旅游业吸引游客的重要手段。游客不仅能够享受户外活动的乐趣，还可以欣赏到自然风光和文化景观。体育旅游景观的开发需要相应的基础设施支持，包括交通设施、住宿、餐饮、卫生安全设施等。游客的到来需要便捷的交通条件，同时需要有舒适的住宿和丰富的餐饮选择，安全和卫生设施也是体育旅游的必备条件。基础设施的建设和提升能提高游客的满意度，为乡村的可持续发展创造了更多机会。

体育旅游活动的开展与乡村基础设施建设之间存在着相互促进的关系。一方面，体育旅游的需求推动了基础设施的改善和升级。为了满足游客的需求，乡村地区需要不断提升自己的基础设施水平，包括改善道路、修建停车场、建设休息区等，为游客提供了更好的旅游体验，还提升了乡村地区的形象和吸引力。另一方面，基础设施的提升也促进了体育旅游的发展。便捷的交通、舒适的住宿和多样化的餐饮选择吸引了更多游客前来体验体育旅游，进一步推动了该行业的发展。乡村体育旅游活动也促进了城乡互动和知识传递，城市居民在参与乡村体育旅游活动时，不仅享受了户外运动的乐趣，还与农村居民建立了联系，从而使城市居民更好地了解农村生活和文化，并推动农村居民更新观念和提高生活水平。城乡互动促进了社会价值的传递和交流，有利于乡村社会的进步和发展。

乡村体育旅游在当地经济发展中有利于盘活资源和促进农民增收，然而，其发展也伴随着一系列问题和挑战，包括对乡村环境的破坏、文化的冲击以及盲目开发等因素，均对乡村体育旅游的可持续性发展构成了制约和阻碍。在解决乡村体育旅游的可持续性发展问题上，需要在保护乡村旅游景观和推动体育旅游开发之间找到平衡点，采取科学合理的路径是至关重要的。应培养和引进具有体育旅游领域专业知识和管理经验的人才，提高体育旅游项目的管理和运营水平。专业人才可以为景区的规划、推广和运营提供有力支持，确保体育旅游活动的顺利进行。加快乡村体育旅游配套服务基础设施的建设是实现可持续发展的必要举措，乡村体育旅游需要完善的基础设施，如交通、住宿、餐饮等。政府可以引导社会资本和企业参与投资，同时提供融资支持，用于改善乡村基础设施，提高游客的体验，增加乡村体育旅游的吸引力。乡村体育旅游景区应该注重生态环境的保护和恢复，确保体育旅游活动不会对自然环境造成破坏。同时，景区应该积极开展生态教育和环保宣传，提高游客的环保意识，推动绿色旅游的发展。保护和提升乡村的自然环境将有助于吸引更多游客，实现可持续的经济增长。

（二）乡村体育旅游的典型资源

自行车是人们日常生活中常见的交通工具之一，而自行车骑游是将自行车作为媒介，以锻炼身体、增长见闻、探索美丽风景为目的的活动。与其他旅游方式相比，自行车骑游具有独特的优势，骑行者可以随时随地深入到沿途的各个地方，欣赏大自然的壮丽景色，与自然亲近，同时也锻炼了身体，增加了冒险感。自行车骑游的类型主要包括公路车骑游、山地车骑游和普通旅行车骑游。为了在自行车骑游中获得舒适和安全的体验，骑行者需要准备头盔、骑行短裤和骑行衫、骑行鞋和手套、护眼镜、饮水装置、气泵等必要的装备。还需要准备一些生活用品，如相机、手机、太阳镜、多功能登山表、食品和药品等，提高自行车骑游的便利性和安全性。在进行自行车骑游时，需要注意与其他骑行者或车辆保持安全的距离，以避免碰撞事故。在骑行之前检查自行车的各个部件，确保其正常运行。在长途骑行中，定期停下来休息，喝水，进食，以保持良好的体能状态。遵守交通规则，佩戴头盔，注意路况和天气情况，确保骑行的安全性。

三、高端体育旅游资源的整合及发展

（一）高端体育旅游的基本概述

1. 高端体育旅游的概念

高端体育旅游是一种特殊形式的体育旅游，其特点在于参与者具备一定的社会地位、经济实力、文化层次、身体素质、体育知识与技能。高端体育旅游形式与普通大众体育旅游有着明显的差异，主要体现在消费水平、消费层次以及消费方式上。高端体育旅游的主体是一群具备高度素养和综合素质的个体或群体，他们通常拥有相对较高的社会地位和经济实力，能够承担高额的旅游费用，并且在文化层次、身体素质、体育知识与技能方面也具备较高水平，能够更深入地参与到体育旅游活动中。高端体育旅游的客体是高档次和级别的体育旅游资源以及相应的配套体系，包括高品质的赛事、体育场馆、度假胜地等源，通常具备独特的吸引力和附加值，能够为高端体育旅游者提供独特的体验。高端体育旅游的实施过程注重高品质的体育旅游实践，参与者不仅是观赏体育比赛，更强调休闲娱乐、身心享受和心理体验。他们可能参与一系列定制化的活动，享受专业的服务和高水准的待遇，以确保整个体育旅游过程达到最高标准。

2. 高端体育旅游类型

高端体育旅游可以分为多种类型，每种类型都能满足不同的体育旅游需求和偏好，为高端旅游者提供丰富多彩的体验。观赏旅游类型的高端体育旅游，注重观赏体育赛事和参观著名的体育场馆，旅游者可以欣赏到一流的体育比赛，感受到体育的激情和精彩。观赏类旅游通常包括观看顶级赛事，参观著名的体育场馆和博物馆，以及参加大型体育节庆活动。旅游者通过观赏体育比赛和参观相关场馆，丰富了知识，陶冶了情操，开阔了视野。休闲高端体育旅游将个性化和专业化的体育需求与一流的休闲度假环境相结合，包括高尔夫度假旅游和滑雪度假旅游等。旅游者可以在度假胜地享受体育运动的乐趣，同时沉浸在舒适的度假环境中，放松身心，感受到豪华和享受。特种旅游类型的高端体育旅游更注重寻求生活刺激和体验惊险冒险，有登山、航海、探险、狩猎、自驾车等活动。旅游者通过参与这些特种旅游活动，挑战自我，感受冒险的乐趣，并在探险中积累宝贵的人生经历。特种旅游类型的高端体育旅游鼓励人们在极限环境中挑战自我，激发斗志，实现人生的更多可能性。

3. 高端体育旅游的特点

高端体育旅游的产品是其高端性质的体现，包括高端的交通基础设施条件、豪华的康体娱乐设施和高档次的住宿配套等。高端体育旅游要求配备高水平的指导教练人员，以确保体育活动的专业性和质量。产品的高端化决定了消费水平的高端化，旅游者愿意为更好的体验支付更高的价格。高端体育旅游的功能多样化，包括度假、休闲、康体、健身、娱乐、放松、体验、观赏等。然而，主导功能之一是放松身心。现代社会的快节奏生活和工作压力使人们渴望在高端体育旅游中寻求生理和心理上的放松，高端体育旅游成为一种理想的方式，能减轻压力、恢复精力和陶冶情操。高端体育旅游的消费群体通常属于中高社会阶层，具有较高的社会地位、经济实力和文化素养。他们追求更高品质的生活方式，有充足的时间和资源来参与高端体育旅游活动，通常拥有较高的精神追求和对生活品质的要求。高端体育旅游具有重复性的消费特点，旅游者往往会多次选择参与高端体育旅游，而不是一次性的旅行。例如，高尔夫和滑雪是典型的高端体育旅游活动，旅游者可能会在不同的时间和地点多次重复体验这些活动，从而形成了长期的旅游行为模式。高端体育旅游者的行为模式通常呈现出"点对点、以高端体育旅游目的地为大本营的轮轴式"，他们会直接从居住地前往高端体育旅游目的地，然后以度假地为中心，向周围地区进行辐射状的空间位移，使他们能够最大限度地享受高端体育旅游目的地的各种体育和休闲设施，同时探索和欣赏周边地区的自然和文化景观。

（二）我国高端体育旅游的发展

1.我国高端体育旅游的基本发展状况

我国高端体育旅游的消费者主要集中在经济发达的城市，特别是环渤海城市圈、长三角城市圈和珠三角城市圈，北京、上海、广州等大中型城市是高端体育旅游的主要消费者来源地。此现象与城市的经济水平密切相关，经济水平的发展决定了人们对高端体育旅游的兴趣和支付能力。高端体育旅游产品的分布主要取决于当地的经济发展水平，因此，广东、北京、上海、深圳等地成为高端体育旅游产品的主要分布区域，其拥有更多的资源和投资用于开发高端体育旅游产品。而其他地区相对较少投入，因此产品较为有限。我国高端体育旅游的开发模式主要以旅游度假区为依托，而高端体育旅游产品通常与度假村和度假胜地相结合，以提供全方位的体验，包括高端体育活动、休闲娱乐、住宿和餐饮等服务。

2.促进我国高端体育旅游发展的措施

（1）做好政策及法规方面的保障。政府应该积极出台相关法律法规，以规范高端体育旅游行业的发展，涵盖从旅游安全到环境保护等各个方面，确保高端体育旅游企业的合法权益和旅游者的安全。此外，法规包括规定资金的使用、项目的审批和监管等方面，以保证高端体育旅游的可持续发展。制定各种政策来鼓励高端体育旅游的发展，包括税收政策、财政支持、补贴措施等，以帮助企业降低成本和风险，鼓励更多的投资者参与高端体育旅游项目。政府还可以提供土地资源和基础设施支持，以改善旅游目的地的条件。成立相关的高端体育旅游行业协会和组织，可以促进资源整合和协作，帮助企业共享信息、提高行业标准、组织培训和推广活动。通过行业协会，政府和企业可以更好地协同合作，解决行业内的问题，提高竞争力。建立高端体育旅游经济的研究机构，有助于深入了解该行业的发展

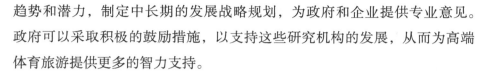

趋势和潜力，制定中长期的发展战略规划，为政府和企业提供专业意见。政府可以采取积极的鼓励措施，以支持这些研究机构的发展，从而为高端体育旅游提供更多的智力支持。

（2）构建良好文化氛围，强化对外交流与合作。各方面共同努力，通过广告、媒体、社交媒体等渠道，积极宣传高端体育旅游的各种优势和吸引力，推广旅游目的地的独特文化、自然景观和体育赛事等，树立高端体育旅游的良好形象，吸引更多游客的兴趣和参与。营造积极向上的文化氛围，有助于提高高端体育旅游的知名度和美誉度，通过组织文化活动、体育赛事和艺术表演，以增强旅游目的地的吸引力。鼓励企业开展文化交流项目，促进文化多样性和互动。积极参与国际旅游展会、交流会议和合作项目，可以借鉴国际先进的管理经验和市场模式。与其他国家的高端旅游目的地建立友好关系，开展跨国合作项目，吸引国际游客。

（3）提升市场营销工作质量。高端体育旅游经营者应该进行深入的市场调研，了解目标客户的需求和兴趣，帮助他们更好地理解市场动态，发现潜在的商机，以及确定最具吸引力的旅游目的地和体育项目。将市场细分为不同的消费群体，例如，专业体育爱好者、度假者、休闲旅游者等。同时，根据不同群体的需求，进行精准的市场定位，以确保产品和服务满足目标客户的期望。基于市场调研和市场细分的结果，经营者可以精心设计高端体育旅游产品，包括选择合适的旅游目的地、体育项目、住宿和餐饮等，以满足不同客户群体的需求。制定全面的市场推广策略，融合线上和线下渠道，以提高高端体育旅游的知名度。通过广告、社交媒体、合作伙伴关系和促销活动等方式，吸引潜在客户，并提供吸引人的优惠和奖励，以鼓励他们参与高端体育旅游。建立和推广高端体育旅游的品牌形象，塑造其独特的文化内涵和价值观。通过建立品牌忠诚度，吸引重复消费者，提高市场份额，并确保市场持续稳定增长。

（4）推广适销对路的产品。发展高端体育旅游需要重点关注市场对路的产品，确保满足客户的需求和偏好。当前市场倾向于高尔夫和滑雪等产品，因此，在推广高端体育旅游时，应为高尔夫和滑雪等受欢迎的体育项目，提供精心设计的旅游产品以及高质量的教练和设备，以确保客户获得最佳的体验。积极推广受欢迎的体育项目，通过广告、社交媒体、体育赛事赞助等方式，让更多的潜在客户了解这些产品的魅力。逐步拓展产品线，开发其他具有市场潜力的高端体育旅游产品，包括不同类型的体育项目、不同风景名胜区的旅游等，以满足多样化的客户需求。不断优化产品，根据客户反馈和市场趋势进行调整和改进。确保高端体育旅游产品始终保持吸引力，满足客户的期望，提高市场竞争力。

（三）我国高端体育旅游的典型资源

1. 高尔夫运动

高尔夫球是一项极富魅力的户外休闲运动，既古老又充满贵族气质，要求高标准的球场、精良的球具以及卓越的球技，同时对运动者的自身修养提出了严格要求。在高尔夫中，运动者需要依靠自己的技术和心理素质，争取将球打得更远更准确。他们必须保持积极、谦虚、坦然的态度，排除杂念，重视每一杆，努力打好每一球。高尔夫球场是一种融自然景物和人工设计于一体的艺术品，通常建在丘陵地带的宽广斜坡上，也可以位于高山、低谷或海岛等各种环境中。一个正规的高尔夫球场通常由 18 个球洞组成，小型球场则有 9 个球洞，球手需要完成 18 个洞的比赛，称为一个循环。

高尔夫运动的器材包括高尔夫球（质地坚硬、富有弹性的实心小白球）、球杆（包括木杆和铁杆两种）、适合运动的着装（通常是运动衫款式的上衣和纯毛或纯棉质地的西裤或便装裤）、鞋子以及手套，其选择和搭配对高尔夫球手的表现至关重要，因为它们直接影响到球的飞行和控制。高尔夫球作为一项精致而古老的运动，融合了自然美景、精湛的技巧和体育精神，吸引着无数人前来体验其独特之美。无论是在球场上挥杆击球，还是在享受宁静的环境中漫步，高尔夫球都提供了一种独特的休闲方式，同时促进了人们的身体健康和心灵愉悦。

2. 滑翔伞运动

滑翔伞运动是一种充满激情和挑战的无动力飞行运动，其独特之处在于它完全依赖地球引力来提供动力，让人在空中自由飞行，与大自然亲密互动。滑翔伞的魅力吸引了越来越多的运动爱好者，尤其是崇尚自然和追求极限体验的年轻人。滑翔伞的起源可以追溯到 20 世纪 70 年代初的欧洲，当时，一些登山者尝试着从高山上乘降落伞滑翔而下，体验到了一种前所未有的乐趣和刺激，从而催生了这项新兴的航空体育项目。滑翔伞通过地面起飞后，在下降的同时会获得高速向前飞行，速度可达每小时 60 千米以上，让人仿佛翱翔在天空之中，与大自然融为一体。在西方国家，滑翔伞运动得到了快速发展，瑞士、奥地利、德国、西班牙等发达国家都有许多热衷于滑翔伞的飞行高手。在亚洲，日本和韩国等经济发达地区，滑翔伞运动也非常普及，吸引了大批爱好者参与其中。滑翔伞运动充满了挑战，需要飞行者具备出色的技术和飞行技能，更需要勇气和决心去面对高空的自由飞行。

3. 自驾游

自驾车旅游是一种时尚的自助旅游方式，将观光、健身、度假和休闲融为一体，为旅游者提供了独特的旅行体验。自驾车旅游的定义尚未形成一致的看法，但通过对国内外专家学者的研究和理解，可以将其基本要素总结为三个方面，这也是自驾车旅游与其他旅游形式的区别所在。① 自驾车旅游以私有或租借的汽车为交通工具。旅游者可以拥有自主的出行工具，不受公共交通的限制，自由选择行程和路线。与传统旅游方式不同，自驾游更注重旅途中的放松、体验和冒险，而不仅仅是到达目的地的快速旅行。② 自驾车旅游是驾车者旅行和暂时居留引发的各种现象和关系的总和，包括了旅途中的互动、交流、文化体验和与目的地的融合。③ 自驾车旅游可以被定义为一种旅游形式，旅游者以休闲体验为主要目的，自主选择行程和路线，并在旅途中体验各种现象和关系。

自驾游有许多显著特点，如行动自由、准备充分和收获巨大。旅游者在自驾游中拥有完全的行动自由，可以根据自己的兴趣和时间安排来制订旅行计划。他们通常会在出发前做充分的准备工作，包括车辆检查、路线规划和住宿安排。而自驾游的收获不仅仅是目的地的风景，还包括旅途中的冒险、文化体验和与他人的互动。自驾车旅游可以根据组织、市场和距离等多个维度进行分类：根据组织形式，可以分为个人完全自驾游、半自助自驾游、参团自驾车出游和品牌汽车俱乐部组织的自驾车出游；根据市场类型，可以分为大众自驾游、主题自驾游和高端自驾游；根据出游距离，可以分为短途自驾游、中途自驾游和长途自驾游；根据车辆所有权、车辆类型、出游者自发性等，可进行进一步的分类。

第七章 全域视角下的区域"体育＋旅游"产业发展体系的构建创新

第一节 我国西部地区"体育＋旅游"产业的发展及管理革新

一、我国西部地区体育旅游资源的特点

（一）丰富的自然旅游资源

中国的西部民族地区拥有丰富多样的自然旅游资源，在体育旅游领域具有独特的吸引力。西部民族地区地理环境多样，自然景观壮丽，包括高原、峡谷、盆地等地貌，与中国东部地区的平原、丘陵、三角洲等截然不同，这使西部民族地区成为开展高品质户外运动和休闲旅游的理想场所。

目前，西部地区已经开展了多种户外运动项目，如攀岩、穿越、探险和漂流等。一些重要的户外体育比赛也经常在这里举行。例如，山地资源丰富的地区适合登山比赛，青海湖的自然环境适宜自行车比赛，丝绸之路古道和大漠戈壁则成为各种汽车和摩托车拉力赛的理想赛道，而高原气候特点也促进各种高原竞赛的举办。自然旅游资源不仅为体育赛事提供了丰富的场地和条件，还为游客提供了独特的户外体验。游客可以在这里感受大自然的壮丽景观，参与各种刺激的户外活动，体验冒险和探险的乐趣。

同时，西部地区的自然景观也为体育旅游注入了文化和历史的元素，丰富了游客的旅行体验。

（二）独特的体育文化旅游资源

中国的西部地区因其悠久的历史、多样的民族文化和独特的自然景观而拥有丰富多彩的体育文化旅游资源，这里一直是少数民族的聚居地。在漫长的历史变迁中，西部地区的少数民族保留了独特的民族风情和文化传统，吸引着越来越多的游客前来休闲和体验。西部地区的少数民族拥有悠久的历史和深厚的文化底蕴，其民族文化体现在各种传统活动和风俗习惯中，包括少数民族传统体育项目，如射弩、叼羊、轮子秋、姑娘追、骑毛驴等，以及民族节庆活动，如蒙古族的那达慕大会、苗族的龙舟节、侗族的赶歌节等，充分反映了民族文化的多样性，还展示了少数民族的生活方式和价值观。民族传统体育项目和文化活动因其独特性和稀有性而吸引了众多游客前来体验，游客可以参与这些传统体育项目，亲身感受少数民族的传统生活方式，了解他们的文化传承。民族节庆活动也为游客提供了难得的机会，让他们参与到少数民族的欢庆和庆祝中来，体验不同文化的魅力。体育文化旅游资源不仅为西部地区带来了经济收入，也为文化传承和交流提供了平台。通过体育和文化的结合，西部地区成功吸引了游客的关注，促进了地方社会的发展和繁荣。因此，西部地区的体育文化旅游资源在推动旅游业发展的同时，也丰富了中国的多元文化底蕴，为跨文化交流和理解提供了宝贵的机会。

（三）多种旅游资源互补融合

中国西部地区拥有多样化的旅游资源，包括丰富的体育旅游资源、人文旅游资源和自然旅游资源，它们之间相互融合，形成了各种各样的旅游组合形式，为游客提供了丰富多彩的旅游体验。体育旅游资源与人文旅游资源的结合是一种常见的组合形式，例如，在苗族的传统节日花山节中，会举办各种体育活动，其中赛马活动是重要的项目之一。既展示了当地的文化传统，又提供了体育娱乐的机会，吸引了不同背景的游客。体育旅游资源与自然旅游资源相结合，也是一种常见的旅游组合形式。以贵州的"围棋＋黄果树瀑布"为例，游客可以在欣赏自然美景的同时参与围棋比赛，体验不同寻常的旅游体验。充分利用了自然环境和体育活动的互补性，吸引了喜欢户外活动的游客。

中国西部地区蕴藏着丰富的多民族文化和传统节日资源，为体育旅游注入了新的活力和吸引力。不同民族传统体育盛会的节日时间错落有致，为游客提供了全年多样性的旅游选择。在西部地区的少数民族，每个民族都有独特的传统节日，并伴随传统体育活动。例如，佤族的摔跤、打鸡棕陀螺、射弩等活动通常在新米节、春节和撒谷节等不同时间段进行，而普米族的赛马、斗狗、打靶、摔跤等传统节日活动也各自有安排。多样性的节日时间使游客可以根据自己的时间安排，体验不同的文化和体育活动，增加了旅游的灵活性和吸引力。传统体育活动的文化内涵丰富多彩，为游客提供了更多元的文化体验。传统体育活动通常伴随民族歌舞、传统服饰、美食等文化元素，游客可以在参与体育活动的同时，深入了解当地民族的文化。

二、我国西部体育旅游产业的发展与管理策略

（一）转化思想观念，增强有关认识

为了推动西部地区体育旅游业的发展，首要任务是转变思想观念，提高相关认识，将体育旅游确立为产业地位的核心目标。目前，西部地区的旅游业已经引起了广泛关注，成为政府扶持的特色产业之一。然而，仍存在一些观念上的滞后和认识上的不足。长期以来，西部地区的体育产业发展相对滞后，导致一些决策者对民族传统体育旅游缺乏深刻的认识。他们可能仍然停留在"体育只是一项民间娱乐活动"的传统观念中，未能充分认识到体育旅游的巨大经济和文化价值，且未能意识到体育旅游可以成为创造巨大社会经济效益的产业。因此，需要通过转变思想观念，使决策者更加了解体育旅游的潜力和重要性。虽然体育旅游业具有巨大的发展潜力，

但国内专家学者的关注和研究相对较少。体育旅游领域缺乏必要的理论研究和实践指导，导致了资源开发和旅游业发展的不足。因此，需要引导专家学者加强对体育旅游业的研究和论述，提供理论支持和实践指导，为产业的发展提供更多的智力支持。要实现体育旅游业的可持续发展，西部地区各级政府部门必须转变观念，充分认识到发展体育旅游产业的潜力和优势。同时，还需要将体育旅游的发展与生态、文化、经济、社会等各个方面的可持续发展紧密结合起来，以确保该产业的长期繁荣和健康发展。

（二）加大普查力度，强化资源保护

为了促进西部地区的体育旅游业发展，加大普查力度、保护相关资源至关重要。西部地区拥有壮丽的自然生态景观和丰富多彩的民族文化，人们需要采取一系列措施来确保宝贵资源得到充分保护和合理开发利用。进行全面的体育旅游资源普查，以更深入地了解和理解西部地区体育旅游资源的优势，包括原生态民族体育文化旅游资源和原始体育旅游自然资源的收集、摄录、整理，编制详尽的调查评价报告和资源名录。通过普查，可以准确反映体育旅游资源的现状，明确其比较优势和潜在优势，为后续的保护和开发提供基础数据。建立相关法规和条例，以确保体育旅游资源得到有效的保护。主管部门应该制定体育旅游自然生态环境保护条例，将开发与生态环境保护有机结合，实现可持续发展。地方政府应该建立有关民族体育文化的保护条例，设立体育文化保护区和基地，保护具有民族特色的体育文化遗产。完善教育体系，将民族体育文化纳入学校教育，并根据不同层次的职能分配相应的传承任务。同时，民间应该鼓励成立民族体育歌舞表演团队，通过表演与宣传来弘扬和传承本地区的民族体育文化。鼓励企业和市场参与，将民族体育文化资源转化为经济优势。通过企业主体、市场运作和群众参与，举办和参与本民族的传统体育节日，宣传和弘扬民族传统体育文化，不仅可以提高群众参与民族传统体育文化的积极性，还可以促进体育旅游业的发展，将民族传统体育文化资源转化为经济增长点。

（三）发挥区域优势，突出旅游特色

西部地区拥有丰富的体育旅游资源，但其产业规模、经济效益、资源开发利用程度等方面与东部地区存在差距，主要原因是未能充分发挥地方区域优势和进行创新。因此，为实现西部地区体育旅游业的可持续发展，需要在产品创新方面下功夫。西部民族地区的体育旅游资源具有独特性和原生性，在产品开发过程中必须注重适宜技术的应用。适宜技术的运用是现代科技与体育旅游资源的开发相结合，从而更好地保护和发展西部地区的体育旅游资源。例如，采用传统手工制作的民族体育运动器材相对于机器大批量制作的器材更具吸引力，因为它们更能体现原汁原味的民族文化和体验。在登山运动方面，现代测量技术可以帮助选择合适的登山路线，以减少对自然风景区的破坏。体育旅游主题公园和体育旅行社的信息网络管理也需要现代科技的投入，以充分发挥西部地区体育旅游产品的竞争优势。为了形成体育旅游产品的特色，需要在保留自然风光景观的基础上，充分应用现代科技，从而增加体育旅游资源的竞争力，可以通过特质资源与适宜技术的结合来孵化特制的体育旅游产品。特制产品可以吸引更多的游客，因为它们具有独特性。

（四）扩大市场发展空间，推动产业化进程

体育旅游业作为我国的朝阳产业，具有巨大的潜力和市场发展空间。在推动体育旅游业的产业化进程中，必须认识到体育旅游需求的内容、数量、动向、层次等因素对市场发展空间的重要影响。在此背景下，我国体育旅游产业化呈现出一些特点和趋势。与传统产业不同，体育旅游市场不是可以完全掌握的，它受到消费者需求多样化和多变性的影响，因此市场越来越不确定。传统产业通常可以通过企业规模的扩大来占领市场，但在体育旅游业中，供大于求的市场很难把握，从而增加了市场不确定性。随着人民生活水平的提高，各地区对旅游业的发展越来越重视，竞争越来越激烈。西部地区作为相对滞后的体育旅游发展地区，面临着更为严峻的竞争形势。要在竞争中脱颖而出，西部地区需要克服软硬件条件限制，推动

体育旅游业发展。任何一个旅游市场都需要具备完整的体系。体育旅游管理者和经营者需要熟练操作这一体系，以促进自身的发展。因此，需要加强体育旅游市场体系的建设，提高市场运作的效率和顺畅度。为了扩大市场发展空间，推动体育旅游业的产业化进程，西部地区需要制定更为灵活的市场策略，适应不确定的市场环境。同时，应加强竞争力的培养和提升，通过提供独特的体育旅游产品和服务来吸引游客。还需要完善体育旅游市场体系，提高市场运作的效率，使新产品能够更好地满足游客需求。

（五）有效融合体育旅游项目与整个旅游业

西部各省（区）市应将体育旅游项目的配置和景区经营纳入旅游环线及要素的设计中，规范体育旅游项目的建设，科学选址体育旅游活动，分析可行性旅游观光和活动线路，合理发布各景区体育旅游项目的配套活动信息，从而促进西部地区体育旅游的整体发展，提高各景区的竞争力。重视西部地区体育旅游景区的综合开发和建设，提高体育旅游资源和产品的开发利用率。西部地区拥有丰富的文化、宗教、生态、科学和体育资源，需要重视资源间的共生性。综合进行开发可以充分发挥各种资源的经济效益、社会效益、文化效益和生态效益，实现资源的整合发展。建立健全各个景区的体育旅游活动配置建设，充实景区旅游项目的构架和内容，有助于促成景区资源的共享格局，充分发挥不同景区的市场聚合力。应从宏观方面进行整体调控，避免各自独立发展。建立规范的体育旅游市场统计标准，制定体育旅游专业化配套目标检查，促进西部各省（区）市体育旅游市场目标的一致性，可以实现更加高效的资源利用，从而提高体育旅游业的整体水平。

（六）建设基础设计，完善配套服务

体育旅游的特殊性需要更多的关注和投入，其中，基础设施建设和配套服务的完善不仅有助于提高游客的满意度，还能增加对体育旅游资源的认知和美誉度。基础设施建设方面，现代化的体育竞赛设施和民族传统体育运动设施的建设是基础，可以用于承办各类体育竞赛和文化演出，吸引更多的体育旅游者。并且需要加强餐饮、住宿、交通、购物等辅助设施的建设，以提供便捷的服务，满足游客的各种需求。基础设施的完善可以提高体育旅游的整体品质，吸引更多游客前来体验。体育旅游者不仅寻求愉悦身心的体验，还渴望通过旅游获得身体健康和体能提升。因此，需要重视培养和建设复合型体育旅游人才队伍，他们可以为游客提供专业的体育健身建议和指导，确保游客在旅游过程中能够享受到有益的体育锻炼。同时应传授体育旅游者健身方式、健身方法以及运动处方，以满足他们的健康需求。

（七）树立品牌意识，推动体育旅游产业升级

中国西部地区尽管拥有丰富的体育旅游资源，但品牌化程度仍然较低，面临着市场竞争的挑战。因此，树立品牌意识，提高体育旅游产品的知名度，是促进体育旅游产业升级的必要举措。品牌代表了一家企业向消费者提供产品特点、利益和服务的承诺，在体育旅游领域，一个强大的品牌可以帮助企业建立良好的声誉，吸引更多游客，提高客户忠诚度。因此，西部地区的体育旅游企业应积极推动品牌建设，强调产品的独特性和价值，提供高品质的服务，以树立品牌形象。互联网的兴起为体育旅游市场提供了新的营销渠道，通过互联网和社交媒体平台，企业可以更广泛地传播有关体育旅游产品的信息，吸引更多的潜在客户，有助于消除信息不对称和信息失误的问题，让游客更容易了解和选择合适的旅游目的地。因此，西部地区的体育旅游企业应积极利用互联网，将产品特色、文化底蕴和服务优势等信息传播到网络上，从而吸引更多的消费者参与营销活动。在竞争激烈的体育旅游市场中，一个强大的品牌可以帮助企业脱颖而出，获得市场的认可和信任。西部地区的体育旅游企业可以通过品牌建设来树立自身的市场地位，提高竞争力，吸引更多游客。电子商务是推动体育旅游产品推广的有效手段，通过电子商务平台，企业可以实现市场推广、结算和支付的自动化，提高工作效率和效益。西部地区的体育旅游企业应积极利用电子商务，拓展市场渠道，促进产品的推广和销售。

三、西部典型地区体育旅游产业的发展及其管理

（一）西安体育旅游产业的发展及其管理

1. 西安体育旅游资源的基本类型

（1）休闲类体育旅游。西安是一个地理特征丰富多样的城市，拥有独特的休闲类体育旅游资源，包括丰富的山地景观、水体景观以及各种体育游乐场所，为市民和游客提供了丰富多彩的休闲活动选择。西安拥有多样的山地旅游资源，秦岭山脉横跨西安南部，海拔高度悬殊，为登山爱好者提供了绝佳的挑战和探险机会。无论是初级登山者还是高级徒步者，都可以在秦岭山脉找到适合自己水平的登山线路。山地景观不仅提供了锻炼身体的机会，还让人们能够亲近自然，享受美丽的风景。西安的水体景观也为休闲体育旅游提供了丰富的选择，境内的灞河、沣河等河流交错蜿蜒而过，提供了垂钓和郊游等活动的场所。在水体景观中，游客可以尽情放松身心，感受大自然的宁静和美丽。垂钓爱好者可以在这里寻找到宁静的垂钓点，享受钓鱼的乐趣。西安还建设了一批高品质的体育游乐场所，如杨凌水上运动中心、中体健身休闲广场和渭水园休闲度假区等，为市民提供了休闲度假的机会，让他们可以参与各种体育活动，释放压力，提高生活质量。无论是水上运动、健身锻炼还是户外休闲，都可以在有关场所找到合适的项目。

（2）观察类体育旅游。西安在体育旅游领域也拥有丰富的观赛类体育旅游资源。随着我国体育产业的快速发展，西安的竞技体育赛事在吸引观众和游客方面表现出了火热的态势，为体育旅游增添了魅力。西安以其足球传统和强大的球迷群体而闻名，西安被誉为中国足球的金牌球市，其主场也享有"圣朱雀"的美誉。每当中国足球比赛在这里举行时，都会吸引大量的球迷前来观赛，而这些球迷不仅来自西安本地，还包括了来自全国各地的足球爱好者。观赛者既可以欣赏高水平的足球比赛，还能感受到西安独特的文化和风情，结合体育赛事和旅游体验的观赛类体育旅游吸引了

众多游客。西安举办的"西安城墙国际马拉松赛"已经成为一项金牌体育旅游赛事，每年，该赛事吸引了众多的长跑爱好者与游客前来参赛和观赛。参赛者可以在比赛中挑战自己的极限，还有机会欣赏到西安城墙的壮丽景色。该体育赛事的成功举办，为西安的体育旅游赛事发展树立了榜样，未来还有更多的国际马拉松赛事有望在西安举行，进一步推动体育旅游的发展。西安还拥有陕西长安竞技足球俱乐部和陕西信达职业体育俱乐部，职业俱乐部的比赛吸引了大量的球迷，尤其是来自陕西省内的球迷群体。这些球迷热情洋溢，每次比赛都会选择到现场去支持自己心爱的球队。亲临现场观赛的体验，不仅让球迷感受到了激情四溢的体育氛围，还为西安的体育旅游增加了更多元化的选择。

（3）参与性体育旅游。随着人们生活水平的提高和健康意识的增强，参与性体育旅游活动在西安逐渐崭露头角。越来越多的人借着闲暇时间，走出户外，积极参与各种刺激和参与性强的体育旅游活动，如漂流、攀岩、滑雪、定向越野等。西安拥有丰富的山地旅游资源和水体景观，为体育旅游项目提供了理想的场地，满足了人们对冒险和体验的需求。西安的山地旅游资源和水体景观资源为体育旅游提供了绝佳的场地，包括险峻的山脉、蜿蜒的河流和清新的湖泊，为漂流、攀岩、定向越野等刺激的体育旅游活动提供了丰富的选择。游客可以在自然景观中体验挑战和乐趣，感受大自然的壮丽之美。西安还拥有多家滑雪场地，如白鹿原滑雪场、翠华山滑雪场、太白山滑雪场、竹林畔滑雪场等。滑雪场地为西安市民提供了冬季滑雪的机会，也吸引着来自各地的滑雪爱好者。滑雪作为一项极具参与性的体育旅游活动，吸引了越来越多的人投身其中，享受雪地运动的乐趣。

2.西安体育旅游产业的发展对策

（1）体育旅游产业融入"西安"发展规划。西安市政府旨在将西安建设成为国际化大都市和国家中心城市，该宏伟目标需要综合规划和多领域的发展支持。在此背景下，将体育旅游产业纳入"西安"的发展规划中具有重要意义。体育旅游产业作为一个具有巨大潜力的领域，可以为西安带来新的经济增长点，并促进城市建设目标的顺利完成。

（2）引进体育旅游人才，加强有关企业培训。西安体育旅游产业的发展离不开相关人才的引进与培育，只有吸引具备相关领域专业知识和经验的人才，才能够支撑体育旅游企业的创新和发展。有关人才可以为西安的体育旅游业注入新的理念和技术，推动产业不断壮大。建立相关的培训机制和教育体系，培养出更多的本地从业者，提高他们的专业水平和竞争力，有助于西安体育旅游产业的本土化发展，推动相关业务的蓬勃发展，促进整个产业的壮大。

（3）打造地方特色，树立品牌意识。西安拥有丰富独特的体育旅游资源，应积极利用有关资源，打造符合西安地方特色的体育旅游项目。通过创新和独具特色的活动，树立品牌意识，将西安的体育旅游品牌推向市场。同时，需要加大相关体育旅游项目的宣传和推广力度，向广大游客传递西安独有的旅游魅力，吸引更多人前来参与体育旅游活动。

（二）西安都市圈体育产业发展对策

1. 西安都市圈的概念

西安都市圈是以西安为核心的城市发展区域，其范围包括西安行政辖区的9个区和4个县，以及渭南的富平县和咸阳市的秦都区、渭城区、泾阳县和三原县。该都市圈以西安为中心，周边城镇在人口和产业密集、基础设施建设和城镇建设等方面实现一体化发展，呈放射状分布，构成了一个相互联系和依存的城市群体。西安都市圈的形成和发展对于整个陕西的城市体系和经济发展具有重要意义，将有助于推动区域内各城市的协同发展，提高资源利用效率，促进人口流动和产业协同，进一步推动西安地区的现代化进程。

2. 西安都市圈的概况

（1）西安都市圈的区位优势。西安都市圈拥有显著的区位优势，与当前我国西部大开发战略相辅相成，具有战略地位和发展潜力。西安都市圈地理位置优越，位于中国西部，处于西部大开发的前沿。作为西部地区经济发展的核心城市之一，西安具有丰富的资源和人才，是整个都市圈的发展引擎。将西安这一国际化大都市圈建设成为国家战略布局的一部分，可以获得国家政策支持，有助于引领整个西部地区的发展，还有助于吸引国内外投资和资源，推动西安都市圈的经济繁荣。西安都市圈还可以承接国际产业转移，参与国际分工合作，其国际化大都市的特点和综合优势使其成为吸引国际企业和项目的理想选择。国际化大都市圈的建设有助于推动产业结构升级和国际化水平的提高，为本地区和整个国家的经济发展提供了广阔的机遇。

西安都市圈位于关中平原腹地，是大西北地区的门户。其地势平坦，气候宜人，为各类经济活动提供了便利的自然条件。作为西部地区重要的交通枢纽和物流集散地，西安都市圈拥有发达的交通网络和物流体系，便于货物运输和人员流动，为经济发展提供了有力支持。西安都市圈的空间格局呈现多层次城镇构成，包括主城和辅城，以及内外扩张的总体空间格局。城镇分布有助于实现城市资源的优化配置和协同发展，形成了更加强大的区域经济力量。圈内人力资源雄厚，科学技术先进，具备良好的创新和发展潜力。作为陇海—兰新经济带的核心增长极，西安都市圈在黄河中游地区具有重要地位，是新欧亚大陆桥陇海兰新经济带的关键区域之一。它不仅承东启西，还处于"一带一路"上的核心城市，具备带动周边地区快速发展的潜力，是整个西部地区经济发展的重要引擎。

（2）西安都市圈的人文环境。西安都市圈拥有丰富的人文环境和深厚的历史文化底蕴，为其区域发展和吸引外部资源提供了独特的竞争优势。西安作为举世闻名的世界四大古都之一，承载着中华民族的文化传承和历史记忆。其丰富的历史文化遗产，如秦始皇兵马俑、大雁塔、明城墙等，吸引着国内外游客前来参观，成为文化旅游的热门。在西安建都的朝代，如周、秦、汉、唐等，都在这里留下了深刻的历史痕迹，形成了丰富多彩的文化遗产，见证了中国古代政治、经济、文化的繁荣，也展示了西安在中国历史上的独特地位。西安都市圈内还保留着浓厚的地域风情和民俗文化，牛肉泡馍、皮影戏等传统文化元素融入了当地居民的生活，体现了深厚的文化传统。地域特色丰富了西安都市圈的文化内涵，为体育旅游提供了更多元的文化体验。咸阳作为西安都市圈的一部分，同样具有悠久的历史和丰富的文化底蕴。秦朝的都城就建于咸阳，这里保留了众多古代文化遗产，如秦始皇陵等，为西安都市圈增添了独特的历史光彩。

3. 西安都市圈体育产业发展的有效对策

（1）立足宏观战略高度整体规划西安都市圈体育产业。西安都市圈的经济繁荣带动了居民生活水平的提升，激发了人们对体育健身的需求，为体育产业提供了广阔的市场，吸引了多方资金的流入。然而，目前体育产业规模相对较小，产业结构不够合理，发展不均衡，需要通过规划来实现均衡发展和资源优化配置。西安都市圈体育产业面临着市场化管理不够规范的问题，制定科学合理的配套措施，建立规范的市场机制，加强监管与管理，可以帮助体育产业更好地发展和运营。从业人员的整体素质需要提高，包括管理人员、教练员、运动员等。通过培训和引进相关人才，提高从业人员的专业水平，将有助于体育产业的可持续发展。应制定正确的指导思想和发展目标，确立发展的战略方向和优先领域，科学规划西安都市圈体育产业，充分挖掘其发展潜力，将体育产业视为拉动本地经济发展的朝阳产业。

西安都市圈的体育产业发展以西安和咸阳城区为核心，并向外扩展，此种发展模式充分利用了中心城市的经济、科技和基础设施优势。在此模式下，西安和咸阳的城区成为体育产业最先进的代表，为整个都市圈内的体育业提供了关键的支持和推动作用。西安和咸阳城区拥有相对繁荣的经济环境和科技基础，为体育产业的发展提供了坚实的基础。这两个城市在经济发展、科技创新和资源配置方面具有显著的优势，可以吸引更多的资金和资源投入到体育产业中，促进产业的快速发展。西安和咸阳城区的空间距离相对较近，历史文化源远流长，且已经明确了一体化发展战略。有关因素使得两个城市的联系更加紧密，城区的建设和功能更加完善。通过城区的一体化发展，体育产业可以得到更好的政策扶持，这加速了产业的集聚和发展。随着西安和咸阳城区体育产业的不断完善和发展，成功的经验逐渐向周边城镇和乡镇渗透，带动了整个都市圈内体育产业的蓬勃发展。此种扩散效应促进了体育产业的发展，还创造了更多就业机会和经济增长点，为整个西安都市圈的体育产业提供了强大的动力。

在西安都市圈范围内，西安和咸阳作为轴心城市，可以发挥其经济优势，但同时需要重视周边小城镇的发展，形成多个次级中心，从而构建一个城镇包围农村的发展模式，而以经济相对发达的小城镇为核心，如杨凌示范区、户县、武功县等，将它们作为体育产业发展的动力源点。次级中心的体育产业发展可以相互促进、相互连接，形成一个庞大的体育产业网络，覆盖周边的乡镇和农村地区，既可以加速体育产业的发展，还能带动相关产业的增长，形成扩散效应，促使整个区域的体育产业走向一体化发展。通过城镇包围农村的发展道路，可以实现体育产业的极化效应，推动各个次级中心的体育产业蓬勃发展。同时，该模式也有助于进一步改善乡村地区的就业情况和生活质量，促进农村经济的发展，实现整个西安都市圈体育产业的繁荣和经济的全面提升。

（2）采取相应的产业结构政策。在西安都市圈体育产业的发展中，优先发展健身娱乐业和竞赛表演业。这两个领域的发展有助于满足大众对健身、娱乐和体育竞赛的需求，同时能够带动其他产业部门的增长，从而促进整个体育产业的繁荣。体育健身娱乐业的发展应该以合理扩大业务数量和规模为目标，逐步提高服务质量，可通过建设更多的健身房、运动场馆、游泳池等设施来实现。同时需要推广健身运动的文化，鼓励大众积极参与体育活动，提高人们的健康水平，有助于增加体育健身娱乐业的市场份额，为西安都市圈的居民提供更多的健康娱乐选择。竞赛表演业的发展同样重要，通过举办各类赛事可以实现经济收益和社会效益的双赢。政府和企业可以合作举办体育比赛，通过出售门票、电视转播权、赛事广告等方式获得经济回报。比赛也能够提高当地体育文化的影响力，为社会提供精神文明和娱乐的机会。竞赛表演业的发展需要不断提高比赛的观赏性，才能吸引更多观众参与，并积极开发商业性质的比赛项目，提高体育在西安都市圈的影响力。

在西安都市圈体育产业的发展中，体育场地服务业和体育中介业两个领域的不断发展可为体育产业提供更多的机会和支持。体育场地是举办各类体育赛事和大众体育健身活动的基础设施，目前，本地区存在着体育场地供给不足和分布不平衡的问题，一定程度上限制了体育产业的发展。因此，政府应加大对体育场馆和场地的投资，推动场地建设和更新，并实施积极的税收减免或返还政策，以提升场地的服务水平和质量，从而为体育产业提供更多的举办赛事和举办大众体育健身活动的场所，促进体育活动的普及和发展。体育中介业作为体育产业的纽带，起着促进各个环节协调合作的关键作用。政府应该鼓励本地区培养和发展体育中介人才，提供相关培训和支持，以满足体育产业对专业服务的需求。同时，应制定相关的规章制度，确保体育中介业的健康发展，维护市场秩序。

体育制造业在西安都市圈体育产业中的发展潜力巨大，尤其是目前的局面存在空缺，大多数体育产品需要从东部沿海地区或国外进口。本地区应根据潜在的优势和市场需求，制定明确的发展策略，如发展体育服装业生产基地和户外体育休闲产品生产基地，推动本地区形成自身的特色和竞争优势，减少依赖外部供应商的程度，提高本地区的自给自足能力。本地区需要不断提高体育制造业的产品质量和科技含量，可以通过技术创新、研发投入以及培训本地区工人技术水平实现。高质量的体育产品有助于赢得市场份额，吸引更多的消费者，从而推动体育制造业的健康发展。本地区的体育制造业应逐步走向规模化，并寻求扩大市场份额，包括全国市场和国际市场，可以通过积极的市场推广、拓展销售渠道以及建立合作关系实现。通过体育制造业的局部优势，本地区可以成为体育产品的重要生产基地，为体育产业的整体发展提供有力支持。

随着信息时代的兴起，体育信息传播业和体育广告业成为了体育产业中不可或缺的重要组成部分。在西安都市圈内，应充分认识到两个产业的潜力和重要性，积极鼓励它们的发展，以促进本地区体育产业的繁荣。体育信息传播业在西安都市圈内应该得到更多的支持和发展机会，可建立专门的体育频道和体育信息网站以满足本地居民对体育信息的需求，还能够吸引更多的体育爱好者和观众，增加信息传播业的市场份额。通过不断更新和提高信息服务的质量，可以在信息时代中占据有利位置，为体育产业的发展提供强大的推动力。体育广告业的发展也应受到关注和支持，商业性质的体育广告在世界各大赛事中具有重要作用，它不仅宣传了体育文化，还提升了相关企业的品牌价值。西安都市圈可充分利用本地深厚的文化积淀和人才资源优势，发展体育广告的相关业务和服务，逐步打造成国内体育广告的知名品牌。通过与国内外体育赛事和体育明星合作，提高广告的创意和质量，吸引更多广告商的投入，推动体育广告业的健康发展。

在西安都市圈内，应实现体育产业的发展多样化和区域均衡发展，有效利用资源、提高经济效益和满足人民群众对多元化体育需求。要集中发展已形成的优势体育产业项目，逐步推动它们向规模化发展。例如，以陕西省体育场为中心，规划建设大型体育商城和体育主题街区，提供各类体育用品和娱乐设施，以满足市民的体育需求。同时，鼓励企业形成连锁经营，提高经济效益，并扩大其影响范围。应根据本地区的自然条件和资源，开发适宜的体育休闲娱乐场所，包括蹦极、登山、野营等新兴体育休闲娱乐产业，以满足不同人群的休闲需求，同时为本地区的体育产业注入新的活力。在不同地方扩建体育培训基地，以培养高水准的竞技运动员，包括游泳中心、跳水培训基地、乒乓球培训基地、射击中心等。提供专业的培训设施和教练团队，培养出更多优秀的本地运动员，并提高本地体育竞技水平。

（3）提升本地区体育产业从业人员的素质。在体育产业的快速发展中，不仅需要政策制定者和经营管理者的宏观规划，更需要大批的优秀体育服务人员。因此，为了推动西安都市圈体育产业的全面发展，必须采取措施提高本地区体育产业从业人员的素质。竞技体育人才的培养不仅是参加奥运为国争光的基础，也是体育产业快速发展的助推器。本地区应该建立系统的体育人才培养机制，包括从基层普及、校园推广到专业培养的全方位体系。大力发展体育师资力量，提高体育训练的科学性，为竞技体育人才提供优质的培训资源。开展多样性的体育竞赛活动，鼓励青少年参与，培养新一代竞技体育人才。与此同时，与其他地区进行交流与合作，吸取先进经验，促进竞技体育人才的共同提升。体育经营管理人才的培养应该从提高现有人员的业务水平入手，制定相应的培训机制，使其具备更专业、更高效的管理能力。相关高等院校应该开设体育经济、体育经营管理等专业，培养更多有实践经验的管理人才。建立专门的体育经营管理人员培训机构，为有志于从事体育产业管理的人员提供培训机会。制定体育经营管理人员的资格审核制度，保障体育产业管理人才的质量。在加强体育产业从业人员培养的同时，也应该注重体育产业与相关产业的融合。西安都市圈体育产业的发展需要与旅游、文化、教育等产业深度合作，形成良好的产业生态。例如，体育旅游、体育文化等项目的推广，可以吸引更多的游客和观众，促进本地区产业链的发展。同时，还可以与学校合作，推动体育教育的深入开展，培养更多的体育人才，为体育产业的可持续发展提供人才支持。

（三）环青海湖体育旅游产业的发展及其管理

1. 环青海湖体育旅游的资源

青海作为一个多民族的省份，拥有丰富多样的旅游资源，特别是在环青海湖地区，汇聚了多种体育旅游资源，为各类体育活动和旅游提供了绝佳场所。车类比赛体育旅游资源是环青海湖地区的一大亮点，青藏公路贯穿了该地区，它是南丝绸之路和唐蕃古道的一部分。在这片土地上，壮丽的自然景色与曲线崎岖的公路完美结合，成为自行车和摩托车等车类比赛的理想赛道。其中，环青海湖公路自行车赛已经成为国际体育赛事的顶尖项目之一，吸引了众多国内外选手和游客，极大地促进了当地经济的繁荣和旅游业的发展。狩猎与探险体育旅游资源在柴达木盆地尤为突出，该地区地势多变，山峦起伏，草木丰茂，为野生动物提供了丰富的栖息地。青海湖周边的柴达木盆地已经成为了草原狩猎的热门地点，各种草原狩猎项目吸引了广大狩猎爱好者前来体验。这里还拥有多样的探险类旅游资源，包括峡谷探险、沙漠探险和冰川探险等，满足了寻求刺激和冒险的游客的需求。青海湖是中国最大的内陆湖泊之一，其清澈的湖水和壮观的湖岸风光为各类水上运动提供了理想的条件。可以通过打造青海湖水路旅游环线，将水上旅游与环青海湖公路自行车赛等体育赛事相结合，创造更多旅游机会。中国青海国际强渡黄河极限挑战赛也为水上项目体育旅游提供了契机，如水上漂流、划船和垂钓等水上活动，均可以在该地区得以促进和发展。

2. 环青海湖体育旅游的发展战略

（1）深入挖掘"环湖赛"品牌潜力。为进一步推动青海的体育旅游业发展，可以充分挖掘环青海湖公路自行车赛这一品牌的潜力。该赛事已经成为青海旅游的重要代表，因此可以借助这一品牌效应，进一步开发相关的体育旅游赛事。例如，可以策划举办"中国青海国际强渡黄河极限挑战赛""青海国际攀岩赛"等赛事，吸引更多的运动爱好者与游客前来参与和观赏。新的体育赛事不仅可以为青海带来更多的知名度和曝光度，还有望成为吸引游客的重要因素。有关赛事可以丰富青海的体育旅游产品线，满足不同游客的需求，从而促进青海体育旅游业的多元化发展。

（2）深入挖掘民族体育特色。青海作为一个多民族的省份，可以充分挖掘各民族传统体育特色，从而促进体育旅游业的发展。青海拥有丰富多样的民族文化，包括蒙古族、藏族、回族等，每个民族都有其独特的传统体育项目和文化。通过积极开发相关民族特色的体育项目，如赛马、赛牦牛、射箭、摔跤等，青海可以吸引更多的游客前来观赏和参与。传统体育项目具有浓厚的地方特色和文化底蕴，能够为游客提供独特的体验和文化交流机会。青海还可以举办民族体育文化节、民族体育竞技赛事等活动，将各民族的传统体育文化进行展示和推广，增强了解和尊重不同民族文化的意识，促进民族团结和文化交流。

（3）加大市场营销与宣传力度。随着我国人民生活水平的提高，旅游市场竞争越发激烈，因此，青海在发展体育旅游业方面需要加大市场营销和宣传力度，打造体育旅游的精品线路，吸引更多游客前来体验，从而促进青海湖周边的体育旅游业的发展。青海可以通过建设专业的官方网站和社交媒体平台，积极推广体育旅游项目和赛事信息，提供详尽的旅游指南和吸引人的图片及视频，以增加游客的了解和兴趣。同时，可以与知名旅行社、体育协会等合作，共同推广青海的体育旅游线路，扩大宣传渠道。举办各类体育旅游推广活动，如路演、体育赛事发布会、体验活动等，吸引媒体、博主和游客参与，提升青海体育旅游的知名度和吸引力。开展定制化的市场营销策略，根据不同目标客群的需求和兴趣，推出特色的体育旅游产品，提供个性化的服务，满足游客的多元化需求，从而吸引更多的游客前来青海湖周边体育旅游。

第二节　我国环渤海地区"体育＋旅游"产业的发展及创新管理重塑

一、我国环渤海地区体育旅游产业的发展及其管理

（一）环渤海地区体育旅游带的规划

环渤海地区体育旅游带规划是一个具有连续性、增值性、可变性和战略性特征的全过程，旨在合理且有效地利用该地区丰富的体育旅游资源，满足旅游者的需求，实现旅游业的可持续发展。其目标是在整体上优化和整合体育旅游资源、接待能力、交通运输能力，以及社会提供的人力、物力和财力，以确保旅游者能够完美地实现他们的旅游目标。体育旅游规划必须从系统全局和整体出发，以最大限度地优化旅游规划，正确处理复杂的旅游系统结构，从多个维度考虑和处理问题，从而确保旅游系统的社会、

经济和环境效益在开发和建设过程中得到有效的实现。在环渤海地区，体育旅游规划不仅要满足旅游者的需求，还需要从大局出发，统筹安排，以确保环渤海体育旅游带的构建是可行的，并且能够在长期内取得成功。

　　进行体育旅游规划时，需要遵循一系列原则和规律，以确保规划的科学性和可行性。体育旅游规划应该以国家和地区的社会经济发展战略为基础，必须与国家和地区的发展方针、政策和法规相一致，与城市总体规划、土地利用规划等相关规划相协调，从而确保了规划的一致性和可持续性。规划应以旅游市场为导向，充分考虑游客的需求和趋势。旅游资源应该是规划的核心，旅游产品应该是主体，经济、社会和环境效益的可持续发展应该是指导方针，从而有助于确保规划的实际可行性和市场吸引力。规划需要突出地方的独特特色，注重区域协调发展，应强调空间一体化发展，避免不合理的近距离重复建设，同时加强对旅游资源的保护，减少浪费，实现可持续的地方发展。规划编制过程中应采用先进的方法、技术和创新性的思维方式，提高规划的质量和效率，确保规划的科学性和适应性。规划编制所采用的勘察、测量方法以及图片、文件和资料应符合相关国家标准和技术规范，体现规划的合法性和规范性。规划中的技术指标应考虑旅游业发展的长远需要，具有适度超前性，确保规划的可持续性和发展潜力。规划编制人员应具备广泛的专业知识，包括旅游、经济、资源、环境、城市规划、建筑等方面的知识，从而综合考虑多个因素，确保规划的多维度性和全面性。

（二）环渤海地区体育旅游带规划的原因

1. 经济角度

　　体育旅游在环渤海地区的发展与经济紧密联系，是经济的一种载体。环渤海体育旅游带规划应被看作整个区域经济发展规划的一部分，体育旅游规划需要与环渤海地区的整体经济发展规划相协调。规划者必须认识到，体育旅游业是整个经济体系中的组成部分，因此需要将其置于整个区域经济规划的框架内。应协调不同领域的规划，创造有利于体育旅游发展的外部条件，包括基础设施建设、交通运输、人力资源等。体育旅游业可以被视为一个独立的经济实体进行规划和发展，体育旅游业拥有巨大的经济潜力，可以为地方经济带来可观的收益。因此，规划者需要将体育旅游视为一个具有独立经济性的领域，通过规划和管理，实现其内部发展条件的优化。

2. 文化角度

体育旅游在环渤海地区不仅是经济现象，还是文化现象，因此应从文化视角进行规划。该地区拥有丰富的历史文化遗产，通过体育旅游可以将这些文化内涵传递给游客，实现文化传承和旅游发展的有机结合。环渤海体育旅游带规划需要深入挖掘地区体育旅游资源的文化内涵，包括体育活动的历史渊源、传统体育项目的文化价值以及地方体育文化的特色。通过将有关文化元素融入体育旅游活动中，游客可以在参与体育赛事或娱乐活动的同时，了解和体验当地的文化传统。文化视角下的规划可以促进游客的身心健康。体育旅游不仅是锻炼身体的方式，还可以提供文化熏陶和心灵愉悦。通过融入文化元素，游客可以在锻炼身体的同时，感受到文化的魅力，增强身心的健康，进而吸引更多游客参与体育旅游活动，推动旅游业的发展。

3. 地区影响力角度

环渤海地区拥有丰富的资源和地理优势，使其具有重要的地区影响力。体育旅游规划可以借助这种地区影响力，进一步推动体育旅游业的发展。地理位置的优越性是环渤海地区的重要地区影响力之一，该地区位于中国的东北亚，毗邻渤海和黄海，交通便利，是连接东北、华北和华东地区的重要枢纽，使得环渤海地区成为各地游客前来体育旅游的理想目的地。体育赛事可以充分利用这一地理位置，吸引更多游客前来参与和观赏。环渤海地区拥有丰富的自然资源和工业基础，为体育旅游提供了坚实的基础。这里有丰富的能源资源，包括石油、煤炭等，同时在钢铁、机械、电子仪器等产业方面具有重要地位。有关资源和产业的发展为体育旅游提供了丰富的活动场地和支持设施，如体育场馆和体育设备。游客可以在此类场馆中参与各种体育活动，促进体育旅游的多样性发展。环渤海地区的科技教育优势也是其地区影响力的表现，这里的高等教育发达，科技创新能力强，拥有丰富的教育资源。通过与高校、科研机构的合作，体育旅游可以不断创新，引入新的体育赛事和娱乐活动，吸引更多受教育程度较高的游客参与。

二、环渤海地区体育旅游产业的开发

将旅游发展的内在规律作为主要依据，将旅游者的实际需求作为重要导向，对体育资源或者体育活动加以改造，形成合适的旅游者健身、娱乐、休闲等旅游产品，进一步打造具有良好经济、社会以及环境效益的旅游过程，即体育旅游的开发。体育旅游开发的实质主要是以体育旅游资源为材料，结合一定形式的加工，从而达到满足旅游者实际需求，并实现资源经济、社会以及生态价值的作用。

（一）环渤海地区体育旅游产业开发遵循的基本原则

1. 独特性

旅游资源之所以能够吸引旅游者去旅游，其根本原因是旅游资源的稀缺性和独特性。环渤海地区拥有独特的自然和文化资源，如冰雪、草原、海滨以及丰富的传统体育资源，这些宝贵的资源构成了吸引游客的核心竞争力。为充分发挥独特性原则的作用，可以将各项体育旅游资源有机结合起来，以有针对性地开发当地的特色体育旅游资源。例如，开展登山、探险等有别于其他地区的体育旅游活动，为游客提供一种独特的旅游体验，从而使环渤海体育旅游带在市场中具备更强的竞争力。通过充分挖掘和发展这些特色资源，可以将体育旅游资源的优势转化为潜在的经济优势。

2. 市场细分

为满足不同体育旅游消费群体的需求，需多层次开发资源，即根据游客的年龄、性别、文化程度和职业等特点进行有针对性的开发。细分市场可以提供更个性化的旅游体验，满足不同人群的兴趣和需求，有助于吸引更广泛的游客，还促进了体育旅游资源的充分利用，为地区经济和旅游业的繁荣做出贡献。因此，市场细分原则是实现体育旅游资源开发的有效策略，应得到充分重视。

3. 可持续性

体育旅游是一种紧密结合自然资源和人文资源的旅游形式，因此其开发必须维持与人文资源和生态环境的和谐共生，实现动态的良性循环。在此过程中，必须关注合理的可持续性开发，绝不能以牺牲自然环境和社会效益为代价来追求经济增长。可持续性开发不仅要确保自然环境的保护，还要促进社会效益的提升，主要包括保护当地文化遗产，提供就业机会，改善社区基础设施等。只有这样，体育旅游资源的开发才能够长期受益，而不是短期的牺牲。

4. 供求平衡

体育旅游与国民经济收入水平、需求结构以及消费结构密切相关，所以开发体育旅游资源必须根据旅游市场的需求量进行，并以市场为导向，避免盲目跟风和随波逐流的行为。维持供求平衡可以有效确保体育旅游资源的开发不会过于冒进，从而导致资源浪费或市场饱和。相反，它将有助于适应市场需求的变化，提供符合游客期望的多样化体育旅游产品，进而促进经济增长。

5. 大旅游观

"大旅游观"原则是现代国际旅游发展的一项重要原则，而对于体育旅游的发展同样适用。现代体育旅游已不再仅仅是传统的旅行、游玩和观看比赛，而涉及食、住、行、游、购、娱、通信、交通等方面。因此，在开发环渤海体育旅游带时，必须以高起点和大视角进行考察和规划。"大旅游观"原则意味着需要综合考虑体育旅游的各个方面，包括提供丰富的食宿选择，便捷的交通系统，丰富多彩的娱乐活动以及先进的通信设施。同时，还需关注可持续性，确保生态环境的保护和社会效益的提升。

（二）环渤海地区体育旅游产业开发的步骤

1.调查体育旅游资源

在环渤海体育旅游带规划中，调查体育旅游资源有助于深入了解可用资源的性质和规模，确定如何最好地利用这些资源来推动体育旅游业的发展。调查应包括资源的类型、数量和规模，涵盖自然景观、历史遗迹、体育设施等方面的资源。了解资源的种类和数量可以帮助规划者确定哪些资源具有潜在的吸引力和市场价值，以及应该关注的重点领域。资源的地理位置和分布直接影响了规划决策，了解资源的空间分布可以帮助确定适当的开发区域，以及如何最好地连接这些区域以满足游客需求。调查还应包括基础设施和服务设施的现状，交通、水、电等基础设施的状况，以及住宿、餐饮、娱乐等相关服务设施的情况，从而有利于规划者确定是否需要改进或扩展有关设施以满足体育旅游业的需求。通过 SWOT 分析，可以更全面地评估体育旅游资源的优势、劣势、机会和威胁，促使规划者更好地了解环境中的内外因素，从而制订更有效的规划策略和发展计划。

2.评估体育旅游资源

经过充分的调查，可以获得详尽的数据和信息，而基于数据与信息资料进行分析和评估，可以判断环渤海地区的体育旅游资源是否具备开发潜力。评估体育旅游资源的开发价值是必不可少的，它有助于明晰资源的可利用性，确定哪些资源有吸引力且具备市场价值。此过程有助于制定明智的开发策略，确保资源的合理开发和可持续利用，以推动环渤海地区体育旅游业的蓬勃发展。

3.制定体育旅游规划

依据环渤海体育旅游带的基本条件和市场发展趋势，制定体育旅游规划，应以总体方向为基础，明确市场需求和资源潜力，为详细规划提供指导。在详细规划中，需要考虑各种因素，包括资源开发、基础设施建设、文化传承和环境保护等，以确保体育旅游带的可持续发展。科学合理的规划不仅有助于带动经济增长，还可以促进环渤海地区的文化传承和环境保护。通过规范的开发和管理，可以最大限度地减少负面影响，确保旅游业的可持续发展，同时保护和传承地区的文化遗产。

4. 计划的制订与实施

制定体育旅游规划需要有针对性地确定开发的目标和详细计划。首先，需要明确旅游开发的具体目标，包括旅游业的规模、收益、就业等方面的目标。其次，要考虑资金来源和财务状况，确定项目的资金投入计划，确保项目的可行性和可持续性。在实施计划中，包括项目招标、施工安排、资源配置等一系列工作，以确保项目按计划进行。此外，反馈和评价也是关键步骤，通过对项目的实施情况进行监测和评估，及时发现问题并进行调整，以保证项目的顺利推进和达到预期效果。

三、环渤海地区体育旅游产业的可持续发展

（一）体育旅游可持续发展的含义

体育旅游可持续发展是一种发展理念和路径，强调体育旅游的发展应与自然环境、文化传承以及人类生存的和谐相统一，以满足当代需求并确保可持续性。体育旅游可持续发展的前提是保护旅游资源和生态环境，体育旅游的基础是丰富多样的旅游资源和自然环境，因此必须将资源保护置于首要位置，政府、管理机构、当地居民和游客都需要共同参与资源和环境的保护。游客通常选择环境优美、文化浓厚、自然原始的目的地，因此保护自然环境对于吸引游客和促进体育旅游的可持续发展至关重要。同时，体育旅游目的地也需要关注文化传承和环境保护，以保持其吸引力。体育旅游可持续发展需要与当地经济、社会和文化发展相协调，经济可持续发展是体育旅游可持续发展的前提条件，因为没有经济支持，体育旅游将无法持续发展。体育旅游业的发展应与当地的经济相结合，为当地提供就业机会，促进经济繁荣。体育旅游也可以促进文化传承和社会建设，通过吸引游客和投资，提高文化和社会设施的水平，从而改善居民的生活质量。体育旅游可持续发展不仅要满足当代需求，还要为子孙后代着想。在发展

体育旅游时，不能只顾眼前的短期利益而忽视了长远的生态和资源问题。合理规划、开发和管理体育旅游资源是保障可持续发展的关键。应该遵循循序渐进的原则，防止过度开发和资源浪费，以确保资源和环境能够永续利用，既有益于当前社会，也有利于子孙后代的生活和资源享用。

（二）体育旅游可持续发展的目标

体育旅游可持续发展的目标是确保体育旅游业的健康发展，同时平衡经济、社会和环境的利益，以满足当前需求且不损害未来世代的需求。体育旅游的规模和速度应与经济、社会文化等领域的发展相协调，体育旅游不应成为发展的阻碍，而应与其他领域的发展相协调。它应该为当地经济带来增长，提供就业机会，促进社会文化的繁荣，所以，体育旅游的发展需要与当地的整体发展战略相契合，以实现经济、社会和文化的协同发展。体育旅游的发展要实现经济效益、社会效益和环境效益的统一，体育旅游业的可持续发展应该在追求经济利益的同时，考虑社会和环境的利益。在旅游项目的规划和管理中，注重社会责任和环保措施，以确保旅游业的发展不会对当地社会和环境产生负面影响。可持续发展意味着平衡短期和长期利益，不损害未来世代的生活质量。在体育旅游资源的开发和管理中，必须谨慎对待资源的消耗和环境的破坏，以确保有关资源和环境能够永续利用，为未来留下宝贵的资产。体育旅游可持续发展需要各级政府、旅游企业、游客、居民和从业人员的共同参与和合作，该目标的实现不仅仅是单一方面的责任，更需要共同的努力。政府需要提供政策支持和监管，企业需要履行社会责任，游客需要文明旅游，居民需要保护环境，从业人员需要遵守规定。只有通过各方的协同努力，体育旅游可持续发展的目标才能够实现。

四、环渤海地区体育旅游产业的管理

（一）合理展开规划，综合协调发展

合理规划需要考虑人口、社会、经济、技术、环境和资源等多方面因素，以制定符合整体发展趋势的体育旅游规划。规划应该明确资源的类型、

分布和利用情况，同时要充分考虑资源的保护和可持续利用，不仅要关注短期内的经济效益，还要考虑长期内的资源可持续性和生态平衡。在环渤海体育旅游资源的开发、设施建设、自然生态环境保护和社会环境维护方面，需要各级政府、相关政府部门、社会各界和当地居民的积极参与和协同合作。这可以通过设立正常的参与渠道实现，确保决策过程的透明度和公正性。综合协调发展还包括与各省经济、社会、文化总体的协调，确保体育旅游业与其他产业间的协同发展。环渤海体育旅游带的发展需要注意近期与长远、保护与开发、旅游者与居民、投资者与经营者之间的关系，需要通过科学论证和法律、经济、行政等手段协调。保护自然，杜绝人为因素对旅游资源造成的破坏和环境污染，确保体育旅游与环境之间的协调发展。将环渤海体育旅游带的可持续发展规划纳入各省经济社会总体发展规划，将有助于确保体育旅游业的发展与各省的整体发展相协调，使规划、综合决策和资源分配更加科学和有效，进而实现经济、社会、环境等多方面的协同发展，确保可持续性。

（二）加强开发与保护，优化资源利用

在环渤海体育旅游带的发展过程中，必须平衡开发与保护，优化利用相关资源，以确保可持续发展。对于不可再生的体育旅游资源和有限的资源，应采取有效的控制和利用策略，如对资源的精细管理，确保其不被过度开发和耗竭，如一些珍稀的文化景观或独特的自然景观，适当对其加以保护，以确保它们能够持续地为体育旅游业提供吸引力。对于自然风光、传统体育比赛、民俗文化等可再生的体育旅游资源和无限的资源，应充分利用，结合有效的管理和开发，最大限度地发挥这些资源的潜力，促进经济增长和创造就业机会。重点保护生态脆弱区、环境敏感区以及珍稀的自然和人文景观，以防止环境破坏和文化遗产的丧失。必要时，可以采取封闭式保护管理措施，以确保这些区域的原始状态得以保留，从而维护生态平衡，吸引游客欣赏和学习。

五、典型地区体育旅游产业的发展

（一）青岛地区体育旅游产业发展战略

1. 产业定位

体育旅游产业应明确自身的地位和特点，体育旅游产业是体育和旅游两大产业的融合，其核心产品是为旅游者提供体育和旅游体验的机会。体育旅游产业的特点在于它将体育和旅游行为结合起来，使人们在旅游过程中能够参与或观赏体育活动，以追求身体和心理的和谐为最高目标。因此，体育旅游产业应被视为一种独立的、有自己特色的产业，而不仅仅是体育和旅游两个产业的简单叠加。产业定位需要充分考虑青岛的地理和气候特点，青岛具有明显的季节性，因此在产业定位中应考虑如何突破季节性，提供全年可享受的体育旅游产品。可以考虑发展具有不同季节特色的体育旅游活动，如夏季水上运动和冬季冰雪体验，以吸引更多的游客。青岛可以根据不同市场需求，分别定位国际市场、国内市场和省内市场，对于国际市场，可以重点推广青岛作为"帆船之都"的地位，推出高档体育旅游产品，吸引国际游客。在国内市场，可以充分发挥海滨城市的优势，打造海上旅游品牌，吸引国内游客。对于省内市场，可以成为体育旅游产业的龙头，带动半岛旅游经济的发展。

2. 产品开发的思路

体育旅游产业是一个综合性的产业，旅游者的需求因素多样，受到国籍、年龄、性别、职业、文化程度、社会地位等多方面因素的影响。因此，在产品开发过程中应考虑不同群体的需求，将产品细化和分类，以满足各类旅游者的兴趣和偏好。例如，可以开发刺激性的体育旅游项目，吸引年轻人；同时可以提供观赏性和娱乐性强的产品，满足女性和老年人的需求。外国游客可能更关注中国元素的文化产品，因此可以设计具有中国特色的体育旅游活动，如传统文化体验。体育旅游产品的精品化是必要的，要吸引更多游客，体育旅游产品必须具备高品质和独特性。例如，泰山国际登山节是一个成功的案例，它将登山和观光融为一体，形成了知名的国际品牌活动。精品活动不仅提供了独特的体育体验，还吸引了大量的国内外游客，促进了当地经济的发展。因此，在产品开发过程中，体育旅游经营者应注重细节，提供高质量的服务，打造具有吸引力的旅游产品。品牌意识可以增强体育旅游产品的市场竞争力，使其在众多旅游产品中脱颖而出。体育旅游产业可以通过推广知名的体育旅游品牌活动，提高品牌的影响力，吸引更多游客。

基于体育旅游的体验性特征，体育旅游产品的设计应顺应体验经济趋势，以"游客需求"为指向，充分体现旅游资源的特点，创造出能够满足游客获得"体验感"的体验型产品。体育旅游产品的设计应遵循一定原则，具体如下：

（1）把握产品经济属性。体育旅游产品的设计必须具备创新性，要充分利用青岛当地的资源特点，结合当地文化、风光等元素，创造出与众不同的产品。创新除了能够吸引游客，还能提升产品的附加值，从而增加盈利空间。时代的潮流要求产品设计紧跟时代气息，符合现代消费者的需求。产品设计必须以市场为导向，只有深入了解旅游者的期望和喜好，才能够有针对性地设计产品，提高市场竞争力。符合市场经济规律也是产品成功的关键，只有满足市场需求，产品才能够稳健发展。体育旅游产品的设计应该体现时代特征，其中一个重要的方面是尽可能地突出产品的"技术含量"。在当今高科技的时代，产品的高科技性能够吸引更多的年轻游客。因此，在设计体育旅游产品时，不仅要关注景点和体验，还要考虑如何整合先进技术，为游客提供更丰富的体验。

（2）突出体育旅游产品的体验属性。首要考虑的是游客的参与度，产品设计应以满足游客的体验感受为根本目标，包括游客的精神参与和身体参与。不同游客有不同的参与能力和需求，因此，产品设计必须考虑到这些差异，以确保旅游体验属性得到充分体现。提供各类互动和参与机会，能够使产品更好地满足不同游客的期望。产品设计应强调差异性，主要涉及两个方面。一是要考虑到不同游客的个性和需求，确保产品设计全面覆盖，以满足多样化的旅游感受。二是要避免与其他地方雷同，即使一些地方拥有相似的体育旅游资源，产品开发时也要突出特点，创造与众不同的新鲜感，吸引游客。产品设计需要考虑挑战性，提供富有挑战性的产品可以让游客留下难忘的体验，激发他们进行重复消费。但是，在设计高度挑战性的产品时，必须同时关注游客的安全保障问题，以确保他们的安全和健康。

3. 功能转变的思路

为深化青岛体育旅游产业的管理体制改革，必须以功能转变思路为指导，以更好地发展这一潜力巨大的行业。政府应转变政府职能，实施宏观调控的同时，也要放手让经营者大胆经营，提供良好的发展环境，将体育旅游产业纳入政府规划中，为投资者提供有利的经营环境。并且应修订和完善有利于体育旅游产业发展的战略规划，出台相关政策，明确重点发展项目和区域。政府在政策制定过程中应充分考虑市场的导向性，将国有资源有效配置到体育旅游领域，可以激发更多效率和更大投资效益，从而为产业的可持续发展提供重要支持。鼓励资源流向能够产生更多效益和更大投资回报的环节，在资源分配中优先支持有潜力创造更多价值的项目和领域，以促进体育旅游产业的增长。

4. 开拓客源市场的思路

（1）开拓境内客源的思路。以国内大中型城市为重点进行市场开拓，主推海上项目的体育旅游产品，吸引城市居民前来青岛度假。精心设计海上活动，如水上运动和海滨娱乐，可以吸引更多的国内游客。加大半岛城市群的合作力度，与烟台、威海、日照等沿海城市密切合作，共同推动黄金海岸线的体育旅游产品，实施联合营销策略，吸引更多游客，因为他们可以在整个海岸线上享受各种体育旅游活动。另外，积极参与环渤海区域体育旅游合作，共享京津冀市场和辽东市场，可以通过合作与共同推广体育旅游活动来拓宽客源。与中西部旅游城市的合作也是关键，吸引中西部游客到青岛度假旅游，主要可以通过定制旅游套餐和合作推广活动实现，吸引更多内陆地区的游客。

（2）开拓境外客源的思路。巩固已有的重点市场，如韩国等，保持对其持续关注和宣传，以维持现有客源。同时，应加强与周边国家城市的交流，深耕客源市场，以吸引更多游客。考虑东南亚、俄罗斯、欧美等客源市场的培育，鼓励开通境外国家的国际航线，以便更多国际游客前来青岛。政府在这方面要发挥主导作用，强化城市形象和体育旅游品牌的宣传，建立多层次、多样化的营销机制，利用多种营销平台和网络，以建立多元化的国际市场结构。此外，可以进行旅游、招商引资和城市形象"三位一体"的全方位、多层次的城市营销。通过综合性的市场推广策略，可以提高青岛在国际旅游市场中的知名度，吸引更多国际游客和投资者。

5. 宣传促销的思路

经营者应充分利用现代通信技术和电子商务手段，增加对青岛市体育旅游产品的宣传力度。通过社交媒体、移动应用和在线平台，可以有效地推广体育旅游产品的独特体验特性，吸引更多的潜在客户。现代技术的使用还能够提高消费者的参与度，要加强与他们的互动，建立更紧密的联系。加大媒体对创新性体育旅游产品的宣传，加强与各种媒体渠道的合作，如电视、广播、互联网和印刷媒体，可以提高体育旅游产品在市场上的知名度和市场认同度，媒体报道和评价的积极宣传可以为产品赢得更多客户的信任和支持。利用大型体育赛事的赛后旅游效应，积极展开海外宣传促销活动。与国际体育赛事合作，在赛后进行有针对性的宣传推广，以提高青岛度假旅游的国际知名度和竞争力。

（二）青岛体育旅游产业的发展规划

1. 青岛体育旅游产业规划的基本原则

以世界眼光规划青岛体育旅游产业的未来，引入国际标准，以提高青岛体育旅游业的素质和竞争力，吸取国际经验和最佳实践，确保青岛在全球体育旅游市场上占有一席之地。充分发挥青岛的旅游资源和区位优势，包括保护旅游资源，挖掘文化旅游潜力，完善体育旅游设施，以及营造良好的旅游环境，提升体育旅游业的质量，吸引更多游客。围绕建设体育旅游强市的要求，突出体育旅游的战略性产业地位，实现城乡统筹发展和产业融合发展。这需要在规划中充分考虑青岛的特点，将体育旅游产业纳入城市的发展蓝图，以实现全面的产业协同发展。应遵循"科学、创新与可持续发展"的原则，正确处理近期开发与远期发展的关系。在发展中要综合考虑社会效益、经济效益和环境效益的和谐统一，以确保产业的可持续性发展。

2. 青岛体育旅游产业发展的目标

着力解决产业发展的制约问题，克服各种困难，以加速体育旅游产业的增长，包括基础设施、人才培养和市场推广等问题。全面推进青岛体育旅游方式的升级，由观光型向度假型的转变需要加强体育旅游产品的多样性和体验性，以满足游客的需求，并吸引更多的度假型游客。打造国际一流水准的旅游环境和设施是关键目标之一，这意味着要提升青岛的旅游设施和服务水平，以满足国际游客的高品质需求，同时强化环境保护，打造宜人的旅游胜地。

3. 青岛体育旅游产业的具体发展规划

（1）组织知名赛事，开发知名旅游产品。大型体育赛事与地方旅游产业的紧密结合，已经成为许多城市成功推动地方经济和旅游业发展的有效策略，在此背景下，青岛应充分发挥自身的地理位置和自然优势，培育知名赛事和开发名牌旅游产品，以加速体育旅游产业的发展。大型体育赛事吸引了大量的参赛者和观众，为城市带来了巨大的经济收益。青岛可以依托大型帆船赛事，如"青岛国际帆船周"，打造知名的体育旅游品牌。奥帆中心作为一个具备承办大型海上运动项目比赛和训练基地条件的设施，可以发挥关键作用。赛事不仅满足了体育竞赛需求，还让游客在欣赏比赛的同时，感受到了城市的风采，满足了休闲娱乐需求。

另外，青岛可以积极引进和承办国际高水平海上运动赛事，进一步促进体育旅游高水平发展,吸引更多国际游客,提升城市的国际知名度,以及推动相关产业的发展。除大型赛事外,青岛还可以多样化体育旅游产品。温泉、保健、潜水、疗养、沙滩运动、登山、高尔夫、健步行等特色健身旅游项目可以满足不同游客的需求。通过开发特色项目,青岛可以形成品牌和常态化的大众运动健身旅游系列产品,吸引更广泛的游客群体。

(2)建设海上运动休闲基地与配套设施。青岛作为一个拥有丰富海洋资源的城市,应充分发掘和利用自身的优势,加大海上运动休闲基地和配套设施的建设,推动体育旅游产业的发展。青岛应明确以海洋为特色的海上休闲旅游定位,开展的帆船、帆板、水上自行车和游泳等水上运动项目吸引了大量年轻游客,但为了吸引更多游客,应继续拓展水上活动,包括旅游度假、沙滩运动、观赏海景、现代娱乐、游泳、康复、会议接待等多功能海滨运动旅游度假区的建设,以满足不同游客的需求,包括年轻人、老年人等,从而提高体育旅游的多样性和吸引力。在配套设施的建设方面,青岛应着力发展餐饮、娱乐、住宿等周边设施,以提供便利的服务,满足游客的需求。交通条件也是关键因素,为了体现海滨城市的特色,可以发展水上交通体系,如海上巴士和游艇,将青岛的旅游景点串联起来,让游客在旅游路线上欣赏海景和参观景点,不仅能提供新的旅游体验,还能够减轻陆地交通的拥堵。除了现有的水上运动项目,还应考虑满足特定人群的需求,如老年人和儿童。沙滩运动等适合各年龄层的活动可以增加多样性,吸引更广泛的游客。发展高端海上运动项目,如游艇运动,提高海上运动的品质,提供更丰富的旅游体验,将有助于吸引高端游客,促进体育旅游的提升和升级。

(3)以旅游集群形式优化空间布局。青岛拥有丰富的旅游资源,包括海滨风光、山脉风景、历史文化、水域资源等方面。为了更好地整合和利用有关资源,可以考虑将城市划分为不同的旅游集群,每个集群都有自己的特色和发展重点。主城旅游集群包括市南区、市北区、李沧区和石老人旅游度假区,是青岛的核心旅游区域,该集群重点发展海滨风景、欧陆建筑、商业服务、小港湾旅游、青岛啤酒文化、老港区、百果山生态、李沧滨海城区等领域。崂山旅游集群以崂山风景名胜区为核心，包括沙子口滨海、北宅生态、王哥庄休闲、仰口度假等旅游区域。即墨旅游集群主要包括温泉旅游度假、鳌山教育科研、丰城和金口滨海、田横岛度假、即墨古邑及商贸、大小管岛岛群、大沽河生态等旅游区域。胶州湾西岸旅游集群包括黄岛城区、凤凰岛旅游度假区、竹岔岛岛链、小珠山等，重点发展工业旅游、海滨度假、海岛观光、山林旅游、历史文化、生态休闲等领域。黄岛新区旅游集群以原胶南海岸带、大珠山、小珠山为核心，主要包括灵山湾度假、大珠山风景、琅琊台度假、小珠山等旅游区域。胶州湾北部旅游集群包括城阳区和高新技术产业区，分为自然生态休闲、综合旅游、生态观光三个功能区，包括崂山西麓、墨水河以东、墨水河以西等旅游区域。胶州旅游集群集中发展民俗风情、历史文化、地质观光、滨海休闲、生态湿地等特色，包括大沽河生态、胶州少海新城、艾山地质文化、三里河文化、胶河乡村休闲等旅游区域。平度旅游集群以大泽山、天柱山、茶山等地为核心，主要发展生态文化、休闲度假、历史文化、农业观光等旅游区域。莱西旅游集群以"三湖两河一山"为特色，包括水域观光、生态湿地、乡村休闲、历史文化等旅游区域。

（4）横向融合体育旅游产业。青岛的体育旅游产业正面临着越来越大的竞争和发展压力，因此需要加强横向发展，促进各类型旅游之间的融合，以实现资源共享和共同发展。在此过程中，不同类型的旅游产业间可以实现优势互补，从而形成更强大的体育旅游产业。工业旅游是青岛体育旅游产业中的一个亮点，青岛拥有多家知名企业，如海尔、海信、青岛啤酒等，具有深厚的历史底蕴和丰富的文化内涵，吸引了众多游客前来参观。工业旅游提供了一种独特的旅游体验，使游客能够了解企业的管理和经营经验，亲身感受工业生产的现场，体验企业文化，促进文化交流和经济增长，为青岛创造了旅游经济的新增长点。乡村旅游也在青岛取得了显著进展，成为了体育旅游产业的新亮点。青岛周边地区的乡村景区丰富多彩，如城阳、崂山、黄岛、胶州等地的各种农业观光活动吸引了大量游客。游客可以在果园采摘水果，品味当地美食，了解农村文化，感受乡村生活。除为游客提供了多样化的旅游选择外，还促进了农村经济的繁荣，助力社会主义新农村的建设。会展旅游作为一种高档次、高消费的旅游形式，在青岛得到了发展。会展旅游侧重于各类会议、博览交易、文化体育、科技交流、奖励旅游等活动，通常需要高标准的会议场所和环境。青岛已经具备了举办大型国际会展的能力，为会展旅游提供了有利条件。会展旅游的特点是游客通常有较长的滞留时间，因此可以提供更多的休闲体验和旅游消费，这有助于推动整个体育旅游产业的发展。在实现体育旅游产业的横向融合过程中，需要各类型旅游产业之间的协调和合作。合理整合工业旅游、乡村旅游、会展旅游等多种形式的旅游，可以形成互补效应，吸引更多游客，延长他们在青岛的逗留时间，从而促进整个体育旅游的发展，这有助于推动产业链的延伸，增加了体育旅游产业的经济效益。

（5）打造体育旅游圈。青岛的体育旅游产业在当前形势下需要积极构建体育旅游圈，以实现区域内各类体育旅游资源的整合和共同发展。体育旅游圈的构建将有助于推动体育旅游的可持续发展，促进区域经济的增长，解决需求和供给之间的矛盾，提高整体竞争力，同时是推动体育和旅游事业发展的一种创新性途径。以青岛为中心，充分依托其丰富的海上资源优势，积极开发海上运动旅游。青岛可辐射周边省内沿渤海城市，如烟台、威海、日照和东营，建立一个中程环状外围带，使游客在三小时的行程内能够游览多个城市。黄金海岸旅游路线可进行联合营销，形成一个强大的海滨体育旅游产业带，以吸引更多游客前来体验各类海上运动和沿海风光，促进整个区域的经济发展。规划省内的"东—西"体育文化旅游精品路线，以青岛为中心，包括济南、济宁和曲阜在内，将海滨体育文化与都市体育文化相结合。各地的文化差异互补，可以进行联合开发，推动齐鲁文化的专题营销，促进不同地区的旅游产业的融合发展。使游客在一次旅行中体验到不同类型的文化和体育活动，丰富他们的旅游体验。以青岛和北京为中心，辐射周边地区，包括天津、辽宁、山西和河北。基于各区域的自然生态资源、文化底蕴和经济发展，可以合理有效地配置资源，开发多种形式的与体育活动或体育赛事有关的旅游项目，包括强身健体、康复保健、文化教育、身心娱乐等旅游目的。通过合理的资源配置，可以打造海洋、赛事、冰雪、文化等多元化的体育旅游综合地带，吸引更多游客的到访，从而促进区域内体育旅游产业的统一发展。

（6）加大宣传力度。为了促进青岛体育旅游的发展，应结合多途径扩大宣传力度。其中一项有力的宣传策略是借助青岛世界园艺博览会的巨大影响力，国际级盛会吸引着数以百万计的游客和媒体关注，是推广青岛的机会。青岛可以通过与园艺博览会合作，在活动期间展示其体育旅游魅力，吸引参观者参与不同的体育活动。青岛可以积极与我国驻外机构合作，与境外网络和媒体建立联系，鼓励它们增加对青岛旅游的宣传，从而将青岛的旅游信息传播到国际舞台，吸引更多国际游客。青岛还可以充实和美化其旅游网站，实现与全国各种旅游专题网站的链接，确保更多的人了解青岛的体育旅游资源。在国内，青岛应在大型媒体上增加对青岛赛事、自然风光和人文历史的宣传力度，不断扩大青岛的知名度。通过精彩的报道和特别节目，可以引起更多国内游客的兴趣。青岛可以在国内外其他旅游名城进行宣传片的播放，展示其独特的体育旅游魅力。与邻近城市加强合作，实现客流引进和客流转送，有助于促进游客流动，使青岛成为游客的热门目的地。另外，充分利用青岛的友好城市和友好合作关系城市，定期举行主题宣传活动，可以进一步扩大青岛的声誉和吸引力。通过多途径的宣传策略，青岛可以吸引更多游客，推动体育旅游产业的繁荣。

第三节　我国东海沿海地区"体育＋旅游"产业的发展及创新管理

一、我国东海沿海地区体育旅游产业发展的基本原则

（一）整体性

在体育旅游区域的开发与资源整合过程中，整体性原则涵盖多个方面，从系统理论和协同理论的角度看，它强调了区域内各个方面、各个地区间的协同协作，以实现更大的发展效益。整体性原则要求将整个区域视为一个整体，站在更高层次的区域系统来观察和分析，包括了理解区域的地理定位以及地域分工，这是制定决策的基础。将区域作为一个整体，能够更好地协调各个地区和部门的开发活动，确保合理性和协同性。整体性原则强调了区域内体育旅游产业与环境、经济和社会之间的紧密联系，开发的目标是将区域内的体育旅游与环境和其他要素整合起来，以充分发挥整个产业的功能和效率，同时使各个部分都能得到良好的发展，成为整个区域经济的新增长带。文化和资源等在区域内各个地区间存在着一定的联系和共同性，整体性原则鼓励在突出自身特色的同时，要塑造整个区域体育旅游的整体形象，从而能够进一步协调各方面的关系，使区域的共性特征能够得以凸显。

（二）因地制宜

根据地域分工的相关理论，充分发挥各个地区的优势，从而实现体育旅游开发最佳效益。因地制宜原则要求在整个区域的开发过程中，每个地区都应找到适合自身的定位，充分发挥自身的特点和优势，以实现无法被替代的地方价值。因地制宜的开发策略，能够确保区域内各地区都获益，形成互补关系。因地制宜原则强调了区域内体育旅游的特性和优势，不同地区拥有不同的自然资源、文化底蕴和经济条件，因此，应该根据具体特

点进行开发，更好地发挥每个地区的特色，形成多元化的旅游产品，提高整个区域的吸引力。因地制宜原则在整合开发中有助于充分发挥资源潜力，每个地区都有其独特的资源，通过合理整合有关资源，可以形成更丰富和完善的旅游项目，提高区域内体育旅游的整体质量，吸引更多游客。因地制宜原则有助于优化区域内的资源组合，提高整体经济效益。

（三）循序渐进

根据区域经济增长理论，区域的发展通常是逐步递进的，是一个动态过程，需要经历不同的阶段和时段。体育旅游区域的开发与整合不应急于求成，应该遵循渐进的原则，根据条件和时机逐步展开。体育旅游区域的开发需要根据现有条件和资源，寻找合作的有利时机。开发者应选择具备潜力和吸引力的地区和项目，以确保初期的合作能够顺利进行。在开发初期，应明确定义合作的重点和范围。确定开发的目标，确定需要整合的资源和项目，以确保合作有明确的方向。随着时间的推移和条件的不断改善，开发者可以逐步扩大开发与整合的范围和规模，可以引入新的地区、新的项目，以丰富整个区域的体育旅游产品。最终，通过逐步扩大开发与整合的范围，整个区域的体育旅游产业将得到充分发展，各地区的特色将得以展示。各地区和部门之间的协调与融合也将不断深化，形成一个更加完整和协调的体育旅游体系。

（四）互利共赢

互利共赢原则强调建立相互平等的关系，统一标准，以实现共赢，确保各参与方都能够从整合中获得合理的利益。不仅体现在体育旅游的发展速度上，还包括资源的丰富程度和行政区域级别等方面。在实施互利共赢原则的过程中，各参与方需要明确自己的义务和责任，同时享受区域整体发展所带来的多种利益。互利共赢的关系建立在平等的基础上，旨在确保所有参与方都能够从整合中受益，不会因为利益分配的不公平而导致合作失败。平等的合作关系在区域整合过程中可以增加各方的积极性和投入，如果一方利益明显受损，那么他们可能会对整合过程感到不满，从而降低了整合的吸引力，甚至导致合作失败。只有在平等互利的基础上，各方才会真正参与到整合中，共同推动体育旅游的发展，进一步实现更大的共赢。

（五）重视环境保护

体育旅游资源的有效开发和生态环境的保护必须紧密结合，以确保资源的长期有效利用，并保持环境的健康与完整。在体育旅游的开发中，必须将环境保护视为首要任务，采用科学方法来评估和管理体育旅游项目的环境影响，以减少对自然景观和生态系统的不利影响。保护风景名胜资源和生态环境应被视为开发的前提，而不是次要考虑因素。有效的资源管理和可持续发展策略有利于实现经济利益与生态利益的协调一致，包括确保资源的合理使用，减少能源和资源的浪费，鼓励可再生能源的使用，以减轻开发对环境的负面影响。另外，通过与当地社区的合作，可以实现双赢。合作有助于提高社区居民的生活水平，激发他们对环境保护的兴趣，从而共同致力于保护自然环境。

二、典型地区体育旅游产业的管理——以"长三角"为例

长江三角洲，通常简称为"长三角"，是中国东部沿海地区的一个重要地理和经济区域。其地理位置西起镇江，东临大海，北到通扬运河，南达杭州湾北岸。长三角拥有共同的自然地理特征，是由长江三角洲的冲积平原地形特征所决定的。然而，长三角不仅仅是一个地理概念，它也是一个重要的经济区划。从经济区划的角度看，长江三角洲向西延伸至南京，向南拓展至整个杭州湾南岸，包括上海市，江苏中南部的南京、镇江、常州、无锡、苏州、扬州、泰州、南通以及浙江北部的杭州、嘉兴、湖州、宁波、绍兴、舟山15个地级市和35个县级市。该区域总面积达9.9万平方千米，是中国城市化水平最高的地区之一，城市化水平高达50%。长三角已经发展成一个由多个核心城市组成的城市群系统。

长三角地区的经济发达、交通便利、环境良好，且基础设施方面较为完备，体育旅游资源十分丰富，且特色鲜明，为该区域的体育旅游产业发

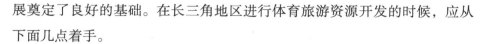

展奠定了良好的基础。在长三角地区进行体育旅游资源开发的时候，应从下面几点着手。

（一）跨省市与跨区域联合开发机制的建立

长三角地区，作为中国经济和旅游发展的一个重要区域，拥有丰富的体育旅游资源。在开发体育旅游资源时，建立跨省市和跨区域的联合开发机制，能够降低生产成本，还能带来更大的规模效益，进而提高区域体育旅游的综合竞争力。长三角地区的地理接近性、文化相似性、经济互补性以及资源丰富性为跨省市和跨区域的联合开发提供了独特的优势和条件，通过共同合作，各城市可以充分利用自身特色，发挥彼此的优势，实现体育旅游资源的共享和位势叠加，从而提高区域内多种体育资源的综合协调发展。长三角地区内的体育旅游资源联合开发可以采用多种形式，包括在旅游资源分布区域进行合作，将具有相似性的旅游资源联合开发，以及依托中心旅游城市的强吸引力进行联合开发。不同的联合开发形式将有助于丰富长三角地区的体育旅游产品，提高综合吸引力，吸引更多游客前来体验和探索。长三角地区建立跨省市和跨区域的联合开发机制，可以更好地协调各城市之间的发展，实现共赢局面，有助于推动整个地区的体育旅游业快速发展，提高长三角地区的体育旅游综合竞争力。因此，建立联合开发机制是长三角地区体育旅游发展的关键一步，有望为该地区带来更多机遇和收益。

（二）长三角体育旅游带的构建

从整体看，长三角区域的旅游资源呈现出多个旅游圈状和带状的空间结构，为跨省市和跨区域的联合开发提供了有力的保障。根据地理特点和资源分布，长三角地区的旅游资源可以分为1核、5极、5圈和7带，其中包括上海作为核心，以及杭州、南京、苏州、无锡、宁波等城市作为发展极，各自形成的旅游圈和旅游带。通过构建长三角地区的体育旅游带，各城市可以在共同开发体育旅游资源的基础上，合理规划和布局体育旅游设施，共同开发丰富多样的体育旅游产品，从而共同打造区域体育旅游的形象。不仅有助于推动体育旅游产品的联合开发，还促进了区域体育旅游线路的一体化构建，提高了整个长三角地区的体育旅游吸引力。长三角地区应加强各城市之间的合作，构建长江三角洲水乡古镇旅游、园林旅游、博物馆旅游、休闲旅游、观光旅游、文化旅游、宗教旅游、度假旅游、美食旅游、主题公园旅游、会议展览旅游、沿江旅游、沿海旅游、环太湖旅游、都市旅游、古城旅游、沪宁带旅游、沪杭带旅游等各种专题旅游线路。规划和开发旅游线路，并打造相关旅游品牌，将有助于推动长三角地区体育旅游业的快速发展。同时，为实现此目标，长三角地区的各城市可以加强政府、企业、社会组织间的合作，共同制订体育旅游资源的联合开发计划，明确各方的责任和义务，确保资源的合理开发和科学管理。还可以采用先进的技术和管理方法，提高资源的可持续性，保护自然环境，使体育旅游产业与生态保护协调一致，确保长三角地区的体育旅游业能够实现长期可持续发展，实现经济效益与生态效益的协调一致。

第八章 我国"体育＋旅游"产业集群竞争力的创新提升策略

第一节 "体育＋旅游"产业竞争力理论概述

一、产业竞争力及其内涵

（一）产业的基本含义

产业作为社会分工的产物，是社会生产力发展的体现，具有多重含义。从经济学的角度看，产业是同类产品或服务企业的集合，通常指拥有相似原材料和工艺技术的企业的集合。在行业发展过程中，产业的定义通常涉及特定经济领域的产品和服务的生产与经营活动。产业的形成是由于同类企业在市场上的竞争与合作关系，以及它们在生产与经营活动上的共同特点而形成的。因此，产业的概念涵盖了同类企业的产品和服务，它们为特定经济领域的发展提供了支持。产业的定义与特定领域的属性、产品和服务密切相关，反映了市场竞争中相似性产品和服务间的关系。

（二）竞争力的概念

竞争力在学术领域已形成共识，主要从国家和地区角度界定。研究者多数关注国家和地区的核心竞争力和重要因素 吸引力，以及在相关领域的核心价值和技能。竞争力的发展推动了工业进步，将竞争力视为国际市场中商品的主要优势。竞争力的概念是竞争主体间产生了一种相互竞争，如果没有竞争主体，竞争力将会减弱。竞争力的研究涉及各个层面，从国家到企业，从产业到个人，都可以具备竞争力。在国际市场上，竞争力是各种竞争要素的综合体现，包括成本、质量、技术、创新、市场份额等。竞争力的提升有助于促进经济增长和繁荣，激发市场活力，推动各种产业的进步。

（三）竞争力的层次

竞争力的层次是一个多维度的概念，可以从不同角度进行分析。国家竞争力指国家在自由和公平市场环境下，维持公民的生活水平，并通过国际市场的竞争实现国家财富创造的能力，该定义强调了国家竞争力对国家财富和公民生活水平的影响。国际竞争力的报告指出，国家竞争力指国家在国际经济环境下创造财富的能力。对于企业竞争力的研究，需要从不同角度进行分析，联合国贸易组织指出了这一点。因此，不同层次的竞争力在竞争主体方面存在一定的差异，国家竞争力和企业竞争力是两个相关但不同的概念。国家竞争力强调国家整体的经济繁荣和公民福祉，而企业竞争力更关注企业在市场中的竞争地位和能力。

（四）产业竞争力的主要内涵

竞争力可被定义为国家之间在自由贸易条件下的特定产业在生产率和产品供给方面的优越性，特定国家的产业在同一产业内具备更高的生产效率，并能在国际市场上提供更多产品。该定义突出了竞争力、生产力、盈利能力的紧密关联，被广泛应用于国际贸易领域。产业竞争力是在合理基础上的综合能力，产业竞争力不仅仅是关于生产和供应，还包括产业的整体能力，如技术创新、市场营销、管理水平等。在本书中，产业竞争力被定义为产业在激烈市场竞争条件下的能力，产业通过提供产品和服务，并获取一定的利润，从而提高其整体素质。它是产业在竞争环境中的表现，通过充分发挥其特点和优势，从而在市场中脱颖而出。

二、产业竞争力的基础理论

（一）比较优势理论

比较优势理论是国际贸易领域中的一个经典理论，在 18 世纪由亚当·斯密提出，19 世纪由大卫·里卡进一步发展完善。该理论强调了国际贸易和国际分工的基础，以及不同国家之间的生产技术和资源差异。当不同国家在生产某种商品时，存在生产技术和生产成本的绝对差异。当一个国家的劳动生产率相对较高时，它将拥有绝对优势，可以以更低的成本生产商品。这就是国际贸易和国际分工的基础，国家可以专门生产它们有绝对优势的商品，然后通过贸易获取其他国家生产的商品，实现互利贸易。国际贸易不仅仅基于绝对优势，还涉及相对成本的差异。即使一个国家在两种商品的生产上都不具备绝对优势，但如果它在一种商品的相对成本较低，那么仍然可以通过贸易获得好处。不同国家之间的要素主要指土地、资本等方面的差异，不同国家的资源和要素禀赋不同，会影响到商品的成本和生产效率。因此，不同国家应该根据自身的资源和要素禀赋来选择特化生产的商品，以实现最大化的效益。

（二）竞争优势理论

竞争优势理论，由美国学者波特提出，是国际贸易和产业发展领域的一项重要理论。该理论着重关注国家和产业方面的竞争优势，强调了生产力和创新的作用，进一步拓展了比较优势理论。竞争优势主要取决于企业和产业的内在竞争力，一个国家的发展受其国际市场上的竞争优势影响，而产业的竞争优势是关键因素之一。竞争优势的构建需要提高生产效率，而生产效率的提高又取决于创新。著名的"钻石模型"用于解释产业竞争优势的形成，该模型包括企业策略、产业结构、需求条件、支持性产业和国家政府的作用，这些因素共同塑造了一个国家或地区的竞争优势。竞争优势理论的提出，进一步丰富和完善了国际贸易理论，强调了国家和产业竞争力的关键作用。它提醒各国应该着眼于提高企业和产业的内在竞争力，通过创新和机制改革来获得竞争优势，从而在国际市场上取得更大的份额。

第二节　我国"体育＋旅游"产业集群理论体系创新

一、体育旅游产业集群的理论研究

（一）产业集群及体育旅游产业集群的概念

许多紧密联系的企业在实际区域中聚集，从而形成了产业集群的概念，产业集中在一起能够有效实现生产同类产品，并且能够有效对上下游间的产业进行直接关联。

体育领域内的旅游企业聚集在一起，产生了一定的区域空间，并且制定了共同的目标，同一类形势下的产业合作组织即体育旅游产业集群。该核心产业之一，与事业单位间存在着较为紧密的关联。

（二）产业集群的特点

当前阶段，国家逐步推动了体育旅游产业方面的发展，基于政府的支持之下，许多城市的体育旅游产业呈现出了集中发展的趋势，产业集群化规模逐渐得到扩大。从体育旅游产业集群发展的角度上说，这是较为特殊的形式之一，主要可以通过下面几种方式展现。

1. 聚集性空间

所有类型产业化的集群均具有空间聚集的特点，从体育旅游产业的集群发展角度上来说同样如此。体育领域中的旅游企业及有关机构集群现象存在于产业集群之中，该领域发展的过程中，逐渐开始建立环城游憩带以及主题公园。

2. 功能互补性

景观的吸引力在较大程度上影响了游客的旅游体验，还直接影响相关企业的发展。游客会受到景区景点的吸引，但他们需要住宿、用餐、交通等服务。因此，景区吸引力与酒店、餐厅、交通等企业形成了互补关系。当景区吸引力提高时，游客增多，相关企业也将获益，只有提供更多服务，提高服务质量，才能共同推动集群的发展。集群成员通过协调和合作能够提高生产能力，不同的企业提供不同服务和产品，如酒店、餐饮、旅行社等，各企业间的协同作用使得游客能够获得更全面的服务体验，提高了旅游的质量和满意度。例如，游客可能在一个景区游览后需要住宿和用餐，集群中的酒店和餐厅可以满足这些需求，提供便利的服务，从而提高了整个体育旅游产业集群的综合竞争力。体育旅游产业集群应关注提高游客体验的质量和满意度，通过满足游客的基本需求和提供更好的服务，可以增强旅游目的地的竞争力，吸引更多游客前来。关注客户体验的经营策略有助于实现旅游目的地的可持续有序发展，同时维持整个体育旅游产业集群的竞争力。

3. 经济外部性

从经济角度看，体育旅游产业集群内的各个企业和系统间存在紧密联系，有助于形成集群经济效应。集群经济指多个相关企业在相对小的地理区域内紧密协作，通过互相依赖和合作实现共同发展。在体育旅游产业集群中，各种活动和业务的开展都能够带来良好的经济效益，这正是集群经济的根本来源。旅游社区对旅游者的满意度和忠诚度有显著的正向影响，可以说，旅游者对社区居民、经营者以及政府管理的态度，直接影响了他们对旅游体验的满意程度，进而影响了他们对旅游社区的忠诚度，使得集群经济得以充分发展，经济效益不断增强。结构方程模型的应用验证了社区态度在体育旅游者集群中的重要性，它直接关系到集群经济的发展，包括经济外部性和规模经济效应。有关研究强调了体育旅游产业集群内各成员之间互相合作和积极互动的重要性，以及在提高旅游者满意度和忠诚度方面的积极影响，对于促进整个集群的可持续经济发展具有重要意义。经济外部性和规模经济效应的形成正是体育旅游集群经济发展的一个重要体现。

（三）体育旅游产业集群的层次结构

体育旅游产业集群是一个体系，它包括多个产业领域，范畴涵盖广泛。通过对该体系中不同产业的发展进行分析，可以更全面地了解产业的层次结构。从整体的角度看，体育旅游产业集群由多个不同层次的产业构成，其中首要的是体育旅游核心产业的发展，其次是体育旅游支柱产业的发展。这两个层次的产业相互联系，共同推动了体育旅游产业的发展。核心产业涵盖了体育、旅游等领域，而支柱产业则在有关领域的基础上提供各种支持和服务。体育旅游产业集群中的产业发展形成了不同的层次，核心产业是体育旅游产业的核心和主要驱动力，包括体育赛事、体育设施建设、旅游目的地的开发等方面。支柱产业主要是为核心产业提供各种服务和支持，包括酒店、餐饮、交通等。这两个层次的产业相互协作，共同促进了体育旅游产业的发展。

（四）体育旅游产业集群的作用

体育旅游产业集群在体育领域内的发展可以促进区域体育旅游凝聚力的提升，并推动区域旅游经济的进步发展。在体育旅游产业的集群发展中，后发区域的城市可能面临一定的挑战，因为它们可能缺乏足够的旅游资源和市场需求。然而，通过深入了解和满足旅游者在旅游目的地的需求，可以提高游客的满意度，从而增强该地区的竞争力。在后发区域，推动体育旅游产业的集群发展可以促使生产要素得到更好的开发利用，增强合作力度，实现跨越式发展。从而提升后发区域体育旅游产业的市场化水平，推动产业的增长和进步。一些地区已经具备丰富的体育旅游资源和市场基础，但仍需要不断提升核心竞争力。通过产业集群的发展，有关地区可以分享经验，加强合作，共同推动体育旅游产业的提升。此外，通过深化感知价值，即提高旅游者对旅游体验的感知，可以提高游客的满意度和忠诚度，有助于优势地区的体育旅游产业保持竞争优势，吸引更多的游客和投资，推动核心竞争力的提高。

二、体育旅游产业集群的形成及识别

（一）体育旅游产业集群的形成

1. 形成的影响因素

从产品的特征因素来看，体育旅游产业的集群产品供应链相对较长。

在体育旅游产业中，不同层次的产品和服务相互关联，形成了复杂的产业链条。例如，体育赛事需要场馆、安保、票务、餐饮等配套服务，而这些服务又需要不同的供应商和合作伙伴。此种复杂性增加了集群产业的协同和合作难度，但也为产业的集群发展提供了机会。技术的可分性使不同环节的企业更专注于自己的领域，提高效率，降低成本，最终形成了供应链的协同发展。当前，体育旅游产业的集群化发展仍处于初期阶段，需要政府的积极参与和支持。政府可以制定政策，提供财政支持，鼓励创新，推动集群内企业的合作与协同。在政府主导下，还可以推动信息化在体育旅游产业中的应用。通过整合各种旅游信息资源，建立无障碍旅游信息网络，提供高效、优质的个性化信息服务，有助于提升产业的竞争力。政府的政策引导和支持可以为体育旅游产业的集群发展提供有力的政策保障，推动产业的持续壮大和创新发展。

2. 体育旅游产业集群形成中的行为主体功能表现

体育旅游产业的集群发展涉及多个行为主体，包括企业、政府和中介组织。它们各自发挥不同的功能，共同推动体育旅游集群的形成和发展。在体育旅游产业的集群发展中，企业通过提供体育旅游产品和服务，满足了游客对休闲、娱乐和文化体验的需求。企业也参与了供应链的建设，与其他企业合作，共同推动了集群的规模化经济效应。企业通过建立统一的品牌形象，提高了产品的知名度和影响力，有利于扩大市场份额，提高竞争力。企业还需要不断进行创新，适应市场的需求变化，为游客提供多样化的体育旅游产品，进一步巩固集群的地位。政府部门通过制定政策和提供财政支持，鼓励企业在技术创新、规模化经济和品牌建设方面进行投资。政府的政策引导有助于优化产业环境，提高企业的发展信心，促进了集群的协同发展。政府需要加强对产业的监管和规范，维护市场秩序，保障消费者权益。政府的参与可以推动集群产业的可持续发展，确保其在市场中的长期竞争力。中介组织在体育旅游产业集群中发挥了协调和沟通的作用，它们代表着企业的利益，与政府和其他组织进行协商，促进了信息的流通和资源的整合。中介组织还起到了制定行业标准和规范的作用，确保了企业间的公平竞争和合法合作。[①] 通过中介组织的协调，企业能够更好地与政府合作，争取更多的政策支持和优惠政策。

（二）识别体育旅游产业的集群

体育旅游产业的集群识别有两种主要方法，即自上而下法和自下而上法。自上而下法是从宏观层面研究，关注整个产业的发展趋势和经济效应。自下而上法更关注个体企业和组织之间的联系，强调集群内部的合作与协调。两种方法可以结合使用，以更全面地了解体育旅游产业的集群情况。在识别体育旅游产业的集群时，可以从不同角度进行研究。宏观层面的识别关注产业的专业化模式和经济效应，而微观层面的识别更侧重于核心企业与供应商之间的联系。多角度研究可以提供更全面的信息，有助于深入理解产业集群的特点。识别体育旅游产业的集群可以采用定性研究和定量研究相结合的方法，定性研究侧重于理论基础和因果关系的分析，可以通过专家意见和案例研究等方法来进行，而定量研究基于数学建模和统计数据分析，能够提供更客观的数据支持。可以充分利用定性和定量研究的优势，提高识别的科学性和准确性，在定性研究中建立理论框架和初步的理解，然后利用定量研究来验证和支持这些理论，更全面地识别体育旅游产业的集群，充分考虑定性和定量数据的限制及优势。

三、体育旅游产业集群的有效构建

（一）可行性分析

体育旅游产业把强调软要素作为核心因素，产业的发展不仅仅依赖于硬性资源如旅游景点和体育赛事，还需要注重软性因素，如管理、资本、品牌建设等。资本管理被认为是最有效的管理方式，可以通过股权扩张、并购、债务重组等方式筹集更多的资金，推动产业的集团化发展。由此可

---

① 王玉珍.中国体育旅游产业竞争力研究 [M].北京：新华出版社，2015.

见，软性因素在决定体育旅游产业未来发展趋势方面发挥着关键作用。目前，体育旅游产品通常是以单一形式出现，主要满足观看赛事和融入体育活动的需求。然而，随着旅游市场的发展和消费者需求的多样化，需要更加个性化和多元化的体育旅游产品。旅游企业应深入了解消费者的需求、习惯、情感和知识，并提供针对性的产品和服务。个性化的体育旅游产品能够更好地满足不同消费者的需求，从而促进产业的发展。

（二）构建集群化的方式

1. 提升集群竞争力

中国拥有丰富的自然景点和人文遗产，如山川风景、历史文化名城等。在集群发展过程中，需要充分应用有关资源，提高产品质量，确保旅游体验升级。为了吸引更多游客，旅游企业需要不断提升产品的体验度，如通过创新旅游产品、提供个性化服务、增加互动性等方式实现。体育旅游业需要专业人才的支持，包括导游、体育教练、文化解说员等。政府和企业应加强人才培训，提高从业人员的专业水平。了解国内外市场需求和竞争形势有利于产业的集群竞争力提升，通过市场研究可以开发特色化的体育旅游产品，满足不同游客的需求。不同地区的旅游资源和市场有差异，但合作可以带来互补性和共赢。政府应加强区域经济一体化政策，消除壁垒，促进区域合作。体育旅游产业需要与相关产业如餐饮、住宿、交通等进行协同合作，提供完整的旅游体验，增加游客满意度。科学规划体育旅游配套产业，如体育竞赛表演产业、体育旅游传媒产业、体育旅游商品产业等，为体育旅游产业提供更多的机会和支持。企业需要提高生产效率，降低成本，并不断扩大规模，可以通过技术创新、资源整合和人力资源发展实现。[①] 技术管理是提升竞争力的关键，企业应不断创新管理方式，提高生产效率和产品质量。

---

① 王玉珍. 中国体育旅游产业竞争力研究 [M]. 北京：新华出版社，2015.

2. 走市场主导与政府规划的发展路径

在经济转型阶段，政府需要采取强制性的制度变迁法，以推动体育旅游业的发展，应建立相关法规、政策和规定，以确保行业的有序发展和监管。政府需要在确保公平竞争的前提下介入，引导企业朝着可持续性和高质量的方向发展。体育旅游产业的发展需要有效结合体育旅游的价值链核心和旅游目的地，以获得更好的效益。不同类型的旅游目的地可以根据自身的优势形成不同的产品链和产品群，从而吸引不同类型的游客。为了实现政府监督职能的有效实施，需要建立系统的旅游相关法律法规，应涵盖旅游产业的方方面面，包括企业经营、环境保护、消费者权益保护等。标准化是旅游业规范发展的基础保障，政府和相关机构应加强旅游标准化工作，制定适应区域旅游市场实际情况的标准和技术规范。规范景点和设施的建设，提高接待服务质量，确保从业人员的行为规范，促进旅游市场的健康发展。

3. 提升集群中企业的发展

体育旅游产业集群的构建需要整合分散的企业和资源，以形成规模经济效益，主要以合并、合作和资源共享来实现。政府可以引导和支持企业间的合作，以提高产业整体效益。同时，鼓励其他企业融入集群，扩大集群规模，促进区域旅游业的协作。体育旅游产业的发展需要调动私人资本，实现社会化方向的发展，并改革体育产业的投资机制，引导政府和私营企业的合作。政府可以通过投资来引导民间资本，发挥政府和私营企业的协同作用，推动体育旅游业的发展。此外，需要改善体育旅游产业的管理活动条件，以促进更多的资金投入和市场竞争力的提升。体育旅游企业需要在一定空间内进行集中化布局，以满足消费者的多元化需求。政府和行业协会可通过制定配套政策，规范市场竞争行为，强化集群内部的合作关系，提供基础设施和公共服务，以完善旅游服务体系，促进企业的共同发展。

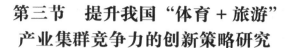

第三节 提升我国"体育＋旅游" 产业集群竞争力的创新策略研究

一、我国体育旅游产业集群竞争力现状

（一）体育旅游产业企业发展的现状

体育旅游产业企业迅速崛起，并成为旅游业中的一个重要力量。随着中国体育市场的不断扩大，越来越多的企业进入该领域，竞争愈加激烈。体育旅游企业提供多种多样的产品，包括观赏性赛事门票、体验性体育活动、专业培训等，吸引了各类体育爱好者和旅游者。体育旅游产业在不同地区呈现出明显的差异，一些地方由于地理位置、气候条件或赛事资源的特殊性，拥有更大的竞争优势，如冬季滑雪胜地、山地登山基地等。一些大型企业通过投资或与体育旅游产业相关的机构合作，积极参与行业发展，有助于提高企业的市场份额和竞争力。体育旅游企业在中国市场的拓展表现出多元化，包括开设线上销售渠道、与旅行社合作、举办促销活动等，吸引更多游客参与体育旅游活动。体育旅游企业日趋重视客户服务，提升了服务水平，包括提供更好的设施、更专业的导游和更丰富的体验。

（二）体育旅游资源开发的现状

中国拥有丰富的水资源，包括河流、湖泊、瀑布和温泉等，水景资源为体育旅游提供了广阔的发展空间。例如，中国的海岸线长，海滨地区可以积极开展海洋体育旅游项目。黑龙江、吉林和河北等省份充分利用当地的冰雪资源，开展各类冰雪体育旅游项目。海南则成为著名的水上体育度假胜地，吸引了国内外游客。我国拥有丰富的花卉、草地和森林资源，为体育旅游提供了重要的基础。例如，河南的洛阳牡丹节在国内外享有高度知名度和影响力，成为中国四大著名的花卉节日之一。在牡丹花博览会上，洛阳成功举办了万人太极拳表演，展示了花卉资源与体育资源的有机结合，为其他地区提供了成功的经验。

随着我国体育产业的发展，国家加大了体育建筑设施的建设力度，标志性的体育场馆、体育度假区和体育主题公园不断涌现。现代化的体育设施已经成为吸引游客的重要亮点，推动了城市的体育旅游发展。体育赛事旅游在中国逐渐兴起，成为一种时尚。许多地区举办各种具有特色的体育赛事，如青海湖公路自行车赛、深圳网球公开赛、F1世界大奖赛中国上海站等赛事，吸引了大量观众和游客，为体育旅游资源的开发贡献了重要的机会。中国的民族传统节日和体育活动具有丰富的文化内涵和旅游潜力，开斋节、苗族的"跳跃式年会"鼓节、西藏新年、赛马会、萨加达瓦节等传统节日都可以成为吸引游客的旅游资源。此外，民间表演如腰鼓、舞龙、舞狮、高跷等，也可以为体育旅游资源的开发提供丰富的元素。

（三）体育旅游人力资源培养的现状

体育旅游导游的文化水平相对较低，高学历的从业人员相对稀缺。虽然本科和专科学历的从业人员数量较多，但大部分景区服务人员并没有接受过系统的专业培训。他们通常经过短期的岗位培训后上岗，缺乏深入的专业知识和技能。尽管我国体育旅游市场需求巨大，但体育旅游从业人员的数量相对较少。特别是在一些需要高水平专业技能的领域，如探险性体育旅游，如漂流救生员、滑雪运动员等，专业水平较高的从业人员占比很小，导致了市场上对这类专业人才的需求难以满足，影响了体育旅游产业的质量和发展。

（四）体育旅游产业市场需求的现状

目前，我国的体育人口数量呈稳定增长趋势。当前越来越多的人积极参与体育锻炼。然而，与一些发达国家相比，中国体育人口在总人口中所占的比例仍然较低。为了进一步推动体育旅游市场的发展，需要鼓励更多的人参与体育活动，提高体育人口比例。结合实际情况看，目前中国的人均体育消费水平相对较低，其中体育旅游活动的支出更少。[①] 这意味着中国

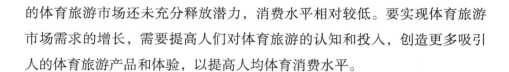

的体育旅游市场还未充分释放潜力，消费水平相对较低。要实现体育旅游市场需求的增长，需要提高人们对体育旅游的认知和投入，创造更多吸引人的体育旅游产品和体验，以提高人均体育消费水平。

二、提升我国体育旅游产业集群竞争力的创新策略

（一）增强体育旅游产品营销，提升企业竞争力

随着互联网的快速发展，未来体育旅游营销将以网络供求为基础，直接点对点营销。因此，体育旅游企业应充分利用现代信息技术，包括社交媒体、移动应用和在线平台等，改变目前主要以旅行社为主的传统营销渠道。通过建立强大的在线平台，企业可以与潜在客户直接互动，提供实时信息和定制化的体育旅游产品推广。创新的宣传方法，如虚拟现实（VR）和增强现实（AR）技术，可以为潜在游客提供沉浸式的体验，增强他们对体育旅游产品的兴趣。体育旅游企业应加强体育旅游产品的多元化开发，以满足不同消费者的多样化需求。这包括开发不同类型的体育旅游产品，如体验型、观赏型和娱乐型，以吸引更广泛的客户群体。[①] 企业还应根据不同消费者的个性化需求，制定体育旅游产品的发展战略。例如，对于家庭游客，可以开发适合亲子活动的体育旅游产品，而对于年轻的冒险者，可以推出刺激的户外体育旅游产品。通过不断丰富产品系列，企业可以提高市场覆盖率，增强竞争力。

（二）扩大宣传，加强合作

体育旅游企业应认真分析全球旅游市场形势，了解不同国家和地区的旅游需求和趋势。然后，可以制定相应的宣传策略，包括在国际社交媒体平台上发布吸引人的体育旅游内容，参加国际旅游展览和交流活动，与国际旅游机构建立联系，以及与全球旅游媒体合作。积极的国际宣传有利于企业扩大海外市场份额，吸引更多国际游客前来体验中国特色的体育旅游

---

① 王玉珍.中国体育旅游产业竞争力研究 [M].北京：新华出版社，2015.

产品和服务。体育旅游企业可以通过独特的产品和服务来吸引国际游客，同时结合中国传统文化元素的体育活动，提供特色的当地美食和住宿体验，或者组织特别的文化交流活动，为国际游客提供独一无二的体育旅游体验。企业可以打造品牌形象，增加市场竞争力。体育旅游企业应积极与相关部门，如旅游局、体育协会和地方政府合作，共同推广体育旅游活动，争取政府支持和资源。

（三）完善体育旅游专业人才队伍，夯实要素供给力

体育旅游人才是有效实现体育旅游产业转型与发展的重要途径，直接影响了体育旅游产业的整体发展。应重视旅游管理、体育管理、体育营销等体育旅游行业各类管理人才和专业人才的培养，建立多层次、多领域的人才培养体系，以满足不同层次和职能的需求，夯实产业的人才支持。要充分发挥高校在人才培养方面的优势，使高校成为体育旅游人才的主要供给地，可以通过鼓励高校开设体育旅游专业或增加相关课程来实现。高校可以与行业合作，提供实践性课程和实习机会，帮助学生更好地适应体育旅游产业的需求。体育旅游产业发展迅速，需要具备丰富经验和专业知识的从业人员。因此，旅游行政部门和学院可以联合设立培训中心，提供短期在职培训课程，帮助现有从业人员不断提高专业素质和能力。

参考文献

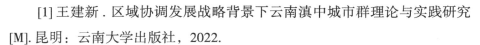

[1] 王建新 . 区域协调发展战略背景下云南滇中城市群理论与实践研究 [M]. 昆明：云南大学出版社，2022.

[2] 杨勇 . 边疆少数民族地区特色城镇体育旅游核心竞争力研究 [M]. 昆明：云南人民出版社，2018.

[3] 张兆龙 . 中国边境体育旅游开发模式研究 [M]. 北京：新华出版社，2018.

[4] 李海 , 姚芹 . 体育赛事管理 [M]. 重庆：重庆大学出版社，2018.

[5] 夏敏慧 . 热带体育旅游开发研究 [M]. 北京：北京体育大学出版社，2012.

[6] 吴明华 . 长株潭城市群体育产业发展战略研究 [M]. 北京：北京体育大学出版社，2011.

[7] 胡帼琛 . 基于 RMP 理论的婺源县体育旅游产品开发研究 [D]. 江西财经大学硕士学位论文，2023.

[8] 李伟恒 . 体旅融合视域下厦门滨海体育旅游产业发展评价与优化研究 [D]. 上海体育学院硕士学位论文，2023.

[9] 李洁贤 . 乡村体育旅游高质量发展路径研究 [D]. 广州体育学院硕士学位论文，2023.

[10] 王慧 . 陕西省体育旅游目的地竞争力指标体系构建研究 [D]. 西安体育学院硕士学位论文，2023.

[11] 胡翔飞 . 南京市文化体育旅游发展研究 [D]. 广西师范大学硕士学位

论文，2023.

[12] 刘雨婷 . 大连市海洋体育旅游内源式发展研究 [D]. 辽宁师范大学硕士学位论文，2023.

[13] 谢生传 . 白沙体育旅游小镇发展模式研究 [D]. 海南热带海洋学院硕士学位论文，2023.

[14] 程前 . 浙江省体育产业和旅游产业融合度研究 [D]. 浙江海洋大学硕士学位论文，2023.

[15] 迟文虎 . 山东省冰雪体育旅游发展策略研究 [D]. 山东财经大学硕士学位论文，2023.

[16] 连晓莉，于海滨 . 泉州市体育旅游产业可持续发展策略研究 [J]. 绥化学院学报，2023，43(11):38-40.

[17] 钟翠菊 . 城市经济发展中体育赛事的带动作用分析 [J]. 产业创新研究，2023(20):51-53.

[18] 尹文瑛，黎虎 . 新型测绘技术在张家界休闲体育旅游中的应用 [J]. 产业创新研究，2023(20):69-71.

[19] 王睿迪，李一洲，杨铭 . 黄河口地区体育旅游特色小镇建设研究 [J]. 武术研究，2023，8(10):151-153.

[20] 周瑜 . 冬奥会背景下西藏冰雪体育旅游产业 PEST 分析 [J]. 中国市场，2023(30):60-64.

[21] 段艳玲，刘少敏 . 基于"三重底线"原则构建我国都市体育旅游赛事杠杆化战略 [J]. 上海体育学院学报，2023，47(10):38-48.

[22] 栗婉瑶，魏子淼，栗祥昱 . 海南省民俗体育旅游发展机制及策略研究 [J]. 文体用品与科技，2023(20):97-99.

[23] 李宽 . 乡村振兴体育旅游建设规划与设计探讨 [J]. 文体用品与科技，2023(20):115-117.

[24] 王慧，李琳琳 . 乡村振兴视域下民族传统体育促进体验式旅游发展路径研究 [J]. 当代体育科技，2023，13(29):87-91.

[25] 李思凡 . 昆明 5 个体育旅游项目获评 "全国精品" [N]. 昆明日报，2023–11–09(001).

[26] 黄仕强 . 体育运动燃起来，乡村旅游火起来 [N]. 工人日报，2023–10–22(003).

[27] 李晓红 . "跟着赛事去旅游" 体育旅游成新风尚 [N]. 中国经济时报，2023–09–27(001).

[28] 刘露 . 更高标准 更实举措 更严作风 奋力推动全市文化旅游体育事业再上新台阶 [N]. 淮北日报，2023–08–31(003).

[29] 孙雪霏 . "体育 + 旅游" 融合提速 精品赛事助城 "破圈" [N]. 中国城市报，2023–07–31(A14).

[30] 伊萍 . 全力打造全国体育旅游示范区 [N]. 贵州日报，2023–07–12(007)

[31] 孔垂炼 . 体育 + 旅游 云南加速 "跑" [N]. 云南经济日报，2023–03–01(A04).

[32] 张建友 . 镜泊湖风景区：做好体育旅游品牌文章 [N]. 中国文化报，2023–01–14(004).

[33] 刘露 . 奋力推动全市文化旅游体育事业高质量融合发展 [N]. 淮北日报，2022–12–19(004).